Die verbindliche Auskunft nach § 89 Abs. 2 AO als Instrument der Rechtssicherheit?

**Europäische Hochschulschriften Recht**

European University Studies in Law

Publications Universitaires Européennes de Droit

Band/ Volume **6123**

Henrik Schneider

# Die verbindliche Auskunft nach § 89 Abs. 2 AO als Instrument der Rechtssicherheit?

Eingeschränkte gerichtliche Überprüfbarkeit und fehlende EU-Resistenz im Widerspruch zum Zweck der verbindlichen Auskunft

PETER LANG

**Bibliografische Information der Deutschen Nationalbibliothek**
Die Deutsche Nationalbibliothek verzeichnet diese Publikation in der Deutschen Nationalbibliografie; detaillierte bibliografische Daten sind im Internet über http://dnb.d-nb.de abrufbar.

Zugl.: Regensburg, Univ., Diss., 2019

D 355
ISSN 0531-7312
ISBN 978-3-631-79480-7
E-ISBN 978-3-631-80427-8
E-ISBN 978-3-631-80428-5
E-ISBN 978-3-631-80429-2
DOI 10.3726/b16232


Peter Lang – Berlin · Bern · Bruxelles · New York · Oxford · Warszawa · Wien



Diese Publikation wurde begutachtet.

www.peterlang.com

*Für Agnes Schneider*

# Vorwort

Diese Arbeit wurde von der Fakultät für Rechtswissenschaften der Universität Regensburg im Sommersemester 2019 als Dissertation angenommen. Literatur, Rechtsprechung und Rechtsänderungen wurden bis Juni 2018 berücksichtigt.

Die Arbeit wurde während meiner Tätigkeit als wissenschaftlicher Mitarbeiter am Lehrstuhl für Öffentliches Recht insbes. Finanz- und Steuerrecht von Prof. Dr. Rolf Eckhoff erstellt. Mein Dank gebührt daher zuvörderst meinem Betreuer Prof. Dr. Rolf Eckhoff für das tolle Arbeitsklima an seinem Lehrstuhl und für die zeitnahe Erstellung des Erstgutachtens. Auch danke ich für die zügige Zweitbegutachtung Prof. Dr. Robert Uerpmann-Wittzack.

Ein besonderer Dank gilt auch meinen Eltern, ohne die das Studium und die Erstellung der vorliegenden Arbeit nicht möglich gewesen wäre. Insbesondere mein Vater, Mathias Schneider, hat als Steuerberater und Wirtschaftsprüfer maßgeblich zu meinem ausgeprägten Interesse am Steuerrecht beigetragen und stand stets für fachliche Anregungen zur Verfügung.

Ich widme diese Arbeit meiner Großmutter Agnes Schneider. Gerade zu Beginn meines Studiums hat sie über einige Hürden hinweggeholfen und war mir stets eine gute Freundin.

Frankfurt am Main, im Juli 2019
*Henrik Schneider*

# Inhalt

# Problemstellung und Gang der Untersuchung

Die verbindliche Auskunft ist ein wichtiges Instrument der Steuerpraxis. Insbesondere bei Fragen in Umstrukturierungsfällen, Vermögensnachfolgen und Unternehmenstransaktionen ist diese für den Steuerbürger ein unersetzliches Instrument zur Erlangung antizipativer Rechtssicherheit. Der Bürger wünscht sich Sicherheit für die Zukunft und langfristig geordnete Verhältnisse.[1] Auch im Hinblick auf die immer weiter fortschreitende Automatisierung des Besteuerungsverfahrens ist es sinnvoll, steuerliche Fragen vorab klären zu können. Eine Prüfung im Nachhinein durch Veranlagung und Außenprüfungen ist streitanfälliger und im Zweifel arbeitsintensiver.[2] Es ist daher zu begrüßen, dass das deutsche Steuerverfahrensrecht unter anderem mit der verbindlichen Auskunft nach § 89 Abs. 2 AO grundsätzlich die Möglichkeit geschaffen hat, antizipativ Sachverhalte auf ihre steuerlichen Folgen hin prüfen zu lassen. Die verbindliche Auskunft nach § 89 Abs. 2 AO ist zudem gelebte Kooperation zwischen den Finanzbehörden und den Steuerpflichtigen. Der Steuerpflichtige legt seine geplanten Dispositionen der Finanzverwaltung offen und erhält im besten Fall von der jeweiligen Behörde eine bindende Beurteilung der steuerlichen Folgen.

Trotz aller Vorteile der verbindlichen Auskunft, stößt diese in der Praxis auf einige Probleme. Neben der Frage, wann die verbindliche Auskunft tatsächlich verbindlich ist und unter welchen Voraussetzungen eine Auskunft erteilt wird, wirft insbesondere der Rechtschutz gegen negativ beschiedene Auskünfte Fragen auf. Ein weiteres, hoch aktuelles Problem ist die beihilferechtliche Resistenz der verbindlichen Auskunft. Die Verfahren um die sogenannten „Tax-Rulings" anderer Mitgliedstaaten haben gezeigt, dass auch Vorbescheide oder Vorabauskünfte durchaus beihilferechtlich problematisch sein können.[3]

---

1 *F.Kirchhof*, in: FS Spindler, 463, 463.

2 *F.Kirchhof*, in: FS Spindler, 463, 463.

3 Zu diesen siehe die Pressemitteilungen der Europäischen Kommission v. 21.10.2015: „Kommission stellt Unvereinbarkeit der selektiven Vorteile für Fiat in Luxemburg und für Starbucks in den Niederlanden mit dem EU-Beihilferecht fest"; v. 30.8.2016: „Irland gewährt Apple unzulässige Steuervergünstigungen von bis zu 13 Mrd. EUR"; v. 19.9.2016: „Kommission leitet eingehende Untersuchung zu steuerlichen Behandlung von GDF Suez in Luxemburg ein"; v. 4.10.2017: „Kommission stellt fest, dass Luxemburg Amazon unzulässige Steuervergünstigungen von rund 250 Mio. EUR gewährt hat"; sowie die Beschlüsse der Kommission: Beschluss der Kommission v. 21.10.2015 – C(2015) 7143, ABl. 2017 L83/38 – Starbucks; Beschluss

So wurden im Rahmen der Berliner Steuergespräche zum Thema „Verbindliche Auskunft“ vom 7. November 2016 als Problemschwerpunkte der verbindlichen Auskunft deren fehlende EU-Resistenz und eine beschränkte gerichtliche Überprüfbarkeit benannt.[4]

Nun stellt sich die Frage, ob die begrüßenswerte Entscheidung des Steuergesetzgebers, eine Möglichkeit der antizipativen Auskunft über steuerliche Folgen zu schaffen, angesichts der aktuellen Entwicklungen tatsächlich noch den verfolgten Zweck erfüllt.

Die nachgehende Untersuchung soll aufzeigen, dass die verbindliche Auskunft nach § 89 Abs. 2 AO ein wichtiges Instrument für das Erreichen von Planungssicherheit und Vertrauensschutz im deutschen Steuerrecht darstellt. Es soll zunächst herausgearbeitet werden, dass die verbindliche Auskunft grundsätzlich ein taugliches Instrument zur Erreichung dieses Ziels ist.

Im Anschluss soll untersucht werden, ob dieses Ziel, Rechtssicherheit zu fördern, im Anblick der aktuellen Entwicklungen, sowohl in der Praxis der nationalen Gerichte, wie auch der (beihilferechtlichen) Praxis der europäischen Gerichte und insbesondere der Europäischen Kommission (im Folgenden „Kommission“), noch hinreichend erreicht werden kann. Die Praxis der Kommission im Hinblick auf Vorbescheide oder Auskünfte in Steuersachen anderer Mitgliedstaaten gibt Anlass zu der Frage, ob und gegebenenfalls in welchen Fällen diese Kommissionspraxis auf die in Deutschland erteilten verbindlichen Auskünfte anwendbar ist.

Die derzeitige Praxis der nationalen Gerichte gibt zudem Anlass zu der These, dass die verbindliche Auskunft ihren ursprünglichen Zweck nicht mehr erfüllt. Die verbindliche Auskunft ist zumindest in den hier untersuchten Fällen kein hinreichendes Instrument zur Erlangung von Rechtssicherheit.

Eingedenk der Praxis der Kommission im Hinblick auf Steuervorbescheide anderer Mitgliedstaaten der Europäischen Union besteht auch im Hinblick auf die Anwendbarkeit des Beihilferechts und dessen Reichweite die Gefahr, den Zweck der verbindlichen Auskunft zu unterminieren.

---

der Kommission v. 21.10.2015 – C(2015) 7152, ABl. 2016 L 351/1; Beschluss der Kommission v. 11.1.2016 – C(2015) 9837, ABl. 2016 L 260/61 – Belgien.

4 *Rösel*, FR 2017, 186, 186.

# Erster Teil: Grundlagen und Zweck

## A. Aktuelle Rechtslage

Um die Probleme der verbindlichen Auskunft analysieren zu können, ist zunächst der Regelungsinhalt darzustellen. Sowohl die Frage nach der Rechtsnatur als auch der geschichtliche Hintergrund sind wesentlich, um den Zweck der verbindlichen Auskunft herauszuarbeiten. Es wird sich zeigen, dass der Zweck der verbindlichen Auskunft darin liegt, Rechtssicherheit zu gewähren. Dies ergibt sich unter anderem aus den Beweggründen zur Entwicklung der verbindlichen Auskunft durch die Rechtsprechung. Des Weiteren zeigt der Gesetzgeber insbesondere bei der Frage nach der Rechtfertigung der Gebühren für die Auskunft, dass er diesen Zweck voraussetzt. Wird daher angenommen, der Zweck der verbindlichen Auskunft liegt vor allem darin, dem Steuerbürger Rechtssicherheit zu gewähren, stellt sich die Anschlussfrage, ob dies im Hinblick auf die aktuelle Praxis der nationalen Gerichte und der europarechtlichen Entwicklungen noch erreicht werden kann.

### I. Überblick über die Regelungen

Bis 2006 konnten die Finanzämter außerhalb der §§ 204 ff. AO und § 42e EStG verbindliche Auskünfte erteilen, wenn daran hinsichtlich der erheblichen steuerlichen Auswirkungen ein besonderes Interesse bestand.[5] Mit dem Föderalismusreform-Begleitgesetz[6] wurde die Befugnis der Finanzbehörden, Auskünfte mit Bindungswirkung zu erteilen, in § 89 Abs. 2 AO gesetzlich geregelt.[7] Durch das JStG 2007[8] wurden in den Absätzen 3 bis 5 Regelungen zur Gebührenpflicht eingefügt und durch das StVereinfG vom 1. November 2011[9] nochmals angepasst sowie die Absätze 6 und 7 eingefügt. Im Rahmen des AmtshilfeRLUmsG vom 26. Juni 2013[10] wurde mit Abs. 2 Satz 5 AO das Bundesfinanzministerium ermächtigt, mit Zustimmung des Bundesrates in einer Rechtsverordnung nähere

---

5 Siehe dazu insbesondere das BMF-Schreiben vom 29.12.2003, BStBl. I 2003, 742.

6 v. 5.9.2006, BGBl. I 2006, 2098, 2106.

7 Siehe zur Gesetzesbegründung BT-Drs. 16/814, S. 23.

8 v. 13.12.2006, BGBl. I 2006, 2887.

9 BGBl. I 2011, 2131.

10 BGBl. I 2013, 1809.

Bestimmungen zu Form, Inhalt und Voraussetzungen des Antrages und zur Reichweite der Bindungswirkung zu treffen.

Die letzte Änderung erfolgte 2016 mit dem Gesetz zur Modernisierung des Besteuerungsverfahrens[11]. Durch das Gesetz wurde eine Bearbeitungsfrist von sechs Monaten eingeführt. Ferner wurde geregelt, dass in Fällen, in denen mehrere Antragsteller Anträge zum selben Sachverhalt stellen, nur eine einmalige Gebühr erhoben werden darf.

Die Regelungen zur verbindlichen Auskunft finden sich mithin in den §§ 89 Abs. 2 bis 7 AO. In diesen Vorschriften sind jedoch keine Angaben zu Inhalt, Form und Antragsvoraussetzungen der verbindlichen Auskunft enthalten[12], sodass die Regelungen der AO durch die Steuerauskunftsverordnung (StAuskV)[13] ergänzt werden. Diese beruht auf der Ermächtigungsgrundlage in § 89 Abs. 2 Satz 5 AO, welche das Bundesministerium für Finanzen ermächtigt, mit Zustimmung des Bundesrates eine Rechtsverordnung zur Regelung von Form, Inhalt, Antragsvoraussetzung und Reichweite der Bindungswirkung zu erlassen.

Ferner hat das Bundesministerium für Finanzen verwaltungsintern im Anwendungserlass zur Abgabenordnung (AEAO) weitere Bestimmungen und Erläuterungen zu § 89 AO verfasst (AEAO zu § 89).

## II. Voraussetzungen einer verbindlichen Auskunft

Gemäß § 89 Abs. 2 Satz 1 AO können Finanzämter auf Antrag verbindliche Auskünfte über die steuerliche Beurteilung von genau bestimmten, noch nicht verwirklichten Sachverhalten erteilen, wenn daran im Hinblick auf die erheblichen steuerlichen Auswirkungen ein besonderes Interesse besteht.

### *1. Antrag*

Voraussetzung für die Erteilung einer verbindlichen Auskunft ist zunächst die formgerechte Antragstellung gemäß § 89 Abs. 2 Satz 1 AO.

---

11 v. 18.6.2016, BGBl. I 2016, 1679.

12 *Seer*, in: T/L, § 21 Rn. 16; *Seer/Hardeck*, StuW 2016, 366, 369.

13 StAuskV v. 30.11.2007 (BGBl. I S. 2783), geändert durch VO v. 18.7.2016 (BGBl. I S. 1722).

*a. Antragsteller*

Antragsteller ist nach AEAO zu § 89 Nr. 3.2.1 derjenige, in dessen Namen der Antrag gestellt wird. Der Antragsteller ist gleichzeitig auch der Gebührenschuldner der Gebühr nach § 89 Abs. 3 bis 5 AO. Einen Antrag kann in der Regel nur der stellen, dessen künftige Besteuerung Inhalt des Antrags ist. Daher sind Antragsteller und Steuerpflichtiger grundsätzlich identisch, müssen es aber nicht sein.[14] Dritte haben in der Regel aber kein eigenes berechtigtes Interesse im Sinne des § 89 Abs. 2 Satz 1 AO an der Auskunftserteilung.[15]

Bezieht sich die verbindliche Auskunft auf einen bestimmten Personenkreis, wie z.B. bei Personengesellschaften, können die Beteiligten nur gemeinsam eine verbindliche Auskunft beantragen, § 1 Abs. 2 S. 1 StAuskV. Davon betroffen sind insbesondere Fälle des § 179 Abs. 2 Satz 2 AO.[16] Die Beteiligten sollen gem. § 1 Abs. 2 Satz 2 StAuskV einen gemeinsamen Empfangsbevollmächtigten bestellen. Sinn dieser Regelung ist es, widersprüchliche Angaben und Anträge zu vermeiden.[17]

In Ausnahmefällen ist es möglich, dass der Antragsteller und der Steuerpflichtige nicht identisch sind. Wird der dem Antrag zugrundeliegende Sachverhalt durch eine Person, Personenvereinigung oder Vermögensmasse verwirklicht, die im Zeitpunkt der Antragstellung noch nicht existiert[18], kann der Antrag auch durch einen Dritten gestellt werden. Dieser muss wiederum ein berechtigtes Interesse an der Auskunftserteilung darlegen, § 1 Abs. 3 S. 1 StAuskV. In solchen Fällen liegt bei zu gründenden Gesellschaften nach Auffassung der Finanzverwaltung ein berechtigtes Interesse vor, wenn der Antragsteller zu mindestens fünfzig Prozent an der späteren Gesellschaft beteiligt sein wird.[19]

Ist die Beteiligung jedoch für die steuerliche Beurteilung ohne Bedeutung, entfaltet die Auskunft auch Bindungswirkung, wenn die tatsächlichen Beteiligungsverhältnisse bei der Verwirklichung des Sachverhalts andere sind.[20]

---

14 AEAO zu § 89 AO Nr. 3.2.2.

15 *Söhn*, in: H/H/Sp AO, § 89 Rn. 194 f.

16 *Seer*, in: T/K AO, § 89 Rn. 30a; *Söhn*, in: H/H/Sp AO, § 89 Rn. 196.

17 *Seer*, in: T/K AO, § 89 Rn. 30a m.w.N.

18 z.B in Fällen noch zu gründender Gesellschaften.

19 AEAO zu § 89 Nr. 3.2.3; Dabei muss der Antrag nicht von allen künftigen Gesellschaftern gemeinsam gestellt werden, AEAO zu § 89 Nr. 3.2.4; s.a. *Söhn*, in: H/H/Sp AO, § 89 Rn. 197.

20 AEAO zu § 89 Nr. 3.2.3.

### b. *Form*

Der Antrag kann gem. § 1 Abs. 1 S. 1 StAuskV schriftlich oder elektronisch gestellt werden. Liegt ein Formmangel vor, hat das Finanzamt den Steuerpflichtigen auf diesen hinzuweisen und ihm Gelegenheit zur Nachbesserung zu geben.[21]

Umstritten ist, ob bei einem elektronischen Antrag eine qualifizierte Signatur erforderlich ist. *Söhn* verneint dies mit der Begründung, dass für einen schriftlichen Antrag auch keine handschriftliche Unterschrift vorgeschrieben ist.[22] *Seer* hingegen ist der Auffassung, dass die Gebührenpflicht des Antrags eine qualifizierte Signatur nach § 87a Abs. 3 AO erforderlich macht.[23]

Ein mündlicher oder fernmündlicher Antrag ist jedoch nicht ausreichend. Werden telefonische oder sonstige mündliche Anfragen beantwortet, sind diese nicht gebührenpflichtig, entfalten im Gegenzug aber auch keine Bindungswirkung.[24]

### c. *Inhalt des Antrags*

Die Anforderungen an den Inhalt eines Antrags auf verbindliche Auskunft sind in § 1 Abs. 1 S. 2 Nrn. 1 bis 7 StAuskV geregelt. Zunächst muss der Antrag eine genaue Bezeichnung des Antragstellers enthalten. Der geplante Sachverhalt muss umfassend und in sich abgeschlossen dargestellt sein. Die Darstellung des Sachverhalts darf weder alternativ sein noch auf Annahmen beruhen.[25]

Bei der Darstellung des Sachverhalts ist Genauigkeit und höchste Akribie gefragt. Der Antrag muss sich auf einen konkret-individuellen Sachverhalt beziehen und möglichst genau bestimmt sein.[26] Die Reichweite der Bindungswirkung richtet nach den Angaben des Antragstellers, da sich die Finanzverwaltung nur hinsichtlich der Tatsachen binden kann, die der Behörde bei der Entscheidung über den Antrag auch tatsächlich vorlagen. Es ist daher auch im Interesse des Steuerpflichtigen, den im Antrag zu schildernden Sachverhalt möglichst genau zu formulieren und darzustellen. Die Reichweite der Bindungswirkung der Auskunft wird durch diese Angaben mitbestimmt.[27]

21 *Seer*, in: T/K AO, § 89 Rn. 30.

22 *Söhn*, in H/H/Sp AO, § 89 Rn. 184.

23 *Seer*, in: T/K AO, § 89 Rn. 30.

24 *Söhn*, in: T/K AO, § 89 Rn. 183a m.w.N.

25 *Wünsch*, in: König AO, § 89 Rn. 26; *Söhn*, in: H/H/Sp AO, § 89 Rn. 188.

26 *Söhn*, in: H/H/Sp AO, § 89 Rn. 188; *Seer*, in: T/K AO, § 89 Rn. 31; *Birk*, in FS Pöllath, 161, 166.

27 *Söhn*, in H/H/Sp AO, § 89 Rn. 188; es solle jedoch auch hier kein zu strenger Maßstab angewendet werden, *Söhn*, in: H/H/Sp AO, § 89 Rn. 188; *Roser*, in: B/G AO, § 89 Rn. 55.

Der Sachverhalt muss ernsthaft geplant und darf im Wesentlichen noch nicht verwirklicht sein.[28] Maßgeblicher Zeitpunkt zur Beurteilung, ob der Sachverhalt verwirklicht ist, ist der Zeitpunkt der Erteilung der verbindlichen Auskunft. Eine Verwirklichung des Sachverhalts zwischen Antrag und Erteilung der Auskunft wäre also schädlich.[29] Dies entspricht auch der vor der Normierung der verbindlichen Auskunft vertretenen Auffassung der Rechtsprechung, nach der ein Steuerpflichtiger für abgeschlossene Sachverhalte kein schutzwürdiges Dispositionsinteresse mehr haben kann.[30] Rechtsfragen zu bereits abgeschlossenen bzw. verwirklichten Sachverhalten werden grundsätzlich im Feststellungs- oder Veranlagungsverfahren entschieden.[31] Die Beurteilung, ob ein Sachverhalt bereits verwirklicht ist, hängt vom Einzelfall und der Art des Vorhabens ab.[32] Vorbereitende Maßnahmen jedoch sind grundsätzlich unschädlich, solange noch anderweitige Dispositionen zu dem im Antrag dargestellten Sachverhalt möglich sind.[33]

Etwas anderes gilt für Dauersachverhalte. Bei Sachverhalten mit Dauerwirkung, also Sachverhalten, die in die Zukunft wirken und Sachverhalten mit Dauerwiederkehr, d.h. Sachverhalten, die sich in der Zukunft wiederholen, kann der Antragsteller auch ein Dispositionsinteresse an bereits verwirklichten Sachverhalten haben.[34]

Der weitere erforderliche Inhalt des Antrags ist in § 1 Abs. 1 Satz 2 Nrn. 3 bis 7 StAuskV aufgezählt. Der Steuerpflichtige hat gem. § 1 Abs. 1 Satz 2 Nr. 3 StAuskV ein besonderes steuerliches Interesse darzulegen.

Er muss das Rechtsproblem in dem Antrag ausführlich darlegen und den eigenen Rechtsstandpunkt darstellen und begründen (Nr. 4.). Die Rechtsfragen sind konkret zu formulieren (Nr. 5), allgemeine Fragen zu den bei Verwirklichung des Sachverhalts eintretenden steuerlichen Folgen reichen nicht aus.[35]

Im Übrigen muss der Antragsteller versichern, bei keinem anderen Finanzamt oder dem Bundeszentralamt für Steuern einen Antrag über den zur Beurteilung

---

28 *Rätke*, in: Klein AO, § 89 Rn. 17.

29 *Rätke*, in: Klein AO § 89 Rn. 18; *Söhn*, in: H/H/Sp AO, § 89 Rn. 228.

30 BFH v. 22.7.2008, BStBl. II 1996, 232, 236; v. 31.3.2004, BStBl. II 2004, 742, 746; *Seer*, in: T/K AO, § 89 Rn. 33.

31 *Söhn*, in: H/H/Sp AO, § 89 Rn. 231; *Rätke*, in: Klein AO, § 89 Rn. 17.

32 *Söhn*, in: H/H/Sp AO, § 89 Rn. 228.

33 *Söhn*, in: H/H/Sp AO, § 89 Rn. 229; *Rätke*, in: Klein AO, § 89 Rn. 17.

34 *Seer*, in: T/K AO, § 89 Rn. 33.

35 AEAO zu § 89 Nr. 3.4.4.

vorgelegten Sachverhalt gestellt zu haben (Nr. 6) und, dass die im Antrag gemachten Angaben vollständig sind und der Wahrheit entsprechen (Nr. 7).

### 2. *Besonderes steuerliches Interesse*

Der Steuerpflichtige muss ein besonderes steuerliches Interesse („Dispositionsinteresse“) an der Auskunft haben und dieses darlegen.[36] Gemäß § 89 Abs. 2 Satz 1 AO bedarf der Antragsteller (wie auch bei § 204 AO) „ein besonderes Interesse, das im Hinblick auf die erheblichen steuerlichen Auswirkungen besteht“.[37] Das Erfordernis des besonderen steuerlichen Interesses begründet sich damit, dass Auskünfte und Zusagen nicht zu den sonst üblichen Verwaltungstätigkeiten der Finanzbehörde zählen und dem Dispositionsinteresse des Steuerbürgers dienen sollen, welches er dazulegen hat.[38]

Fraglich ist, wie sich das steuerliche Interesse bemessen lassen kann. Grundsätzlich sollten die Anforderungen an das Ausmaß der steuerlichen Auswirkungen nicht zu hoch sein. Auch eine quantitative Bagatellgrenze ist angesichts der unterschiedlichen steuerlichen Verhältnisse der Antragsteller nicht normierbar.[39] Ein besonderes Interesse ist daher grundsätzlich an den individuellen Maßstäben des einzelnen Antragstellers festzumachen. Sind die steuerlichen Auswirkungen seiner Disposition so groß, dass der Steuerpflichtige die Disposition von den steuerlichen Auswirkungen abhängig macht, ist sein besonderes Interesse zu bejahen.[40]

### 3. *Zuständigkeit*

Gemäß § 89 Abs. 2 S. 2 AO ist grundsätzlich die Finanzbehörde zuständig, die auch bei Verwirklichung des zugrundliegenden Sachverhalts hypothetisch örtlich zuständig sein würde.[41] Dabei kommt es auf die künftigen Verhältnisse des Steuerpflichtigen zum Zeitpunkt der Verwirklichung des Sachverhalt an.[42]

---

36 *Rätke*, in: Klein AO § 89 Rn. 19.

37 *Seer*, in: T/K AO, § 89 Rn. 32; nach § 1 Abs. 1 Nr. 3 StAuskV bedarf es der „Darlegung des besonderen steuerlichen Interesses“, ohne inhaltlich etwas anderes zu meinen; *Seer*, in: T/K AO, § 89 Rn. 32; a.A. *Beyer*, AO-StB 2010, 217, 218.

38 *Seer*, in: T/K AO, § 89 Rn. 32.

39 *Seer*, in: T/K AO, § 89 Rn. 32; *Roser*, in: B/G AO, § 89 Rn. 35; *Söhn*, in: H/H/Sp AO, § 89 Rn. 202; *Joisten/Bergmann*, FR 2014, 923, 924.

40 *Seer*, T/K AO, § 89 Rn. 32.

41 AEAO zu § 89 Nr. 3.3.

42 AEAO zu § 89 Nr. 3.3.2.2; *Söhn*, in: H/H/Sp AO, § 89 Rn. 206; *Seer*, in: T/K AO, § 89 Rn. 34.

Hierbei muss das Finanzamt, das für die Auskunft zuständig ist, nicht mit dem Finanzamt identisch sein, das für die Besteuerung des Antragstellers zuständig ist. Es kommt lediglich auf die Zuständigkeit im Hinblick auf die künftigen Verhältnisse an.[43] Ist der Antragsteller ein Dritter, ist daher nicht das für seine Besteuerung zuständige Finanzamt zuständig.[44]

Eine Änderung der Zuständigkeit nach Erteilung der Auskunft ist unbeachtlich.[45] Eine erteilte verbindliche Auskunft, die rechtmäßig und wirksam ist, bindet auch die nachfolgenden Finanzämter.[46]

Bei verbindlichen Auskünften, die mehrere Steuerarten mit jeweils unterschiedlichen Zuständigkeiten betreffen, soll eine Zuständigkeitsvereinbarung gem. § 27 AO getroffen werden, wenn die unterschiedliche Zuständigkeit nicht zweckmäßig ist. Wird keine Zuständigkeitsvereinbarung getroffen, sollen sich die Finanzämter untereinander abstimmen, um widersprüchliche Auskünfte zu vermeiden.[47]

Problematisch ist die Bestimmung der Zuständigkeit in Umwandlungs- und Übertragungsfällen. Zwar ist grundsätzlich eine Antragstellung bei jedem in Betracht kommenden Finanzamt möglich und auch gängige Praxis[48], jedoch kann dies zu widersprüchlichen Auskünften und mehrfachen Gebühren führen.[49] *Seer* schlägt eine ausdrückliche Verlagerung der Zuständigkeit auf ein Finanzamt oder eine verpflichtende Zuständigkeitsvereinbarung als Lösung vor.[50]

Besonderheiten ergeben sich auch in Organschaftsfällen. In Fällen der umsatzsteuerlichen Organschaft ist das Finanzamt des Organträgers zuständig, da nur dieser umsatzsteuerlicher Unternehmer ist, § 2 Abs. 2 Nr. 2 UStG.[51] In Fällen der ertragsteuerlichen Organschaft sind sowohl Organträger als auch Organgesellschaft selbständige Steuersubjekte.[52] Daher ist die Zuständigkeit jeweils einzeln zu klären. Der Gesetzgeber hat auf diese Problematik reagiert und mit dem Gesetz zur Modernisierung des Besteuerungsverfahrens vom 18.7.2016 das Bundesministerium für Finanzen ermächtigt, eine Rechtverordnung zu erlassen,

---

43 *Söhn*, in H/H/Sp AO, § 89 Rn. 207.
44 AEAO zu § 89 Nr. 3.3.2.2; *Söhn*, in: H/H/Sp AO, § 89 Rn. 209.
45 *Seer*, in: T/K AO, § 89 Rn. 34.
46 *Söhn*, in: H/H/Sp AO, § 89 Rn. 208.
47 AEAO zu § 89 Nr. 3.3.2.3; *Söhn*, in: H/H/Sp AO, § 89 Rn. 210.
48 *Seer*, in: T/K AO, § 89 Rn. 34.
49 *Söhn*, in: H/H/Sp AO, § 89 Rn. 210b; *Seer*, in: T/K AO, § 89 Rn. 34.
50 *Seer*, in: T/K AO, § 89 Rn. 34.
51 *Söhn*, in: H/H/Sp AO, § 89 Rn. 210c.
52 *Söhn*, in: H/H/Sp AO, § 89 Rn. 210c.

welche regeln soll, unter welchen Voraussetzungen eine verbindliche Auskunft gegenüber mehreren Beteiligten einheitlich erteilt werden soll. Zudem soll geregelt werden, welches Finanzamt in solchen Fällen zuständig ist.[53] "Einheitlich" im Sinne der Neuregelung sind nach der Gesetzesbegründung Konstellationen, in denen die Auskunft und deren Bindungswirkung gegenüber allen Beteiligten besteht oder nicht besteht. Als Beispiele werden die gesonderte und einheitliche Feststellung sowie Organschaftsfälle genannt.[54]

Eine innerbehördliche Zuständigkeit ist in § 89 Abs. 2 AO nicht geregelt.[55] Vor der gesetzlichen Normierung verlangte der BFH noch, dass derjenige Amtsträger, der die Auskunft erteilte, auch zu ebendieser Auskunftserteilung befugt war, mit der Folge, dass eine Auskunft bei Nichteinhaltung nicht verbindlich war.[56]

Ist für den Antragsteller im Zeitpunkt der Antragstellung keine Finanzbehörde nach den §§ 18 bis 21 AO zuständig (z.B. bei Neugründung der Gesellschaft), ist gemäß § 89 Abs. 2 S. 3 AO das Bundeszentralamt für Steuern (BZSt) als oberste Bundesfinanzbehörde zuständig.[57] Die Auskunft des Bundeszentralamtes für Steuern bindet auch die Finanzbehörde, die im Zeitpunkt der Verwirklichung des Sachverhalts zuständig sein wird.[58] § 89 Abs. 2 S. 3 AO ist lex specialis zu § 89 Abs. 2 S. 2 AO. Dies gilt allerdings nur für Steuern, die von den Landesfinanzbehörden im Auftrag des Bundes verwaltet werden.[59] Daher ist für andere Steuern und für die Festsetzung des Gewerbesteuermessbetrags das BZSt auch dann nicht zuständig, wenn im Zeitpunkt der Antragstellung kein Finanzamt nach §§ 18 bis 21 AO zuständig ist.[60] In diesen Fällen gilt ausschließlich § 89 Abs. 2 S. 2 AO.[61]

Durch diese Regelung haben ausländische Investoren eine zentrale Anlaufstelle für ihr Auskunftsersuchen („one stop agency-Prinzip").[62] Generell unzuständig für die Erteilung einer verbindlichen Auskunft sind die Oberfinanzdirektionen,

---

53 *Söhn*, in: H/H/Sp AO, § 89 Rn. 210d; *Seer*, in: T/K AO, § 89 Rn 35.

54 BT-Drs. 18/8434, 109; *Seer*, in: T/K AO, § 89 Rn. 35.

55 *Söhn*, in: H/H/Sp AO, § 89 Rn. 211; *Seer*, in T/K AO, § 89 Rn. 37.

56 BFH v. 16.11.2005 – X R 3/04, BStBl. 2006, 155, 158; *Seer*, in: T/K AO, § 89 Rn. 37.

57 *Söhn*, in: H/H/Sp AO, § 89 Rn. 218; *Seer*, in: T/K AO, § 89 Rn. 38.

58 *Söhn*, in: H/H/Sp AO, § 89 Rn. 220a; Seer, in: T/K AO, § 89 Rn. 39; Rätke, in: Klein AO, § 89 Rn. 46.

59 AEAO zu § 89 Nr. 3.3.1.1; *Söhn*, in: H/H/Sp AO, § 89 Rn. 218.

60 AEAO zu § 89 Nr. 3.3.1.1.

61 *Rätke*, in: Klein AO, § 89 Rn. 46.

62 *Seer*, in: T/K AO, § 89 Rn. 38; Damit passt sich die deutsche Finanzverwaltung den international üblichen „ruling-standards" an.

Generalzolldirektionen, Landesämter für Steuern sowie Finanzministerien und Finanzsenatoren.[63] Auch haben die vorgesetzten Behörden kein Selbsteintrittsrecht, ihnen steht lediglich ein Weisungsrecht zu.[64] Eine Auskunft, die von einer örtlich oder sachlich unzuständigen Behörde erteilt wurde, entfaltet keine Bindungswirkung.[65]

### 4. *Bearbeitungsfrist*

Mit dem Gesetz zur Modernisierung des Besteuerungsverfahrens[66] wurde zum 1. Januar 2017 in § 89 Abs. 2 S. 4 AO eine Bearbeitungsfrist von sechs Monaten nach Eingang des Antrags bei der zuständigen Behörde eingefügt.[67] Kann die Behörde nicht innerhalb dieser Frist entscheiden, so ist dies dem Antragsteller unter Angabe von Gründen mitzuteilen, § 89 Abs. 2 Satz 4 Hs. 2 AO. Ein Versäumnis dieser Frist entfaltet jedoch keine Rechtsfolgen.[68] Insbesondere kann bei Verstreichen der Frist nicht angenommen werden, dass die Auskunft als erteilt gelte, unabhängig davon, ob die Behörde hinreichende Gründe für das Fristversäumnis mitgeteilt hat oder nicht.[69]

Diese Neuregelung soll jedoch nicht dahingehend verstanden werden, dass die Finanzverwaltung regelmäßig die 6-Monats-Frist ausschöpfen soll. Sie sollte vielmehr die Anträge unverzüglich, also ohne schuldhaftes Zögern bearbeiten.[70] Insgesamt sendet diese Neuregelung ein negatives Signal.[71]

Zwar ist es durchaus möglich, dass eine Verzögerung der Auskunftserteilung nicht immer in der Verantwortung der Finanzbehörde, sondern auch in der Verantwortung des Antragstellers liegt.[72] Dennoch ist die Einführung einer Frist,

---

63 *Seer*, in: T/K AO, § 89 Rn. 36; *Roser*, in: B/G AO, § 89 Rn. 45.

64 *Seer*, in: T/K AO § 89, Rn. 36; *Söhn*, in: H/H/Sp AO, § 89 Rn. 212.

65 AEAO zu § 89 Nr. 3.6.5. a.E; kritisch: *Seer*, in: T/K AO, § 89 Rn. 36.

66 Gesetz v. 18.7.2016, BGBl. I 2016, S. 1679, zur Anwendung siehe Art. 97 § 25 Abs. 2 S. 2 EGAO.

67 *Seer*, in: T/K AO, § 89 Rn. 45.

68 *Söhn*, in: H/H/Sp AO, § 89 Rn. 248a; kritisch dazu: *Seer*, in: T/K AO, § 89 Rn. 45, *ders.*, SteuerStud 2016, 601, 604; *Roser*, B/G AO, § 89 Rn. 56.1; *Seer/Hardeck*, StuW 2016, 366, 371, sind der Auffassung, die Rechtsfolgenlosigkeit entwerte die Frist zum „Papiertiger".

69 AEAO zu § 89 Nr. 3.5.9; *Seer*, in: T/K AO, § 89 Rn. 45 bezeichnet diese Regelung als „bloß symbolischen Gesetzgebungsakt"; *Söhn*, in: H/H/Sp AO, § 89 Rn. 248a; BT-Drs. 18/8434, 119.

70 So auch *Seer*, in: T/K AO, § 89 Rn. 45.

71 So auch *Seer*, in: T/K AO, § 89 Rn. 45.

72 Siehe dazu aus Sicht der Finanzverwaltung: *Bruns*, DStR 2017, 2360, 2364.

die ohne Rechtsfolge verstreichen kann, kein wirksames Mittel zur Beschleunigung von Verfahren. Wird auf der einen Seite der Steuerpflichtige mit Fristen konfrontiert, deren Verstreichen finanzielle Folgen hat (bspw. Verspätungszuschläge, Säumniszuschläge) kann auf der anderen Seite dem Finanzamt nicht eine rechtsfolgenlose Frist eingeräumt werden. Gerade bei großen wirtschaftlichen Dispositionen und damit einhergehendem großem steuerlichen Interesse muss dem Steuerpflichtigen ein wirksames Instrument zur Beschleunigung des Auskunftsverfahrens an die Hand gegeben werden.

## III. Gebührenpflicht

Durch das JStG 2007 vom 13. Dezember 2006[73] wurde in den § 89 Abs. 3 bis 7 AO eine Gebührenpflicht für die verbindliche Auskunft eingefügt und durch das StVereinfG 2011 vom 1. November 2011 nochmals überarbeitet.[74] Ein Grund für die Gebührenpflicht, welche auf Initiative des Bundesrates eingeführt wurde, war, dass die Länder aufgrund der Komplexität des Steuerrechts befürchteten, nach der gesetzlichen Normierung der verbindlichen Auskunft von Anträgen überschwemmt zu werden. Durch die Gebührenpflicht sollten die Ernsthaftigkeit der Anträge gewährleistet und der finanzielle Aufwand ausgeglichen werden.[75]

### *1. Regelungsinhalt*

Im Gegensatz zur Lohnsteueranrufungsauskunft nach § 42e EStG und der verbindlichen Zusage nach § 204 AO wird für die Bearbeitung des Antrags auf Erteilung einer verbindlichen Auskunft gem. § 89 Abs. 3 S. 1 AO eine Gebühr erhoben.[76] Die Gebühr wird durch Verwaltungsakt festgesetzt und ist vom Antragsteller binnen eines Monats nach Bekanntgabe ihrer Festsetzung zu entrichten (Abs. 3 Satz 3). Bis zur Entrichtung der Gebühr kann die Finanzbehörde die Entscheidung über den Antrag zurückstellen (Abs. 3 Satz 4). Gebührenschuldner ist der Antragsteller.[77]

Die Gebühr entsteht mit Eingang des Antrags auf verbindliche Auskunft und kann daher bereits bei Antragstellung festgesetzt werden.[78] Gemäß § 89 Abs. 7

73 BGBl. I 2006, 2878, 2902.
74 BGBl. I 2011, 2131, 2139.
75 *Seer*, in: T/K AO, § 89 Rn. 64; BR-Drs. 16/3036, 15.
76 *Rätke*, in: Klein AO, § 89 Rn. 50.
77 AEAO zu § 89 Nr. 3.2.1.
78 *Rätke*, in: Klein AO, § 89 Rn. 53.

AO kann auf die Gebühr ganz oder teilweise verzichtet werden, wenn ihre Erhebung im Einzelfall unbillig wäre und insbesondere dann, wenn der Antrag vor der Entscheidung der Finanzbehörde über den Antrag zurückgezogen wird. Eine Gebühr wird sowohl bei positiven als auch bei negativen Auskünften erhoben.[79] Ferner besteht eine Gebührenpflicht auch, wenn die Auskunft aus formalen Gründen verweigert wird[80], der Antragsteller ist dann jedoch von der Behörde auf die Möglichkeit der Ergänzung des Antrags hinzuweisen.[81]

Bei der Gebühr handelt es sich gemäß § 3 Abs. 4 Nr. 7 AO sich um eine steuerliche Nebenleistung. Sie teilt bei der Frage nach der steuerlichen Abziehbarkeit das Schicksal der Hauptleistung. Sie ist also nur dann als Betriebsausgabe abziehbar, wenn sich die Auskunft auf eine bestimmte, z.B. umsatzsteuerliche Frage bezieht[82], da die meisten Steuerarten grundsätzlich keine abziehbaren Betriebsausgaben darstellen.

Die Gebühr bemisst sich gem. § 89 Abs. 4 S. 1 AO nach dem Gegenstandswert. Dieser ist legal definiert als „Wert, den die verbindliche Auskunft für den Antragsteller hat". Diesen Wert und die für seine Bestimmung erheblichen Umstände soll der Antragsteller in seinem Antrag darlegen. Auf Basis dessen legt die Finanzverwaltung die Gebühr fest, soweit dies nicht zu offensichtlich unzutreffenden Ergebnissen führt, § 89 Abs. 4 S. 2 und 3 AO. Für die Gebührenbemessung wird § 34 GKG entsprechend angewendet wobei der Gebührensatz 1,0 beträgt. Bei Gegenstandswerten unter EUR 10.000 wird keine Gebühr erhoben. Für jeden angefangen Betrag von weiteren EUR 50.000 werden weitere EUR 180 erhoben, § 34 Abs. 1 S. 2 GKG i.V.m. Anlage 2 des GKG. Dies ergibt bei größeren Streitwerten (z.B. Umwandlungen oder großen Erbschaften) Gebühren von mehreren EUR 10.000.[83]

Ist ein Gegenstandswert nicht bestimmbar, wird eine Zeitgebühr in Höhe von EUR 50 je angefangene halbe Stunde berechnet, § 89 Abs. 6 S. 1 AO.

Durch das Gesetz zur Modernisierung des Besteuerungsverfahrens[84] wurde der bisherigen Rechtsprechung[85] entgegengewirkt und in § 89 Abs. 3 S. 2 AO

---

79 *Rätke*, in: Klein AO, § 89 Rn. 53.

80 *Rätke*, in: Klein AO, § 89 Rn. 53; FG Hessen v. 6.7.2011 – 4 K 3139/09, EFG 2011, 1938.

81 AEAO zu § 89 Nr. 4.5.1.

82 *Rätke*, in: Klein AO, § 89 Rn. 50 und 54.

83 Bei einem Streitwert von EUR 10 Mio. wäre beispielsweise eine Gebühr von etwa EUR 40.000 fällig.

84 v. 18.6.2016, BGBl. I 2016, 1679.

85 Siehe unter anderem: FG München v. 5.4.2017 – 4 K 2058/14, EFG 2017, 967, Revision eingelegt: BFH II R 24/17; BFH v. 9.3.2016 – I R 66/14, BStBl. II 2016, 706.

normiert, dass bei der Erteilung von Auskünften gegenüber mehreren Antragstellern desselben Sachverhalts nur noch eine Gebühr erhoben werden soll.

## 2. *Kritik an der Auskunftsgebühr*

Sowohl der Höhe als auch dem Grunde nach wird die Gebührenerhebung als verfassungsgemäß angesehen.[86] Die verfassungsrechtliche Rechtfertigung folgt nach Auffassung der Rechtsprechung aus der Kostenausgleichs- und der Vorteilsausgleichsfunktion.[87] Die Bearbeitung des Antrags auf verbindliche Auskunft erfordere einen erhöhten Verwaltungsaufwand, dessen Kosten durch die Gebühren zum Teil wieder aufgewogen werden sollen. Des Weiteren erhält der Antragsteller eine verbindliche Aussage der Finanzverwaltung hinsichtlich der zukünftigen Behandlung seines geplanten Sachverhalts. Dieser Vorteil rechtfertigt ebenfalls eine Gebühr.[88]

Grundsätzlich sei die Gebührenpflicht als solche daher verfassungsrechtlich gerechtfertigt.[89] Jedoch wird die Ausgestaltung der Gebühren von Teilen der Literatur kritisiert. Es sei gleichheitswidrig, wenn die Lohnsteuer-Anrufungsauskunft nach § 42e EStG gebührenfrei ist, bei Auskünften zu anderen Quellensteuern (bspw. KapESt) jedoch eine Gebühr erhoben wird.[90] In Fällen der Quellensteuer sei der Steuerschuldner als verlängerter Arm der Finanzverwaltung tätig, weil er für die Finanzverwaltung die Steuer an der Quelle einbehält und an diese weiterleitet. Kommen in diesem Zusammenhang Fragen hinsichtlich der steuerlichen Beurteilung von Sachverhalten auf, so müsse die Finanzverwaltung diese kostenfrei beantworten.[91]

---

86 BFH v. 22.4.2015 - IV R 13/12, BFH/NV 2015, 1742; v. 30.3.2011 - I B 136/10, BFH/NV 2011, 1045; FG Hessen v. 6.7.2011 - 4 K 3139/09; FG Schleswig-Holstein v. 1.10.2010 - 1 K 282/07, EFG 2010, 2061; *Rätke*, in: Klein AO, § 89 Rn. 51.

87 siehe insbes. BFH v. 22.4.2015 - IV R 13/12, BFH/NV 2015, 1742; v. 30.3.2011 - I B 136/10, BStBl. II 2011, 536; *Seer*, in: T/K AO, § 89 Rn. 64; *Rätke*, in Klein AO, § 89 Rn. 51 m.w.N; *Werder/Dannecker*, BB 2011, 1447.

88 siehe insbes. BFH v. 22.4.2015 - IV R 13/12, BFH/NV 2015, 1742; v. 30.3.2011 - I B 136/10, BStBl. II 2011, 536; Seer, in: T/K AO, § 89 Rn. 64; *Söhn*, in H/H/Sp AO, § 89 *Rätke*, in Klein AO, § 89 Rn. 51 m.w.N.

89 *Söhn*, in: H/H/Sp AO, § 89 Rn. 322; zum Ganzen siehe auch *Horst*, Die verbindliche Auskunft nach § 89 AO, S. 162 ff., der sich intensiv mit der verfassungsrechtlichen Beurteilung der Auskunftsgebühr beschäftigt hat.

90 *Seer*, in: T/K AO, § 89 Rn. 66; *Horst*, Die verbindliche Auskunft nach § 89 AO, S. 176; *Blömer*, DSTR 2008, 1867, 1867; siehe auch insgesamt zur Kritik an der Auskunftsgebühr: *Söhn*, H/H/Sp AO, § 89 Rn. 317 ff.

91 *Seer*, in: T/K AO, § 89 Rn. 66; *Blömer*, DStR 2008, 1867.

Neben der letztgenannten Kritik ist es durchaus fragwürdig, ob die Argumente der Rechtfertigung wirklich überzeugend sind. Das Argument des Kostenausgleichs greift nur in den Fällen, in denen der Finanzverwaltung tatsächlich ein Mehraufwand entsteht. Das ist nur dann der Fall, wenn die Behörde einen Sachverhalt beurteilt, der nicht verwirklicht wird. In allen anderen Fällen ist die Finanzbehörde bei der Steuerfestsetzung oder spätestens in der Betriebsprüfung gezwungen, sich mit der steuerlichen Beurteilung des Sachverhalts auseinanderzusetzen. Der Aufwand wird daher bei der verbindlichen Auskunft nur zeitlich vorverlagert.

Auch das Argument des Vorteilsausgleichs überzeugt nicht hinreichend. Der Vorteil, der die Gebühr rechtfertigt, liegt in der erlangten Rechtssicherheit des Steuerpflichtigen. Erhält der Steuerpflichtige eine negative, gerichtlich nicht überprüfbare[92] verbindliche Auskunft oder gar keine Auskunft, hat er diesen Vorteil nicht erhalten. In diesen Fällen entbehrt die Gebühr der Rechtfertigung.

Der Gesetzgeber muss daher daran interessiert sein, die Erreichung des Zwecks der verbindlichen Auskunft zu gewährleisten. Wird dieser Zweck, der Schaffung von Rechtssicherheit für den Steuerpflichtigen, nicht erreicht, fehlt es an der Rechtfertigung der Gebührenerhebung. Es ist nicht hinzunehmen, dass der Steuerpflichtige eine Gebühr zahlen muss, wenn der Gegenwert der Gebühr in Form eines Vorteils nicht gegeben ist.

## IV. Inhalt der Auskunft

Die verbindliche Auskunft nach § 89 Abs. 2 AO enthält eine verbindliche Entscheidung über die steuerliche Behandlung eines zukünftigen Sachverhalts.[93] Dabei geht es um die Klärung ungewisser Rechtsfragen. Die Klärung ungewisser Sachverhalte ist nicht Inhalt der verbindlichen Auskunft, sondern der tatsächlichen Verständigung.[94] Gegenstand der Auskunft kann jede steuerliche Frage sein.[95] Die verbindliche Auskunft hat den ihr zugrunde gelegten Sachverhalt und die Entscheidung über den Antrag zu enthalten. In der Entscheidung sind die zugrunde gelegten Rechtsvorschriften und die maßgebenden Gründe aufzuführen. Ferner müssen Angaben darüber enthalten sein, für welche Steuerarten und für welchen Zeitraum sie gilt.[96] Man unterscheidet zwischen einer positiven

---

92 Siehe dazu unten unter Zweiter Teil A.

93 *Söhn*, in: H/H/Sp AO, § 89 Rn. 244; *Seer*, in: T/K AO, § 89 Rn. 49.

94 *Seer*, in: T/K AO, § 89 Rn. 49.

95 *Rätke*, in: Klein AO § 89 Rn. 18.

96 AEAO zu § 89 Nr. 3.5.6; *Söhn*, H/H/Sp AO, § 89 Rn. 244; *Seer*, in: T/K AO, § 89 Rn. 49.

Auskunft, welcher der Auffassung des Antragstellers entspricht, einer negativen Auskunft, die im Widerspruch mit der Auffassung des Antragstellers steht, und der Nichterteilung der Auskunft.

Die Auskunft regelt jedoch nur, wie die jeweilige Finanzbehörde den hypothetischen Sachverhalt gegenwärtig beurteilt. Der Steuerpflichtige hat lediglich ein geschütztes Vertrauen in die materielle Rechtmäßigkeit der verbindlichen Auskunft. Die Entscheidung trifft keine endgültige Aussage über die materielle Richtigkeit der späteren Steuerfestsetzung.[97] Diese Beurteilung bleibt der Festsetzung vorbehalten.[98]

## V. Entscheidung über den Antrag

Die Entscheidung, ob eine verbindliche Auskunft erteilt wird oder nicht, liegt gem. § 89 Abs. Satz 1 AO im Ermessen der Finanzbehörde (Entschließungsermessen).[99] Ein Anspruch auf eine verbindliche Auskunft ist gesetzlich nicht vorgesehen.[100] Jedoch ist das Entschließungsermessen beschränkt, wenn alle tatbestandlichen Voraussetzungen der verbindlichen Auskunft vorliegen. Ist der Sachverhalt noch nicht verwirklicht und liegen die Voraussetzungen der erheblichen steuerlichen Auswirkungen und des besonderen steuerlichen Interesses des Antragstellers vor, ist das Ermessen so weit reduziert, dass nur noch die Erteilung einer verbindlichen Auskunft eine ermessensfehlerfreie Entscheidung darstellt (Ermessensreduzierung auf Null).[101] Das Ermessen der Behörde bezieht sich jedoch nur auf die Entscheidung, ob eine verbindliche Auskunft erteilt wird.[102]

Der AEAO zu § 89 Nr. 3.5. bestimmt, wann eine verbindliche Auskunft nicht erteilt werden soll. Demnach dürfen Finanzbehörden die Erteilung einer verbindlichen Auskunft verweigern, wenn mit einer Neuregelung durch den Gesetzgeber oder mit einer höchstrichterlichen Rechtsprechung zu rechnen ist. Die Finanzverwaltung erteilt keine Auskünfte zu Fragen, bei denen die Erzielung eines steuerlichen Vorteils im Vordergrund steht oder, wenn es um die Feststellung der Grenzen der Handlungsmöglichkeiten eines ordentlichen Geschäftsführers geht.[103]

---

97 BFH v. 29.2.2012 – IX R 11/11, BStBl. 2012, 651 Rn. 12; *Söhn*, in: H/H/Sp AO, § 89 Rn. 244.

98 BFH v. 29.2.2012 – IX R 11/11, BStBl. 2012, 651 Rn. 12.

99 *Söhn*, in: H/H/Sp AO, § 89 Rn. 237a.

100 *Söhn*, in: H/H/Sp AO, § 89 Rn. 236 ff.

101 *Söhn*, in: H/H/Sp AO, § 89 Rn. 237a; *Rätke*, in: Klein AO, § 89 Rn. 26.

102 *Söhn*, in: H/H/Sp AO, § 89 Rn. 237.

103 AEAO zu § 89 Nr. 3.5.4.

Aufgrund der Gebührenpflicht der Auskunft geht dies nach der wohl h.M. der Literatur zu weit.[104] Insbesondere bei Fragen im Zusammenhang mit verdeckten Gewinnausschüttungen und verdeckten Einlagen besteht ein erhöhter Dispositionsschutz. Fragen in diesem Zusammenhang sind oft mit großem Ungewissheitspotential verbunden und dienen nicht der Vorabgenehmigung von Steuersparmodellen.[105]

Die Kritik überzeugt. Gerade in Fällen, in denen Unklarheiten im Hinblick auf verdeckte Gewinnausschüttungen bestehen, ist das Dispositionsinteresse erhöht. In solchen Fällen sollte dem Steuerpflichtigen aus Gründen des Dispositionsschutzes eine Auskunft erteilt werden. Auch die Verweigerung der Auskunftserteilung bei Steuersparmodellen ist nicht nachvollziehbar. Bewegt sich der Steuerpflichtige im rechtlich zulässigen Rahmen und nutzt er die vom Gesetzgeber geschaffenen Vorteile aus, kann ihm nicht verweigert werden, diese Gestaltungen vorab überprüfen zu lassen.

Problematisch ist auch die Versagung einer Auskunft bei bevorstehenden Regelungen oder Entscheidungen. Eine Verweigerung der verbindlichen Auskünfte ist in derartigen Fällen mindestens dann ermessensfehlerhaft, wenn der Steuerpflichtige mit seinen Dispositionen nicht auf die entsprechende Entscheidung oder Regelung warten kann. Gerade in solchen Fällen besteht erhöhte Rechtsunsicherheit und damit ein gesteigertes Interesse an Planungssicherheit und Dispositionsschutz.[106] Das Bevorstehen einer Entscheidung zeigt doch gerade, dass hinsichtlich dieser zu klärenden Rechtsfrage Unsicherheit besteht.[107] Am Beispiel des UmwSt-Erlasses vom 11.11.2011[108] wird deutlich, dass das Zuwarten auf angekündigte Verwaltungsentscheidungen auch mehrere Jahre in Anspruch nehmen kann. Eine derart lange Wartezeit ist dem Antragsteller im Hinblick auf seinen Dispositionsschutz nicht zuzumuten.[109] Im Übrigen sollte die Versagung in derartigen Fällen gebührenfrei bleiben.[110]

---

104 *Seer*, in: T/K AO, § 89 Rn. 42; *Söhn*, in: H/H/Sp AO, § 89 Rn. 238 ff.; *Wünsch*, in: König AO, § 89 Rn. 27; *Horst*, Die verbindliche Auskunft nach § 89 AO, S. 97 f.; *Joisten/Bergmann*, FR 2014, 923, 928; *F.Kirchhoff*, in: FS Spindler, 463, 470; *Spilker*, StuW 2013, 19, 21.

105 *Seer*, in: T/K AO, § 89 Rn. 42; *Söhn*, in: H/H/Sp AO, § 89 Rn. 240.

106 So auch *Seer*, in: T/K AO, § 89 Rn. 44; *F.Kirchhof*, in: FS Spindler, 463, 470; *Hey*, Steuerplanungssicherheit als Rechtsproblem, S. 703; *Horst*, Die verbindliche Auskunft nach § 89 AO, S. 78 f.

107 So auch *F. Kirchhof*, in: FS Spindler, 463, 470.

108 BStBl. 2011, 1314.

109 So auch: *Seer*, in: T/K AO, § 89 Rn. 44.

110 So auch *Seer*, in: T/K AO, § 89 Rn. 44; *Söhn*, in: H/H/Sp AO, § 89 Rn. 238.

Die Finanzverwaltung hat bei Erteilung der Auskunft den vom Antragsteller vorgetragenen Sachverhalt zugrunde zu legen. Eine Ermittlungspflicht des Finanzamts für die zu erteilende Auskunft besteht nicht. Der Antragsteller hat jedoch die Möglichkeit eines ergänzenden Sachvortrags.[111]

## VI. Bindungswirkung

Die Bindungswirkung ist in § 2 StAuskV geregelt. Nach § 2 Abs. 1 StAuskV ist eine von der zuständigen Finanzbehörde erteilte verbindliche Auskunft für die Besteuerung des Antragstellers, der den Sachverhalt verwirklicht hat, bindend. Die Auskunft entfaltet nur Bindungswirkung gegenüber dem antragstellenden Steuerpflichtigen. Die Bindungswirkung tritt jedoch nur ein, wenn der später verwirklichte Sachverhalt von dem der Auskunft zugrunde gelegten Sachverhalt nicht oder nur unwesentlich abweicht (Sachverhaltsidentität).[112]

Rechtmäßige Auskünfte des BZSt binden auch die Finanzämter, die bei der Verwirklichung des Sachverhalts zuständig sind. Bei verbindlichen Auskünften gegenüber Personenmehrheiten i.S.d. § 1 Abs. 2 StAuskV können sich die Beteiligten nur einheitlich auf die Auskunft berufen, anderenfalls entfällt die Bindungswirkung gegenüber allen Feststellungsbeteiligten.[113] Während die verbindliche Auskunft im Fall der Einzelrechtsnachfolge ihre Bindungswirkung verliert, bleibt diese entsprechend § 45 AO in Fällen der Gesamtrechtsnachfolge bestehen.[114]

Der sachliche Bindungsumfang und die Sachverhaltsidentität sind durch Auslegung nach den allgemeinen Auslegungsregeln zu ermitteln.[115] Die Reichweite der Bindungswirkung der verbindlichen Auskunft ist aus der Sicht des Erklärungsempfängers zu beurteilen.[116]

Eine Bindungswirkung tritt nach § 2 Abs. 1 S. 2 StAuskV nicht ein, wenn die Auskunft zuungunsten des Steuerpflichtigen dem geltenden Recht widerspricht. Nach Auffassung der Finanzverwaltung ist eine Auskunft auch nicht bindend,

---

111 AEAO zu § 89 Nr. 3.5.2.

112 AEAO zu § 89 Nr. 3.6.1; *Söhn*, in: H/H/Sp AO, § 89 Rn. 255.

113 AEAO zu § 89 Nr. 3.6.1; BFH v. 17.9.2015, III R 49/13, BFH/NV 2016, 624.

114 AEAO zu § 89 Nr. 3.6.2.

115 *Seer*, in: T/K AO, § 89 Rn. 51.

116 BFH v. 24.9.2010 – IV B 34/10, BFH/NV 2011, 241, Rn. 22; BFH v. 12.8.2015 – I R 45/14, BFH/NV 2016, 261, Rn. 10, 27; siehe auch *Seer*, in: T/K AO, § 89 Rn. 51; *Söhn*, in: H/H/Sp AO, § 89 Rn. 255; *Roser*, in: B/G AO, § 89 Rn. 60.

wenn sie von einer sachlich oder örtlich unzuständigen Behörde erlassen worden ist.[117]

Des Weiteren entfällt die Bindungswirkung nach § 2 Abs. 2 StAuskV, wenn die Rechtsvorschriften, auf denen die Auskunft beruht, aufgehoben oder geändert werden. Dies ist insoweit sinnvoll, da die verbindliche Auskunft nicht den Zweck hat, eine jetzt geltende Rechtslage ohne Änderungsmöglichkeit für den Gesetzgeber fortwirken zu lassen. Die Änderung von Rechtsvorschriften und der damit zusammenhängende Vertrauensschutz ist eine Frage der Rückwirkung.

Eine verbindliche Auskunft kann mit Wirkung ex nunc aufgehoben oder geändert werden, wenn diese unrichtig war, § 2 Abs. 3 StAuskV. Die Regelungen der §§ 129 und 131 AO bleiben davon unberührt. Unrichtig ist eine verbindliche Auskunft, wenn sie ohne Rechtsgrundlage oder unter Verstoß gegen materielle Rechtsnormen erlassen wurde.

Eine Änderung der Rechtsprechung führt nicht zur Rechtswidrigkeit der verbindlichen Auskunft.[118] In Fällen, in denen die verbindliche Auskunft von Rechtsprechung oder Verwaltungsauffassungen abweicht, die nach der Bekanntgabe ergangen sind, war die verbindliche Auskunft von vornherein unrichtig.[119] Die Aufhebung oder Änderung richtet sich dann nach § 2 Abs. 3 StAuskV und §§ 129 und 131 AO.

## VII. Rechtsnatur der verbindlichen Auskunft und persönliche Bindungswirkung

### *1. Die verbindliche Auskunft als Verwaltungsakt*

Die Rechtsnatur der verbindlichen Auskunft ist umstritten. Nach früherer Rechtsprechung wurde die Auskunft nicht als Verwaltungsakt qualifiziert.[120] Die Bindungswirkung und die Rechtsnatur wurde von der Rechtsprechung aus dem Grundsatz von Treu und Glauben hergeleitet. Jedoch sollte für die Bindung nach Treu und Glauben erforderlich sein, dass der Steuerpflichtige im Vertrauen auf die Auskunft auch eine wirtschaftliche Disposition getroffen hat.[121]

Teilweise wurde vor der Normierung auch vertreten, dass der Regelungscharakter der verbindlichen Auskunft fehle und damit kein Verwaltungsakt

---

117 AEAO zu § 89 Nr. 3.6.5.
118 AEAO zu § 89 Nr. 3.6.6.
119 AEAO zu § 89 Nr. 3.6.6.
120 BFH v. 13.12.1989, BStBl. II 1990, 274.
121 BFH v. 7.7.1999, BFH/NV 2000, 174; *Wünsch*, in: König AO, § 89 Rn. 24.

vorliege.[122] Die h.M. und die Rechtsprechung qualifizieren die verbindliche Auskunft heute als Verwaltungsakt, der unabhängig von der Disposition des Steuerpflichtigen Bindungswirkung entfaltet.[123] Sie ist eine von der Finanzbehörde zur Regelung eines Einzelfalls auf dem Gebiet des öffentlichen Rechts (des Steuerrechts) getroffene Entscheidung, die auf unmittelbare Rechtswirkung nach außen gerichtet ist, § 118 Satz 1 AO[124], und bildet den Rechtsgrund für den das Steuerfestsetzungsverfahren abschließenden Steuerbescheid.[125] Begründet wird dies unter anderem mit der gesetzlichen Verankerung und der Kostenpflicht.[126] Die Finanzverwaltung sieht in der verbindlichen Auskunft seit der gesetzlichen Normierung in § 89 Abs. 2 AO ebenfalls einen Verwaltungsakt. Danach sind verbindliche Auskünfte schriftlich zu erteilen und mit einer Rechtsbehelfsbelehrung zu versehen. Dies gilt unabhängig davon, ob eine positive oder eine negative Auskunft erteilt oder die Erteilung abgelehnt wird.[127]

Umstritten ist in diesem Zusammenhang die persönliche Bindungswirkung der verbindlichen Auskunft. Nach Auffassung von *Söhn* bindet die verbindliche Auskunft sowohl die Finanzbehörde als auch den Steuerpflichtigen.[128] Dafür könnte sprechen, dass sich der Rechtsgrund der Bindungswirkung der verbindlichen Auskunft nach ständiger Rechtsprechung vor der Normierung durch den Gesetzgeber aus dem Grundsatz von Treu und Glauben ergab und diese Bindungswirkung danach nur eintrat, wenn der Steuerpflichtige im Vertrauen auf die Auskunft die entsprechenden Dispositionen getroffen hat.[129] Jedoch überzeugt diese Auffassung im Hinblick auf die neuere Rechtsprechung des BFH nicht mehr[130], wonach eine verbindliche Auskunft nur zugunsten und nicht zulasten des Antragstellers wirkt und den Antragsteller eben nicht binden

---

122 *Birk*, FS Pöllath, 161, 168; a.A. *Hey*, Steuerplanungssicherheit als Rechtsproblem, S. 714 m.w.N.

123 BFH v. 29.2.2012 – IX R 11/11, BStBl. II 2012, 651 m.w.N.; *Wünsch*, in: König AO, § 89 Rn. 24; *Roser*, in: B/G AO, § 89 Rn. 72; *Söhn*, in: H/H/Sp AO, § 89 Rn. 246; *Seer*, in: T/K AO, § 89 Rn. 26; *Jochum*, DStZ 2013, 544.

124 *Söhn*, in: H/H/Sp AO, § 89 Rn. 246.

125 Seer, Verständigungen im Steuerverfahren, S. 398 ff., 468 ff.; Krumm, DStR 2011, 2429, 2429;

126 *Wünsch*, in: König AO, § 89 Rn. 24.

127 AEAO zu § 89 Nr. 3.5.5.

128 *Söhn*, in: H/H/Sp AO, § 89 Rn. 246.

129 BFH v. 13.12.1989 – X R 208/87, BStBl. II 1990, 274 Rn. 13; v. 26.11.1997 – III R 109/93, BFH/NV 1998, 808; *Birk*, in: FS Pöllath, 161, 168; *Rüsken*, in: Klein AO, § 204 Rn. 4a.

130 *Seer*, in: T/K AO, § 89 Rn. 29.

soll.[131] Der Adressat der verbindlichen Auskunft kann danach jederzeit eine von der verbindlichen Auskunft abweichende Gestaltung des Sachverhalts geltend machen.[132]

Nach *Birk* folgt aus der Regelung der verbindlichen Auskunft in § 89 Abs. 2 AO nunmehr, dass es sich bei der Auskunft um einen Verwaltungsakt handelt, da § 89 Abs. 2 AO von einer „verbindlichen" Auskunft spricht und die Bindungswirkung damit aus der Auskunft selbst folge, bzw. vom Bindungswillen der Behörde getragen sei. Diese Bindung ergebe sich aus dem Regelungscharakter der Auskunft als Verwaltungsakt.[133] Diese Auffassung entspricht auch der Auffassung des BFH und der Finanzverwaltung, welche die verbindliche Auskunft mittlerweile ebenfalls als Verwaltungsakt qualifizieren.[134]

### 2. *Die verbindliche Auskunft als Zusage?*

*Seer* qualifiziert die verbindliche Auskunft hingegen weitergehend als Zusage.[135] Eine Zusage ist eine verbindliche Selbstverpflichtung einer Behörde gegenüber bestimmten Adressaten, die auf ein künftiges Tun, Dulden oder Unterlassen gerichtet ist und einen Rechtsanspruch des Adressaten begründet.[136] Dabei unterscheidet sich die gesetzlich in § 38 VwVfG normierte Zusicherung von der Zusage dahingehend, dass letztere auf den künftigen Erlass oder Unterlassen eines bestimmten Verwaltungsaktes gerichtet ist.[137] Davon zu unterscheiden sind, trotz ähnlicher Wirkung, Vorbescheide.[138] Die Rechtsnatur der Zusicherung ist umstritten, jedoch qualifiziert die wohl h.M. diese als Verwaltungsakte.[139]

---

131 BFH v. 17.9.2015 – III R 49/13, BFHE 252, 17.

132 *Seer*, in: T/K AO, § 89 Rn. 29.

133 *Birk*, FS Pöllath, 161, 168.

134 BFH v. 29.2.2012 – IX R 11/11, BStBl. II 2012, 651; s.a. BFH v. 30.4.2009 – VI R 54/07, der die verbindliche Auskunft als VA qualifiziert und im speziellen als „Zusicherung einer bestimmten künftigen steuerlichen Behandlung"; *Seer* verneint die doppelte Bindungswirkung mit dem Argument, bei der verbindlichen Auskunft handele es sich um eine Zusage bzw. im Hinblick auf den folgenden Steuerbescheid um eine Zusicherung, *Seer*, in: T/K AO, § 89 Rn. 26 ff; AEAO zu § 89 AO Nr. 3.5.5.

135 *Seer*, in: T/K AO, § 89 Rn. 26.

136 *Tiedemann*, in: Beck OK VwVfG, § 38 Rn. 2 m.w.N.; *Ramsauer*, in: Kopp/Ramsauer VwVfG, § 38 Rn. 7.

137 *Tiedemann*, in: Beck OK VwVfG, § 38 Rn. 1; *Ramsauer*, in: Kopp/Ramsauer VwVfG, § 38 Rn. 7.

138 *Ramsauer*, in: Kopp/Ramsauer VwVfG, § 38 Rn. 13.

139 *Stelkens*, in: Stelken/Bonk/Sachs VwVfG, § 38 Rn. 30 m.w.N.; *Ramsauer*, in: Kopp/Ramsauer VwVfG, § 38 Rn. 18; *Tiedemann*, in: Beck OK VwVfG, § 38 Rn. 13 m.w.N.

Nach *Seer* ist die Auskunft eine die Finanzbehörde aus sich heraus bindende Zusage bzw. im Hinblick auf den nachfolgenden Steuerbescheid eine Zusicherung i.S.d. § 38 VwVfG.[140] Begründet wird dies insbesondere mit der persönlichen Bindungswirkung der verbindlichen Auskunft, die, wie die Zusage, nur die Verwaltung, nicht aber auch den Adressaten bindet.[141] Ein Verwaltungsakt hingegen binde beide Seiten und sei damit durch das Element der „Fremdbindung" gekennzeichnet.[142] Hingegen räumt er ein[143], dass das Argument, eine begünstigende Regelung liege bereits in der Einräumung eines aufschiebend bedingten Erfüllungsanspruchs des Adressaten der Auskunft, für eine Verwaltungsakt-Qualität sprechen mag.[144] Eine Bindungswirkung zulasten des Steuerpflichtigen hingegen wird hingegen verneint, da dies zur Folge hätte, dass die verbindliche Auskunft als eine Art Vorbescheid zu qualifizieren sei.[145]

### 3. *Stellungnahme*

Die herrschende Meinung qualifiziert die verbindliche Auskunft fast einhellig als Verwaltungsakt.[146] Hinsichtlich der persönlichen Bindungswirkung ist der Auffassung von *Seer* mit Verweis auf die Rechtsprechung des BFH[147] zuzustimmen. Die verbindliche Auskunft soll nur zugunsten, nicht aber zulasten des Steuerpflichtigen wirken. Dieser soll den Sachverhalt auch entgegen der verbindlichen Auskunft gestalten können und damit auf seinen durch die Auskunft erlangten Dispositionsschutz verzichten können.

Ob die verbindliche Auskunft nun als Verwaltungsakt oder weitergehend als Zusage qualifiziert wird, ist für die Klageart zunächst unerheblich, da auch gegen eine Zusage, sofern man diese mit der wohl h.M. als Verwaltungsakt qualifiziert, die Verpflichtungs- bzw. Anfechtungsklage statthaft wäre.[148] Die Frage, ob diese nun als Zusage oder als Verwaltungsakt qualifiziert wird, ist daher eine Frage der

---

140 *Seer*, in: T/K AO, § 89 Rn. 26.

141 *Seer*, in: T/K AO, § 89 Rn. 29.

142 *Seer*, in: T/K AO, § 89 Rn. 29.

143 Seer, in: T/K AO, § 89 Rn. 29.

144 So insbes. *Horst*, Die verbindliche Auskunft nach § 89 Abs. 2 AO, S. 110 f.; *Birk*, in: FS Pöllath, 161, 168; *Bruschke*, DStZ 2007, 267, 271.

145 Seer, in: T/K AO, § 89 Rn. 29.; a.A. *Söhn*, H/H/Sp. AO, § 89 Rn. 246; siehe dazu bereits oben unter C. VIII. 1.

146 Siehe auch nochmals zusammenfassend: *Horst*, Die verbindliche Auskunft nach § 89 AO, S. 102 ff.

147 BFH v. 30.4.2009 – VI R 54/07, BStBl. II 2010, 996.

148 So auch *Stelkens,* in: Stelkens/Bonk/Sachs VwVfG, § 38 Rn. 117f.

dogmatischen Herleitung der Bindungswirkung ebendieser und kann im Hinblick auf die nachgehende Untersuchung offen bleiben.

## B. Entwicklung der verbindlichen Auskunft durch die Rechtsprechung und Verwaltung

Für die Frage nach dem eigentlichen Zweck der verbindlichen Auskunft ist zu untersuchen, aus welchen Beweggründen diese als Rechtsinstitut geschaffen wurde. Die verbindliche Auskunft war lange Zeit gesetzlich nicht geregelt, gehörte aber zur gängigen Praxis der Gerichte und Finanzverwaltungen.

Bis zur gesetzlichen Normierung im Jahre 2006 durch das Föderalismusreform-Begleitgesetz[149] waren verbindliche Auskünfte und Zusagen nur in § 204 AO in der Form der verbindlichen Zusage nach einer Außenprüfung und in § 42e EStG in Form der Lohnsteueranrufungsauskunft geregelt.[150]

Die verbindliche Auskunft wurde 2006 mit dem Föderalismusreform-Begleitgesetz durch die Einfügung des Absatz 2 in § 89 AO gesetzlich normiert. Durch das Jahressteuergesetz 2007[151] wurde mit den Absätzen 3 bis 5 die Gebührenpflicht eingefügt. Das Institut der verbindlichen Auskunft wurde bis dahin von der Rechtsprechung entwickelt und später von der Verwaltung übernommen und konkretisiert[152]. Maßgebend für die Entwicklung der verbindlichen Auskünfte durch die Rechtsprechung sind die Urteile des BFH vom 4. August 1961[153], vom 19. März 1981[154] sowie vom 16. März 1983[155]. Die Rechtsprechung hat die Bindungswirkung bis dato auf den Grundsatz von Treu und Glauben („venire contra factum proprium“) gestützt. Im Jahre 2003 hat das BMF ein Schreiben veröffentlicht, in welchem die Voraussetzungen und Rechtsfolgen der verbindlichen Auskunft zusammenfassend festgehalten wurden.[156] Auch die Verwaltung stützte die verbindliche Auskunft mangels gesetzlicher Regelung noch auf den Grundsatz von Treu und Glauben.[157] Durch die Auswertung der Rechtsprechung wird deutlich, dass der Zweck der verbindlichen Auskunft darin liegen

149 BGBl. I 2006, S. 2098.
150 *Rätke*, in: Klein AO, § 89, Rn. 12.
151 BGBl. I 2006, S. 2887; dazu bereits oben unter Erster Teil A. I.
152 BMF-Schreiben v. 29.12.2003, BStBl. I 2003, 742.
153 BFH v. 4.8.1961 – IV 269/60 S, BStBl. III 1961, 562.
154 BFH v. 19.3.1981 – IV R 49/77, BStBl. II 1981, 538.
155 BFH v. 16.3.1983 – IV R 36/79, BStBl. II 1983, 459.
156 BMF-Schreiben v. 29.12.2003 – IV A 4 S 0430-7/03, BStBl. I 2003, 742.
157 BMF-Schreiben v. 29.12.2003 – IV A 4 S 0430-7/03, BStBl. I 2003, 742 Rn. 4.1.

sollte, Rechtssicherheit zu gewähren. Die Entwicklung der verbindlichen Auskunft durch die Rechtsprechung verdeutlicht den hinter der Regelung stehenden Zweck und führt zu der Frage, ob das Ziel der Rechtsprechung heute noch erreicht werden kann.

## I. Die Entwicklung der verbindlichen Auskunft durch die Rechtsprechung

### *1. Das BFH-Urteil vom 4. August 1961*[158]

Der vierte Senat des BFH fasste in einem Urteil die damals schon bestehende ständige Rechtsprechung zu Auskünften der Finanzbehörden zusammen und stellte fest, dass ein Steuerpflichtiger, der das Finanzamt vor Abschluss eines in der steuerlichen Beurteilung zweifelhaften Rechtsgeschäfts um eine Zusicherung bittet, diesen Sachverhalt bei der späteren Veranlagung in einer bestimmten Weise zu beurteilen, auf diese Zusicherung vertrauen könne.[159] Das Finanzamt sei dann nach Treu und Glauben an ebendiese Zusicherung gebunden. Ferner fasste der Senat die Voraussetzungen zusammen, unter denen eine Zusicherung nach Treu und Glauben Bindungswirkung entfalte. Danach muss der Steuerpflichtige in eigenen Steuerangelegenheiten einen bestimmten Sachverhalt darstellen und zu Fragen tatsächlicher oder rechtlicher Art eine Zusicherung erstreben wollen.[160] Bei diesen Fragen muss es sich um Fragen rechtlicher oder tatsächlicher Art handeln, bei denen der Finanzverwaltung ein Auslegungsspielraum zustehe.[161]

Zusicherungen, die dem Gesetz klar widersprechen, waren nach Auffassung des Senats nichtig.[162] Dies gelte insbesondere dann, wenn der Steuerpflichtige die Gesetzwidrigkeit kannte oder kennen musste.

Eine Schriftform der Auskunft forderte der BFH damals nicht. Hingegen spreche eine mündliche Zusicherung dafür, dass die Finanzverwaltung sich nicht habe binden wollen[163].

---

158 BFH v. 4.8.1961 – IV 269/60 S, BStBl. III 1961, 562.

159 BFH v. 4.8.1961 – IV 269/60 S, BStBl. III 1961, 562 Rn. 18.

160 BFH v. 4.8.1961 – IV 269/60 S, BStBl. III 1961, 562 Rn. 19.

161 BFH v. 4.8.1961 – IV 269/60 S, BStBl. III 1961, 562 Rn. 19; siehe dazu ergänzend: BFH v. 18.11.1958 – I 176/57 U, BStBl. III 1958, 52.

162 BFH v. 4.8.1961 – IV 269/60 S, BStBl. III 1961, 562 Rn. 20, mit Verweis auf BFH v. 26.5.1961 – III 326/58 U BStBl. III 1961, 380.

163 BFH v. 4.8.1961 – IV 269/60 S, BStBl. III 1961, 562 Rn. 21 f.

Hinsichtlich der Zuständigkeit war der BFH damals noch der Auffassung, dass das Finanzamt die Auskunft auch von demjenigen Beamten erteilen lassen müsse, der später für die Veranlagung intern zuständig sei.[164]

Eine Bindungswirkung trat nach Auffassung des BFH nur ein, wenn das Finanzamt sich auch binden wolle. Vorbehalte stehen einer Bindungswirkung nach Auffassung des BFH grundsätzlich entgegen.[165]

Die Zusicherung musste vor dem Abschluss des Geschäfts erteilt sein. Der BFH forderte zudem, dass die Zusicherung auch ursächlich, also kausal für das Rechtsgeschäft war. Wenn diese Voraussetzungen gegeben waren, konnte das Finanzamt von der Zusicherung nur abweichen, wenn neue Tatsachen hinzutraten, die im Zusammenhang mit dem dargelegten Sachverhalt standen.[166] Zusicherungen, die Dauersachverhalte betreffen, können mit Wirkung für die Zukunft widerrufen werden, weil sich der Steuerpflichtige in derartigen Fällen auf die Änderung einstellen kann.[167]

Hinsichtlich der Erteilung der Zusicherung sprach der BFH der Behörde ein Ermessen zu. Grundsätzlich seien die Finanzbehörden also nicht verpflichtet, eine Auskunft zu erteilen.[168]

### *2. Das BFH-Urteil vom 19.März 1981*

In seinem Urteil vom 19.3.1981[169] hat der vierte Senat des BFH klargestellt, dass die Finanzämter zwar grundsätzlich an das Gesetz gebunden sind, ausnahmsweise jedoch kann das Finanzamt nach den Grundsätzen von Treu und Glauben daran gehindert sein, einen gesetzmäßigen Steueranspruch geltend zu machen. Dies sei insbesondere dann der Fall, wenn die Finanzverwaltung dem Steuerpflichtigen zugesichert habe, einen Sachverhalt in bestimmter Weise zu beurteilen.[170] Eine Zusicherung von einer nicht zuständigen Behörde, wie im Streitfall von einer Stadtverwaltung, sei jedoch für das Finanzamt nicht bindend.[171]

---

164 BFH v. 4.8.1961 - IV 269/60 S, BStBl. III 1961, 562 Rn. 23.

165 BFH v. 4.8.1961 - IV 269/60 S, BStBl. III 1961, 562 Rn. 24.

166 BFH v. 4.8.1961 - IV 269/60 S, BStBl. III 1961, 562 Rn. 25.

167 BFH v. 4.8.1961 - IV 269/60 S, BStBl. III 1961, 562 Rn. 27.

168 BFH v. 4.8.1961 - IV 269/60 S, BStBl. III 1961, 562 Rn. 26.

169 BFH v. 19.3.1981 - IV R 49/77, BStBl. II 1981, 538 Rn. 39 ff.

170 BFH v. 19.3.1981 - IV R 49/77, BStBl. II 1981, 538 Rn. 40 mit Verweis auf BFH v. 4.8.1961 – IV 269/60 S, BStBl. III 1961, 562.

171 BFH v. 19.3.1981 - IV R 49/77, BStBl. II 1981, 538 Rn. 41.

### 3. *Das BFH-Urteil vom 16. März 1983*

Mit Urteil vom 16.3.1983[172] äußerte sich der vierte Senat des BFH zum Inhalt eines Antrags auf verbindliche Auskunft. Danach ist unter anderem Voraussetzung für die Bindungswirkung einer erteilten Zusage, dass der dem Finanzamt mitgeteilte Sachverhalt „in allen wesentlichen Punkten richtig und vollständig dargestellt wurde“[173]. Bei einer lückenhaften oder unrichtigen Darstellung des Sachverhalts wurde demgegenüber eine Bindungswirkung verneint.[174]

### 4. *Stellungnahme*

Der BFH hat insbesondere in den genannten Urteilen die grundlegenden Voraussetzungen und Eckpfeiler der verbindlichen Auskunft festgelegt. Er hat sich mit der Frage der Bindungswirkung beschäftigt und die ersten Anhaltspunkte für die späteren gesetzlichen Regelungen geboten. Die Berufung auf den Grundsatz von Treu und Glauben ist unter dem Gesichtspunkt des „venire contra factum proprium“ durchaus nachvollziehbar. Die Finanzverwaltung kann nicht eine steuerliche Beurteilung vorab zusagen und im Besteuerungsverfahren von dieser wieder abweichen, sofern sich der dargestellte Sachverhalt mit dem verwirklichten deckt. Auf der anderen Seite ist auch die im Urteil vom 16. März 1983[175] festgestellte Einschränkung sinnvoll. Dem Finanzamt kann eine Bindung an das Gesagte nur zugemutet werden, wenn sie auch über alle für die steuerrechtliche Beurteilung des Sachverhalts wesentlichen Gesichtspunkte vorab informiert wurde. Der Steuerpflichtige sollte daher gehalten sein, die Sachverhaltsdarstellung so genau wie möglich zu formulieren.

## II. Das BMF-Schreiben betr. Auskunft mit Bindungswirkung nach Treu und Glauben

Mit Schreiben vom 29. Dezember 2003[176] hat das BMF unter Bezugnahme der oben genannten Rechtsprechung die Voraussetzungen der Erteilung einer verbindlichen Auskunft sowie deren Bindungswirkung verwaltungsintern geregelt. Danach konnten die Finanzämter nun außerhalb der Regelungen der §§ 204 ff. AO und § 42e EStG verbindliche Auskünfte betreffend die steuerliche Beurteilung

172 BFH v. 16.3.1983 – IV R 36/79, BStBl. II 1983, 459.
173 BFH v. 16.3.1983 – IV R 36/79, BStBl. II 1983, 459 Rn. 41.
174 BFH v. 16.3.1983 – IV R 36/79, BStBl. II 1983, 459 Rn. 41.
175 BFH v. 16.3.1983 – IV R 36/79, BStBl. II 1983, 459.
176 BMF-Schreiben v. 29.12.2003 – IV A 4 S 0430-7/03, BStBl. I 2003, 742.

von Sachverhalten erteilen, sofern hinsichtlich der steuerlichen Auswirkungen ein besonderes Interesse daran bestehe.

In dem Schreiben äußert sich das BMF zu Zuständigkeit, Form, Inhalt und Voraussetzungen des Antrags, der Bindungswirkung der erteilten Auskunft sowie den Rechtsbehelfsmöglichkeiten gegen erteilte negative und nicht erteilte Auskünfte.[177]

Zuständig für die Erteilung der verbindlichen Auskunft ist grundsätzlich das Finanzamt, welches bei der Verwirklichung des Sachverhalts zuständig sein wird. Das gilt unabhängig davon, ob der Steuerpflichtige bereits bei einem anderen Finanzamt steuerlich geführt wird.[178]

Hinsichtlich der Form schreibt das BMF nun die Schriftform vor. Der Antrag muss die genaue Bezeichnung des Antragstellers enthalten. Ferner muss der geplante Sachverhalt umfassend und in sich abgeschlossen dargestellt sein. Der geplante Sachverhalt muss ernsthaft geplant und darf im Wesentlichen noch nicht umgesetzt sein und es muss ein besonderes steuerliches Interesse dargelegt werden. Das Finanzamt sei im Übrigen nicht verpflichtet, eigene Ermittlungen anzustellen.[179]

Die Rechtsfrage muss konkret formuliert sein, allgemein gehaltene oder abstrakte Rechtsfragen reichen nicht aus. Dazu müssen auch das Rechtsproblem und die eigene Rechtsauffassung mit entsprechender Begründung dargestellt werden.[180]

Ist der Sachverhalt im Wesentlichen bereits verwirklicht, kommt eine Erteilung der Auskunft nicht in Frage. Das gelte auch, wenn der Sachverhalt zwischen Antragstellung und vor Entscheidung über den Antrag verwirklicht werde. Allerdings kann eine Auskunft auch erteilt werden, wenn die Umgestaltung eines bereits verwirklichten Sachverhaltes ernsthaft geplant ist sowie bei Sachverhalten, die wesentliche Auswirkungen erst in die Zukunft haben (z.B. Dauersachverhalte). Bei Angelegenheiten, die jedoch nur den Zweck haben, einen Steuervorteil zu erzielen, werden Auskünfte nicht erteilt. Als Beispiele werden insbesondere die Überprüfung von Steuersparmodellen sowie Grenzen der steuerlichen Gestaltung genannt. Auch in Fällen, in denen eine gesetzliche Regelung, eine höchstrichterliche Rechtsprechung oder eine Verwaltungsanweisung in absehbarer Zeit zu erwarten ist, ist es den Behörden nach pflichtgemäßem

177 BMF-Schreiben v. 29.12.2003 – IV A 4 S 0430-7/03, BStBl. I 2003, 742.

178 BMF-Schreiben v. 29.12.2003 – IV A 4 S 0430-7/03, BStBl. I 2003, 742 Tz. 1.1.

179 BMF-Schreiben v. 29.12.2003 – IV A 4 S 0430-7/03, BStBl. I 2003, 742 Tz. 2.1, 2.2.

180 BMF-Schreiben v. 29.12.2003 – IV A 4 S 0430-7/03, BStBl. I 2003, 742 Tz. 2.1.

Ermessen unbenommen, die Erteilung der verbindlichen Auskunft zu versagen.[181]

Das BMF nimmt auch ausführlich Stellung zu der Bindungswirkung. Diese trete nach Treu und Glauben ein, wenn der Antragsteller die von der Auskunft abhängig gemachte Disposition getroffen hat. Bis zu diesem Zeitpunkt sei ein Widerruf jedoch jederzeit möglich. Eine Bindungswirkung gegenüber Dritten, denen gegenüber die Auskunft nicht erteilt wurde, trete jedoch nicht ein.[182]

Des Weiteren muss die Auskunft vor der Verwirklichung des Sachverhalts erteilt worden und auch für dessen Verwirklichung ursächlich sein. Insoweit bindet auch eine dem Gesetz widersprechende Auskunft das Finanzamt. Jedoch bindet die Auskunft nur, wenn der tatsächlich verwirklichte Sachverhalt mit dem vorgetragenen in allen wesentlichen Punkten übereinstimmt. Keine Bindungswirkung tritt ein, wenn das Finanzamt eine negative Auskunft zuungunsten des Steuerpflichtigen erteilt hat.

Die Auskunft muss zudem von dem zuständigen Beamten erteilt werden. Dabei ist der zuständige Beamte derjenige, der zur Vertretung des Finanzamts berufen ist.[183]

Eine unrichtige Auskunft kann ex nunc widerrufen werden. Rückwirkend aufgehoben werden kann eine Auskunft jedoch nur, wenn sie von einer unzuständigen Behörde erlassen oder durch unlautere Mittel erwirkt worden ist.

Das BMF äußert sich im Rahmen der Ausführungen zu den Rechtsbehelfsmöglichkeiten auch zur Rechtsnatur der verbindlichen Auskunft. Demnach ist eine antragsgemäß erteilte verbindliche Auskunft kein Verwaltungsakt.[184] Auch eine Negativ-Auskunft stelle nach (damaliger) Auffassung des BMF keinen Verwaltungsakt dar.[185] Lediglich die Ablehnung der Erteilung einer Auskunft stelle einen Verwaltungsakt dar, der mit Hilfe des (Verpflichtungs-)Einspruchs angreifbar sei (§347 AO).[186] Eine Ablehnung der Erteilung komme jedoch nicht in Frage, wenn die formellen Voraussetzungen erfüllt sind.

181 BMF-Schreiben v. 29.12.2003 – IV A 4 S 0430-7/03, BStBl. I 2003, 742 Tz. 2.2 bis 2.6.
182 BMF-Schreiben v. 29.12.2003 – IV A 4 S 0430-7/03, BStBl. I 2003, 742. Tz. 4.
183 BMF-Schreiben v. 29.12.2003 – IV A 4 S 0430-7/03, BStBl. I 2003, 742 Tz. 4.2.
184 BMF-Schreiben v. 29.12.2003 – IV A 4 S 0430-7/03, BStBl. I 2003, 742 Tz. 5.1
185 BMF-Schreiben v. 29.12.2003 – IV A 4 S 0430-7/03, BStBl. I 2003, 742 Tz. 5.2.
186 BMF-Schreiben v. 29.12.2003 – IV A 4 S 0430-7/03, BStBl. I 2003, 742. Tz. 5.3.

### III. Zwischenergebnis

Sowohl die Rechtsprechung als auch das BMF erkannten die Notwendigkeit der verbindlichen Auskunft und haben detailliert die Voraussetzungen der Bindungswirkung einer solchen Auskunft erarbeitet. Die Entwicklung zeigt, dass die heute geltenden Regelungen zur verbindlichen Auskunft in § 89 Abs. 2 AO in Verbindung mit der Steuerauskunftsverordnung in vielerlei Hinsicht dem von der Rechtsprechung und dem BMF entwickelten Instituts einer Bindung nach Treu und Glauben entsprechen. Dies zeigt, dass die Verwaltung und die Gerichtsbarkeit die rechtsstaatliche Notwendigkeit einer frühzeitigen Klärung steuerlicher Folgen erkannt haben. Mit der verbindlichen Auskunft wurde ein Rechtsinstitut geschaffen, welches geeignet scheint, diesen Zweck zu erfüllen. Der Steuerpflichtige kann seinen zur Frage stehenden Sachverhalt der Finanzverwaltung mitteilen und erhält eine verbindliche Antwort auf seine Rechtsfrage. Die verbindliche Auskunft dient also dem historischen Gedanken nach dem Zweck, frühzeitig Rechtssicherheit und Dispositionsschutz zu gewähren. Der Steuerpflichtige kann auf die einmal erteilte Auskunft vertrauen. Der Gedanke des Treu und Glaubens auf Auskünfte der Finanzverwaltung wirkt bis heute fort und manifestiert sich in der Bindungswirkung.

## C. Die verbindliche Auskunft im Kontext sonstiger (steuerrechtlicher) Auskunftsverfahren

Außerhalb der verbindlichen Auskunft erteilt die Finanzbehörde noch Auskünfte zu lohnsteuerlichen Fragen im Rahmen der Lohnsteueranrufungsauskunft nach § 42e EStG, Zusagen im Nachgang einer Betriebsprüfung nach § 204 AO im Rahmen tatsächlicher Verständigungen sowie Auskünfte zu Verrechnungspreisvereinbarungen nach § 178a AO.[187]

Im Folgenden sollen die einzelnen Auskunftsarten kurz dargestellt und die Unterschiede zur verbindlichen Auskunft nach § 89 Abs. 2 AO aufgezeigt werden. Im Anschluss folgt eine Einordnung der verbindlichen Auskunft in diese Auskunftssystematik, wobei die Notwendigkeit der verbindlichen Auskunft als eigenständige Auskunftsart aufgezeigt werden soll.

---

187 *Seer/Hardeck* schlagen zudem vor, auch für die Umsatzsteuer eine Anrufungsauskunft zu regeln, da der Unternehmer für diese Steuer lediglich eine „Inkassofunktion" für den Fiskus übernehme; *Seer/Hardeck*, StuW 2016, 366, 369.

## I. Lohnsteueranrufungsauskunft nach § 42e EStG

Gemäß § 42e EStG hat das Betriebsstättenfinanzamt auf Anfrage eines Beteiligten eine Auskunft zu erteilen, ob und inwieweit im einzelnen Fall die Vorschriften über die Lohnsteuer anzuwenden sind. § 42e EStG ist lex specialis zu § 89 Abs. 2 AO hinsichtlich des Auskunftsgegenstandes (Lohnsteuer) und des Adressaten (Beteiligte des LSt-Verfahrens).[188]

Im Gegensatz zur verbindlichen Auskunft nach § 89 Abs. 2 AO ist die Lohnsteueranrufungsauskunft nicht gebührenpflichtig.[189] Grund hierfür ist insbesondere, dass der Arbeitgeber beim Einbehalt der Lohnsteuer (als Quellensteuer) für die Finanzverwaltung tätig ist und daher die richtige Anwendung der Lohnsteuervorschriften überprüfen lassen können muss.[190]

Hinsichtlich der Entscheidung, ob eine Auskunft erteilt wird, hat das Finanzamt kein (Entschließungs-)Ermessen.[191] Nach dem Wortlaut des § 42e EStG „hat" das Betriebsstättenfinanzamt auf Anfrage Auskunft zu erteilen. Damit haben die Beteiligten einen Rechtsanspruch auf Erteilung der Auskunft.[192] Bei der Lohnsteueranrufungsauskunft handelt es sich um einen feststellenden Verwaltungsakt, der als solcher unmittelbar im Rahmen seines Regelungsinhalts bindet.[193]

Die Lohnsteueranrufungsauskunft bindet in persönlicher Hinsicht nach neuerer Rechtsprechung die Finanzverwaltung sowohl gegenüber dem Arbeitgeber als auch gegenüber dem Arbeitnehmer.[194] Eine abweichende Behandlung der Lohnsteuer beim Arbeitnehmer ist daher auch dann nicht zulässig, wenn dieser nicht Antragsteller war.[195]

Sachlich bindet die Auskunft jedoch nur hinsichtlich des Regelungsinhalts, also nur hinsichtlich der lohnsteuerlichen Behandlung. Eine Bindung auch hinsichtlich des Veranlagungsverfahrens des Arbeitnehmers besteht nicht.[196]

---

188 *Heuermann*, in: Blümich EStG, § 42e Rn. 6.

189 LStR 42e Abs. 1 Satz 1.

190 siehe auch: *Seer*, in: T/K AO, § 89 Rn. 66; *Seer/Hardeck*, StuW 2016, 366, 368; zum Auftragsverhältnis zwischen Arbeitgeber und Staat bei der Lohnsteuer: *Krüger*, in: Schmidt EStG, § 38 Rn. 1.

191 *Heuermann*, in: Blümich EStG, § 42e Rn. 26.

192 *Krüger*, in: Schmidt EStG, § 42e Rn. 5.

193 BFH v. 30.4.2009 – VI R 54/07, BStBl. II 2010, 996; *Heuermann*, in: Blümich EStG, § 42e Rn. 30; *Krüger*, in: Schmidt EStG, § 42e Rn. 7.

194 BFH v. 17.10.2013 – VI R 44/12, BStBl. II 2014, 892.

195 BFH v. 17.10.2013 – VI R 44/12, BStBl. II 2014, 892.

196 BFH v. 13.1.2011 – VI R 61/09; *Krüger*, in: Schmidt EStG, § 42e Rn. 11.

## II. Die Zusage im Anschluss an eine Außenprüfung nach § 204 AO

Im Anschluss an eine Außenprüfung besteht gemäß § 204 AO für den Steuerpflichtigen die Möglichkeit, einen Antrag auf eine verbindliche Zusage zu stellen. Die Zusage soll Auskunft darüber geben, wie ein in der Vergangenheit geprüfter und im Prüfungsbericht dargestellter Sachverhalt zukünftig steuerrechtlich behandelt wird. Dabei muss die Kenntnis der künftigen steuerlichen Behandlung für die geschäftlichen Maßnahmen des Steuerpflichtigen von Bedeutung sein.

Die Finanzbehörde hat hinsichtlich der Erteilung der Zusage ein Entschließungsermessen. Jedoch ist das Ermessen insoweit eingeschränkt, als dass bei Vorliegen der Voraussetzungen eine Auskunft erteilt werden sollte.[197] Wie bei der verbindlichen Auskunft kann auch die Erteilung einer Zusage nach § 204 AO verweigert werden, wenn die Behandlung des steuerlichen Sachverhalts von einer Rechtsfrage abhängt, die Gegenstand eines finanzgerichtlichen Verfahrens ist, bei der eine höchstrichterliche Klärung in absehbarer Zeit zu erwarten ist oder eine Verwaltungsvorschrift erwartet wird.[198]

Materielle Voraussetzung für die Erteilung einer Zusage ist insbesondere, dass der zu beurteilende Sachverhalt für die Vergangenheit in einer Abschlussprüfung geprüft und im Prüfungsbericht dargestellt wurde.[199] Dabei ist die zusagende Finanzbehörde nur an die Sachverhaltsdarstellung, nicht jedoch an die steuerliche Behandlung des Prüfers gebunden.[200]

Die Zusage wird nur für die künftige Behandlung des Sachverhalts erteilt. Der in der Abschlussprüfung geprüfte Sachverhalt muss daher in die Zukunft wirken.[201] Zusagen auf in der Vergangenheit liegende Sachverhalte werden nicht erteilt.[202]

Sowohl die Erteilung als auch die Ablehnung der Zusage sind Verwaltungsakte.[203] Gegen diese sind der Einspruch, bzw. die Anfechtungs- oder Verpflichtungsklage statthaft.[204]

---

197 *Rüsken*, in: Klein AO, § 204 Rn. 7.
198 *Rüsken*, in: Klein AO, § 204 Rn. 7.
199 *Rüsken*, in: Klein AO, § 204 Rn. 10; *Intemann*, in: König AO, § 204 Rn. 23.
200 *Rüsken*, in: Klein AO, § 204 Rn. 10; *Intemann*, in: König AO, § 204 Rn. 23.
201 *Rüsken*, in: Klein AO, § 204 Rn. 11; *Intemann*, in: König AO, § 204 Rn. 11.
202 BFH v. 13.12.1995 – XI R 43-45/89, BStBl. II 1996, 232 unter II. 3. b).
203 *Rüsken*, in: Klein AO, § 204 Rn. 15; *Intemann*, in: König AO, § 204 Rn. 57 f.
204 *Rüsken*, in: Klein AO, § 204 Rn. 15; *Intemann*, in: König AO, § 204 Rn. 57 f.

## III. Tatsächliche Verständigung

Bei der tatsächlichen Verständigung handelt es sich um eine Einigung zwischen Finanzbehörde und Steuerpflichtigen über den für die Besteuerung maßgeblichen Sachverhalt.[205]

Die tatsächliche Verständigung ist gesetzlich nicht normiert.[206] Umstritten ist daher deren rechtliche Einordnung. Die wohl herrschende Literatur qualifiziert die tatsächliche Verständigung als öffentlich-rechtlichen Vertrag.[207] Die Rechtsprechung hingegen sieht die Grundlage für die tatsächliche Verständigung in dem bestehenden, konkreten Steuerrechtsverhältnis zwischen Steuerbürger und Finanzamt und ausdrücklich nicht in einem öffentlich-rechtlichen Vertrag.[208] Unabhängig von der Rechtsgrundlage ist die tatsächliche Verständigung jedoch gängige Praxis und von der Rechtsprechung anerkannt.[209]

Die tatsächliche Verständigung ist im Gegensatz zu den bisher aufgezeigten Auskünften und Zusagen kein Institut zur Klärung von Rechtsfragen. Sie dient ausschließlich der Sachverhaltsermittlung[210] und ist nach Verwaltungsanweisung nur in Fällen zulässig, in denen der Sachverhalt nur unter erschwerten Umständen, also mit überdurchschnittlichem Arbeits- und Zeitaufwand zu ermitteln ist.[211] Ferner dient die tatsächliche Verständigung nicht der Verhandlung steuerlicher Belastungen, diese stehen wegen § 85 AO nicht zur Disposition.[212]

Die tatsächliche Verständigung sollte schriftlich festgehalten und von den Beteiligten unterschrieben werden.[213] Die Bindungswirkung der tatsächlichen Verständigung folgt aus dem Grundsatz von Treu und Glauben[214] und entsteht

---

205 *Wünsch*, in: König AO, § 88 Rn. 47.

206 *Wünsch*, in: König AO, § 88 Rn. 47.

207 *Söhn*, in: H/H/Sp AO, § 78 Rn. 116; *Rüsken*, in: Klein AO, § 162 Rn. 30a; *Wünsch*, in: König AO, § 88 Rn. 47; *Offerhaus*, DStR 2001, 2093, 2097; *Eckhoff*, StuW 1996, 107, 112.

208 BFH v. 12.8.1999 - IX R 27/98, BFH/NV 2000, 537; v. 25.8.2006 - VIII B 13/06, BFH/NV 2006, 2122.

209 BFH v. 15.3.2000 - IV B 44/99, BFH/NV 2000, 1073; siehe auch *Söhn*, in: H/H/Sp AO, § 78 Rn. 112 m.w.N.; sowie *Wünsch*, in: König AO, § 88 Rn. 48.

210 BFH v. 15.3.2000 - IV B 44/99, BFH/NV 2000, 1073; BMF v. 30.7.2008 - IV A 3-S 0223/07/1002, BStBl. I 2008, 831; *Söhn*, in: H/H/Sp AO, § 78 Rn. 125 ff; *Wünsch*, in: König AO, § 88 Rn. 49; *Offerhaus*, DStR 2001, 2093.

211 BMF v. 30.7.2008 - IV A 3-S 0223/07/1002, BStBl. I 2008, 831.

212 *Wünsch*, in: König AO, § 88 Rn. 47.

213 BMF v. 30.7.2008 - IV A 3-S 0223/07/1002, BStBl. I 2008, 831.

214 BFH v. 11.12.1984 - VIII R 131/76, BStBl. II 1985, 354.

mit Abschluss der Verständigung. Die Bindungswirkung erstreckt sich nur auf die Beteiligten und deren Gesamtrechtsnachfolger.[215] Die Bindungswirkung entfällt jedoch, wenn ein Umstand, der Grundlage der Verständigung war, sich ändert oder gar wegfällt.[216]

## IV. Vorabverständigungsverfahren

Vorabverständigungsverfahren, sogenannte Advance-Pricing-Agreements (APA) sollen international verbundenen Unternehmen Rechtssicherheit in Verrechnungspreissachen geben. Mithilfe eines APA werden dem Steuerpflichtigen durch die Finanzverwaltung auf Antrag verbindliche Zusagen hinsichtlich Verrechnungspreisgestaltungen erteilt.[217] Das Verfahren ist zweistufig. Zunächst werden bei grenzüberschreitenden Sachverhalten, deren Besteuerung von einem DBA erfasst ist, Verständigungen mit dem entsprechenden Staat getroffen.[218] Auf Basis der Vereinbarung mit dem Drittstaat („Vorabverständigung") wird dann dem Steuerpflichtigen vom Bundeszentralamt für Steuern eine Zusage über die steuerliche Behandlung erteilt („Vorabzusage").[219]

Da das Vorabverständigungsverfahren mit großem Aufwand verbunden ist, wurde mit § 178a AO eine besondere Gebührenregelung eingeführt.[220] Die Gebühr ist vor Eröffnung des Verfahrens durch das Bundeszentralamt für Steuern festzusetzen. Das Verfahren wird gemäß § 178a Abs. 1 Satz 4 AO erst eröffnet, wenn die Gebührenfestsetzung unanfechtbar und die Gebühr entrichtet worden ist. § 178a AO ist folglich eine Spezialregelung zu den Gebührentatbeständen der § 89 Abs. 3 bis 5 AO.[221]

Verwirklicht der Antragsteller den Sachverhalt antragsgemäß, ist er an die Vereinbarung des APA gebunden. Werden vom Antragsteller entgegen dem APA andere Verrechnungspreise zugrunde gelegt, kann die Finanzbehörde

215 BFH v. 7.7.2004 – X R 24/03, BStBl. II 2004, 975; BMF v. 30.7.2008 – IV A 3-S 0223/07/1002, BStBl. I 2008, 831.

216 „Wegfall der Geschäftsgrundlage", BFH v. 11.4.2017 – IX R 24/15, BStBl. II 2017, 1155 Rn. 18 ff.

217 *Kramer*, IStR 2007, 174.

218 *Rüsken*, in: Klein AO, § 178a Rn. 1.

219 *Rüsken*, in: Klein AO, § 178a Rn. 1; *Kramer*, IStR 2007, 174, 176 f.; zum Verfahren im Einzelnen: BMF v. 5.10.2006 – IV B 4-S 1341-38/06, BStBl. I 2006, 594.

220 *Rüsken*, in: Klein AO, § 178a Rn. 1.

221 *Rüsken*, in: Klein AO, § 178a Rn. 1.

ungeachtet dieser Preise die Verrechnungspreise des APA für die Besteuerung zugrunde legen.[222]

Die deutschen Vorabverständigungsverfahren unterscheiden sich wesentlich von den Verrechnungspreisvereinbarungen, die derzeit im Fokus der EU-Kommission stehen.[223] Bei diesen APAs handelt es ich um Verrechnungspreisvereinbarungen zwischen dem jeweiligen Mitgliedstaat und einzelnen Unternehmen. Bei den deutschen Vorabverständigungen nach § 178a AO handelt es sich um Verständigungen mit mindestens einem anderen Staat über Fragen der Gewinnabgrenzung.[224] Unilaterale Verrechnungspreisabsprachen dürften in Deutschland daher nur begrenzt vorkommen.[225]

## V. Stellungnahme

Lediglich das Vorabverständigungsverfahren und die Lohnsteueranrufungsauskunft bieten Möglichkeiten, im Vorfeld der Sachverhaltsverwirklichung rechtliche Fragen zu beantworten. Die tatsächliche Verständigung und die Zusage im Nachgang einer Außenprüfung[226] sind lediglich zu bereits verwirklichten Sachverhalten statthaft, wobei die tatsächliche Verständigung nur Sachverhalts- und keine Rechtsfragen klären kann. Die beiden erstgenannten Institute bieten zudem nur Dispositionsschutz zu spezifischen Teilrechtsgebieten, nämlich zu lohnsteuerlichen Fragen und Fragen im Zusammenhang mit Verrechnungspreisen. Es lässt sich konstatieren, dass Rechtssicherheit, sofern diese überhaupt durch die genannten Institute gewährt wird, im Vorfeld einer

---

222 BMF v. 5.10.2006 – IV B 4-S 1341-38/06, BStBl. I 2006, 594 Tz. 6.4.

223 Zu diesen siehe die Pressemitteilungen der Europäischen Kommission v. 21.10.2015: „Kommission stellt Unvereinbarkeit der selektiven Vorteile für Fiat in Luxemburg und für Starbucks in den Niederlanden mit dem EU-Beihilferecht fest"; v. 30.8.2016: „Irland gewährt Apple unzulässige Steuervergünstigungen von bis zu 13 Mrd. EUR"; v. 19.9.2016: „Kommission leitet eingehende Untersuchung zu steuerlichen Behandlung von GDF Suez in Luxemburg ein"; v. 4.10.2017: „Kommission stellt fest, dass Luxemburg Amazon unzulässige Steuervergünstigungen von rund 250 Mio. EUR gewährt hat"; sowie die Beschlüsse der Kommission: Beschluss der Kommission v. 21.10.2015 – C(2015) 7143, ABl. 2017 L83/38 – Starbucks; Beschluss der Kommission v. 21.10.2015 – C(2015) 7152, ABl. 2016 L 351/1; Beschluss der Kommission v. 11.1.2016 – C(2015) 9837, ABl. 2016 L 260/61 – Belgien.

224 BMF v. 5.10.20016 – IV B 4-S 1341-38/06, BStBl. I 2006, 594 Rn. 1.2; siehe auch *Greil*, IStR 2017, 677, 677.

225 *Naumann*, IStR 2011, 683, 684.

226 *Wedelstädt v.*, AO-StB 2009, 15, 15.

Sachverhaltsverwirklichung nur hinsichtlich lohnsteuerlicher Fragen und Fragen im Zusammenhang mit Verrechnungspreisen erlangt werden könnte.

Die Zusage im Anschluss an eine Betriebsprüfung beantwortet Rechtsfragen im Nachgang eines bereits durch die Finanzverwaltung geprüften Sachverhalts. Eine verbindliche Beantwortung von steuerlichen Rechtsfragen im Vorfeld der Sachverhaltsverwirklichung ist daher derzeit nur mit Hilfe der verbindlichen Auskunft nach § 89 Abs. 2 AO möglich. Damit ist die verbindliche Auskunft essentielles Instrument zur Gewährung von Rechtssicherheit im Vorfeld von Dispositionen.

Insgesamt wirkt das „Auskunftssystem", wenn man von einem solchen sprechen kann, in sich nicht abgestimmt. So sind die Regelungen zu den Gebühren in § 89 Abs. 3 bis 7 AO nicht mit denen in § 178a AO vergleichbar. Auch hat es der Gesetzgeber versäumt, mit der letzten Änderung der AO die tatsächliche Verständigung gesetzlich zu verankern.[227] Die verbindliche Auskunft ist derzeit die einzige Möglichkeit, Auskünfte unabhängig vom jeweiligen Steuerrechtsgebiet zu erhalten.[228] Daher hat die verbindliche Auskunft im Auskunftssystem des deutschen Steuerverfahrensrecht einen besonders hohen Stellenwert. Fraglich bleibt jedoch, inwieweit durch die verbindliche Auskunft Rechtssicherheit tatsächlich gewährt wird.

## D. Notwendigkeit und Zweck der verbindlichen Auskunft

Der Steuerpflichtige bedarf zur Entfaltung seiner grundrechtlich durch Art. 12 Abs. 1, Art. 14 Abs. 1 und Art. 2 Abs. 1 GG geschützten wirtschaftlichen Handlungsfreiheit eine gewisse Planungs- und Entscheidungssicherheit.[229] Ohne die verbindliche Auskunft im Vorfeld der Sachverhaltsverwirklichung hat der Steuerpflichtige keine Möglichkeit, seine steuerliche Rechtsauffassung bestätigt zu wissen, bevor er den Sachverhalt verwirklicht und eventuell nicht mehr rückgängig zu machende Dispositionen vornimmt.[230] Wird keine verbindliche Auskunft beantragt, beurteilt das Finanzamt den Sachverhalt erst im Zuge des Festsetzungsverfahrens oder gar erst in der Außenprüfung. Bis zu diesem Zeitpunkt befindet sich der Steuerbürger in Ungewissheit ob seiner steuerlichen

227 So auch *Seer*, in: T/K AO, § 89 Rn. 22.

228 *Seer/Hardeck*, StuW 2016, 366 369.

229 *Seer*, in: T/K AO, § 89 Rn. 23; *Hey*, Steuerplanungssicherheit als Rechtsproblem, S. 133ff.; *Horst*, Die verbindliche Auskunft nach § 89 AO, S. 14 ff; *Birk*, in: FS Pöllath, 161, 164; *F.Kirchhoff*, in: FS Spindler, 463, 469 f.

230 *Seer*, in: T/K AO, § 89 Rn. 23.

Beurteilung.[231] Daher hat der Steuerpflichtige ein besonderes Interesse daran, dass die jeweilige Finanzbehörde seine Rechtsauffassung im Vorfeld bestätigt.[232]

Der Steuerpflichtige befindet sich folglich in dem Konflikt, dass seine Geschäftsvorfälle, die während des Veranlagungszeitraums anfallen, erst nach dessen Ablauf steuerlich von der Finanzverwaltung beurteilt werden.[233] Erfolgt die Steuerfestsetzung unter Vorbehalt der Nachprüfung (§ 165 AO), erfährt der Steuerpflichtige im Zweifel erst Jahre später im Rahmen der Außenprüfung, ob seine Rechtsaufassung mit der des Finanzamtes übereinstimmt. Daher hat der Steuerpflichtige ein besonderes Interesse daran, dass die Finanzverwaltung ihre Rechtsauffassung frühzeitig artikuliert.[234]

Rechtsstaatlich ist es daher notwendig, dass der Steuerpflichtige in Kenntnis seiner Steuerfolgen disponieren kann.[235] Der Staat greift bei Erhebung der Steuer in Grundrechte der Bürger ein. Die verbindliche Auskunft ermöglicht Kenntnis des Steuerpflichtigen von dem zu erwartenden Eingriff und beschränkt somit die Tiefe des Grundrechtseingriffs auf das noch verfassungsmäßige Maß.[236] Die Steuer wird durch die verbindliche Auskunft zu einer voraussehbaren Kalkulationsgröße.[237]

In vielen Fällen kann eine Gestaltung auf verschiedene Art und Weise durchgeführt werden und jede dieser Varianten hat unterschiedliche, meist nicht mit Sicherheit vorhersehbare steuerliche Auswirkungen. Daher ist es für den Steuerpflichtigen in bestimmten Fällen sinnvoll, steuerlichen Rat einzuholen.[238] Zwar geschieht dies oft mit Hilfe der Steuerberater, jedoch kommen auch diese aufgrund der Komplexität des Steuerrechts häufig an ihre Grenzen und können insbesondere in Fällen mit unsicherer steuerrechtlicher Würdigung die zu erwartende Steuerlast nicht exakt vorhersagen. Der Steuerpflichtige und zuweilen auch der steuerliche Berater können die steuerlichen Folgen allein aus dem Gesetz nicht herauslesen.[239]

---

231 *Seer*, in: T/K AO, § 89 Rn. 23.

232 *Seer*, in: T/K AO, § 89 Rn. 23.

233 *F. Kirchhof*, in: FS Spindler, 463, 470, *Hey*, Steuerplanungssicherheit als Rechtsproblem, S. 42; *Krumm*, DStR 2011, 2429, 2429; *Eilers/Nosthoff-Horstmann*, FR 2017, 170.

234 So auch *Seer*, FR 2017, 161.

235 *Werder/Dannecker*, BB 2013, 284, 284; *Spilker*, StuW 2013, 19, 20.

236 *Werder/Dannecker*, BB 2013, 284, 284; *Seer*, FR 2012, 1000, 1005; *Seer*, Verständigung im Steuerverfahren, 1996, S. 309 ff; *Seer*, FR 2017, 161, 161; siehe auch *Spilker*, StuW 2013, 19, 20.

237 *Seer*, FR 2017, 161, 161.

238 *Spilker*, StuW 2013, 19, 20.

239 *Spilker*, StuW 2013, 19, 20.

Grund dafür ist, dass die gesetzliche Lage im Steuerrecht in vielen Bereichen nicht überschaubar und wenig übersichtlich ist.[240] Die steuerrechtlichen Regelungen enthalten eine Vielzahl von unbestimmten Rechtsbegriffen.[241] Diese unbestimmten Rechtsbegriffe sind in der praktischen Anwendung des Rechts zu konkretisieren, um der Rechtsprechung und der Verwaltung die Möglichkeit einer Interpretation im zeitlichen Wandel zu ermöglichen.[242] Die Komplexität des Steuerrechts und dessen teilweise unsystematischer und nicht durchdachter Aufbau resultiert neben der nicht hinreichend durchdachten Gesetzgebung vor allem aus der Kompliziertheit und Vielgestaltigkeit des wirtschaftlichen Lebens.[243] Die steuerliche Belastung, die wiederum freiheitsbeschränkend wirkt, kann von dem Steuerpflichtigen aber nur als erträglich aufgefasst werden, wenn er diese im Vorfeld voraussehen kann, wenn diese Steuer also zu einer voraussehbaren Kalkulationsgröße wird.[244]

## I. Das Bedürfnis nach Rechtssicherheit

Das Grundbedürfnis nach Dispositionsschutz und Rechtssicherheit im Steuerrecht begründet sich damit, dass die steuerliche Beurteilung von geplanten Sachverhalten regelmäßig mit Unsicherheiten verbunden ist und zuweilen selbst professionelle Berater an ihre Grenzen stoßen.[245] Der Steuerpflichtige hat ein Interesse daran, die spätere steuerliche Würdigung durch die Finanzverwaltung im Steuerfestsetzungsverfahren in den Zeitraum vorzuziehen, in welchem er noch Gestaltungsmöglichkeiten hat und damit auf unerwünschte steuerliche Folgen reagieren kann.[246] Da die steuerliche Beurteilung von Geschäftsvorfällen grundsätzlich erst im Festsetzungsverfahren nach dem Veranlagungszeitraum erfolgt, hat der Steuerpflichtige zu dem Zeitpunkt, zu welchem die steuerliche Beurteilung durch die Finanzbehörde erfolgt, nicht mehr die Möglichkeit, seine bereits getätigten Dispositionen zu ändern oder zu revidieren.[247] Der Steuerpflichtige hat daher ein Interesse daran, schon zu Beginn eines Veranlagungszeitraumes bzw. des Geschäftsvorfalles zu wissen, mit welchen steuerlichen Folgen

---

240 *Seer*, in: T/K AO, § 89 Rn. 23; *Spilker*, StuW 2013, 19, 20.

241 *Seer*, FR 2017, 161.

242 *Seer*, in: T/K AO, § 89 Rn. 23; *Spilker*, StuW 2013, 19, 20.

243 So auch der BFH v. 30.3.2011 – I R 61/10, BStBl. II 2011, 536 Rn. 16.

244 *Seer*, in: T/K AO, § 89 Rn. 23; *Seer*, FR 2017, 161; *Hey*, Steuerplanungssicherheit als Rechtsproblem, S. 195 ff.

245 *Eilers/Nosthoff-Horstmann*, FR 2017, 170, 170.

246 *Seer* in: T/K AO, § 89 Rn. 23; *Birk*, in: FS Pöllath, 161, 161.

247 *F.Kirchhof*, in: FS Spindler, 463, 468.

er zu rechnen hat.[248] Sinn und Zweck der verbindlichen Auskunft soll sein, dem Steuerbürger Planungs- und Entscheidungssicherheit, also Rechtssicherheit hinsichtlich der Einschätzung eines geplanten Sachverhalts zu verschaffen.[249]

Der Bürger ist auf diese Planungs- und Entscheidungssicherheit angewiesen, um seine durch Art. 12 Abs. 1, Art. 14 Abs. 1 und Art. 2 Abs. 1 GG auf vermögensrechtlichem Gebiet geschützte Handlungsfreiheit entfalten zu können.[250] Rechtssicherheit schafft die Grundlage für die Verwirklichung der Freiheitsgrundrechte, bildet die Grundlage aller wirtschaftlicher Dispositionen und ist damit Voraussetzung zukunftsgerichteter Steuerplanung.[251]

Rechtssicherheit gehört zu den wichtigsten Elementen der Rechtsstaatlichkeit[252] und beinhaltet die Elemente der Rechtsstaatlichkeit, die mit der Verlässlichkeit der Rechtsordnung zu tun haben.[253] Der Grundsatz der Rechtsstaatlichkeit erfordert, dass das staatliche Handeln sowohl klar und bestimmt als auch beständig sein sollte. Nur mit einem gewissen Maß an Verlässlichkeit ist das Handeln des Staates für den Bürger vorhersehbar und berechenbar und bleibt für ihn verständlich.[254] Durch Rechtsstaatlichkeit wird vermieden, dass sich der Bürger einer staatlichen Willkür ausgesetzt fühlt.[255] Rechtssicherheit ist daher nicht nur ein Gebot der Rechtsstaatlichkeit, sondern auch des Gleichheitssatzes.[256] Nur durch Rechtssicherheit kann Schutz vor staatlicher Willkür geboten werden.[257]

Insbesondere in einer „Massenverwaltung" wie im Steuerrecht bereitet es Schwierigkeiten, Rechtssicherheit und Rechtsrichtigkeit in Einklang zu bringen und damit den Ausgleich „formeller und materieller Gerechtigkeit zu bewältigen".[258] Es ist daher unerlässlich, dem Steuerbürger die Möglichkeit zu geben, die steuerlichen Folgen seines Handelns antizipativ verbindlich klären zu lassen.

---

248 *F.Kirchhof*, in: FS Spindler, 463, 468; so auch *Seer*, FR 2017, 161, 161 ff.

249 BFH v. 30.4.2009, BStBl. II 2010, 996; v. 29.2.2012, BStBl. II 2012, 651; *Söhn*, in: H/H/Sp AO, § 89 Rn. 179; *Seer*, in: T/K AO, § 89 Rn. 23; *Roser*, in: B/G AO, § 89 Rn. 27; siehe auch *Seer* auf den 61. Berliner Steuergesprächen vom 20.7.2016, Tagungsbericht S. 2.

250 *Seer*, FR 2017, 161.

251 *Birk*, in: FS Pöllath, 161, 164.

252 *Hey*, Steuerplanungssicherheit als Rechtsproblem, S. 110 m.w.N.

253 *Grzeszick*, in: Maunz/Dürig GG, Art. 20 Rn. 50; *Sachs*, in: ders. GG, Art. 20 Rn. 122.

254 *Grzeszick*, in: Maunz/Dürig GG, Art. 20 Rn. 50.

255 *Grzeszick*, in: Maunz/Dürig GG, Art. 20 Rn. 50.

256 *Tipke*, Die Steuerrechtsordnung, Bd. I S. 160; *Birk*, in: FS Pöllath, 161, 164.

257 *Birk*, in: FS Pöllath, 161, 164.

258 *Hey*, Steuerplanungssicherheit als Rechtsproblem, S. 131.

## II. Vorhersehbarkeit staatlichen Handelns und Vertrauensschutz als Elemente der Rechtssicherheit

Rechtssicherheit umfasst die Kontinuität des Rechts, die Messbarkeit sowie die Vorhersehbarkeit.[259] Für die Entscheidung, Wirtschaftsgüter anzuschaffen, Investitionen zu tätigen oder auf sonstige Weise wirtschaftlich zu disponieren, braucht der Steuerpflichtige Gewissheit, wie seine Dispositionen steuerlich beurteilt werden und welche steuerlichen und damit auch finanziellen Konsequenzen sich daraus ergeben.[260] Insoweit bedarf es der Rechtssicherheit im Hinblick auf geplante, noch nicht realisierte Sachverhalte. Ohne eine vorhersehbare Rechtsfolgenabschätzung wird dem Bürger die Ausübung seiner Freiheitsgrundrechte erschwert.[261] Insoweit gewähren auch die Grundrechte ein Mindestmaß an Rechtssicherheit.[262]

Eine der wichtigsten Aufgaben des Rechts ist es daher, eine verlässliche Verhaltensordnung zu schaffen.[263] Recht ist so zu gestalten, dass insbesondere das Vertrauen der Bürger in dessen Vorgaben geschützt wird.[264] Rechtssicherheit soll daher die frühestmögliche Klarheit über das Ausmaß der bevorstehenden Freiheitbeschränkungen gebieten[265] und staatliches Handeln damit vorhersehbar machen.

Vorhersehbarkeit staatlichen Handelns wird zunächst dadurch erreicht, dass der Vorbehalt des Gesetzes nach Art. 20 Abs. 3 GG den Steuerpflichtigen vor einer Inanspruchnahme ohne gesetzliche Grundlage schützt.[266] Diese gesetzliches Grundlage muss Voraussetzungen und Rechtsfolgen des Eingriffs verbindlich regeln.[267] Der Steuerpflichtige wird in der Regel nicht mit der Situation fehlender gesetzlicher Grundlagen konfrontiert sein, sondern vielmehr damit, dass er die steuergesetzlichen Folgen aus dem Gesetz nicht erlesen kann.[268] Zur Vorhersehbarkeit des durch Gesetz angeordneten Eingriffs ist es jedoch notwendig, dass die gesetzliche Grundlage bestimmt genug ist. Bestimmtheit und

---

259 *Hey*, Steuerplanungssicherheit als Rechtsproblem, S. 111 m.w.N.; *Seer*, Verständigungen im Steuerverfahren, S.

260 *Birk*, in: FS Pöllath, 161, 164.

261 *Birk*, in: FS Pöllath, 161, 164.

262 *Birk*, in: FS Pöllath, 161, 164.

263 *Huster/Rux* in: BeckOK GG, Art. 20 Rn. 181.

264 *Huster/Rux* in: BeckOK GG, Art. 20 Rn. 181.

265 *Sachs*, in: Ders. GG, Art. 20 Rn. 122.

266 *Hey*, Steuerplanungssicherheit als Rechtsproblem, S. 185.

267 *Hey*, Steuerplanungssicherheit als Rechtsproblem, S. 185.

268 *Hey*, Steuerplanungssicherheit als Rechtsproblem, S. 186.

Verständlichkeit der Steuergesetze[269] sind Voraussetzungen für sinnvolle Dispositionen und für die Ausübung der Freiheitsgrundrechte.[270]

Neben der Vorhersehbarkeit bedarf es auch Vertrauensschutz, um Dispositionsschutz und Planungssicherheit gewährleisten zu können. Bei der Planung einer Disposition stützt sich der Bürger auf das Gesetz als Planungsgrundlage[271] und vertraut im Hinblick auf seine Disposition auf die entscheidungserhebliche Rechtslage.[272] Wird im weiteren Verlauf der geplante Sachverhalt umgesetzt und durch die Verwaltung konkretisiert, bedeutet die Planungssicherheit Beständigkeit der durch die Verwaltung konkretisierten Planungsgrundlage, folglich Vertrauensschutz hinsichtlich der bestehenden Verwaltungshandlung.[273] Vom Vertrauensschutzprinzip[274] umfasst sind dementsprechend auch Fälle, in denen sich die Finanzbehörden durch Zusagen gebunden und der Steuerpflichtige im Vertrauen darauf disponiert hat.[275]

Die Ausübung der Freiheitsgrundrechte setzt eine verlässliche Rechtsordnung voraus.[276] Es geht dem Bürger daher nicht um den Schutz vor der Änderung als solche, sondern darum, dass die Rechtsfolgen der bereits vergangenen Dispositionen unverändert bleiben.[277] Vertrauensschutz erfährt daher seine

---

269 Zum Problem der Bestimmtheit in der Steuergesetzgebung siehe *Tipke*, StRO I, S. 140 ff.

270 *Hey* Steuerplanungssicherheit als Rechtsproblem, S. 186; *Spilker*, StuW 2013, 19, 20.

271 *Hey*, Steuerplanungssicherheit als Rechtsproblem, S. 113.

272 *Jebens*, BB 1995, 1057, 1057.

273 *Hey*, Steuerplanungssicherheit als Rechtsproblem, S. 113.

274 Das Bundesverfassungsgericht verortet den Vertrauensschutz grundsätzlich im Rechtsstaatsprinzip als Unterfall der Rechtssicherheit. Es ist aber nicht unumstritten, wo das Prinzip des Vertrauensschutzes zu verorten ist, ob nun aus dem Rechtsstaatsprinzip, als Unterfall der Rechtssicherheit oder aus den Grundrechten, wo es als Schranken-Schranke dienen soll. Siehe dazu insbes. *Maurer*, HStR III, § 60 Rn. 19; sowie *Hey*, Steuerplanungssicherheit als Rechtsproblem, S. 111 ff. die vom zweiten grundrechtlichen Standbein des Vertrauensschutzes spricht; *Seer*, Verständigungen in Steuerverfahren, S. 305; insbes. auch *Schmidt*, JuS 1973, 529, 532 ff. *Maurer*, HStR III, § 60 Rn. 50 ist der Auffassung, dass das Vertrauensschutzprinzip integraler Bestandteil der Eigentumsgarantie nach Art. 14 Abs. 1 GG ist, hingegen dient es im Rahmen von Art. 12 GG als Schranken-Schranke.

275 *Tipke*, StRO I, S. 205.

276 Siehe dazu *Hey*, Steuerplanungssicherheit als Rechtsproblem, S. 120; wonach die Orientierung an den Grundrechten nur dann gewinnbringend ist, wenn diese nicht lediglich als weitere Rechtsquelle des Vertrauensschutzes dienen, sondern Anknüpfungs- und Ausgangspunkt für diesen sind.

277 *Hey*, Steuerplanungssicherheit als Rechtsproblem, S. 134; *Schmidt*, JuS 1973, 529, 532.

Existenzberechtigung nicht aus sich selbst heraus, sondern nur in Bezug auf bestimmte Rechtspositionen.[278]

Für das Steuerrecht bedeutet dies, dass der Steuerbürger und auch seine Berater sich auf die Rechtsfolgen, die ihre Gestaltungen auslösen, einstellen und verlassen können.[279] Jedoch entsteht Vertrauen erst, wenn die Sachverhaltsgestaltung abgeschlossen ist und der Sachverhalt aus tatsächlichen oder rechtlichen Gründen nicht mehr rückgängig gemacht werden kann.[280] Folglich ist ein weiteres wesentliches Element der Rechtssicherheit in Form des Vertrauensschutzes auf bereits getätigtes Verwaltungshandeln gerichtet.

Die Vertrauensschutzprüfung setzt zunächst das Vorliegen einer Vertrauensgrundlage voraus, auf welcher der Bürger im Vertrauen handelt.[281] Beim Tatbestand des Vertrauens geht es nicht darum, ob der Bürger tatsächlich auf die Norm oder Ähnliches vertraut hat, sondern darum, ob objektiv auf diese vertraut werden durfte[282], es wird also ein *berechtigtes* Vertrauen verlangt.[283] Der Vertrauensschutztatbestand knüpft an die Vertrauensdisposition an.[284]

Ist der Tatbestand erfüllt, bedarf es im Rahmen der Prüfung der Schutzwürdigkeit des Vertrauens einer Abwägung der Bestandsinteressen gegen die Änderungsbedürfnisse.[285] Der Vertrauensschutz tritt daher zurück, wenn vorrangige Gemeinwohlinteressen dies erfordern.[286] Die Schutzwürdigkeit des Vertrauens bemisst sich danach, welche grundrechtsgeschützten Rechtsgüter betroffen sind und wie intensiv der Nachteil wirkt.[287]

---

278 *Seer*, Verständigungen im Steuerverfahren, S. 306.

279 *Tipke*, StRO I, S. 156.

280 *Tipke*, StRO I, S. 156.

281 *Hey*, Steuerplanungssicherheit als Rechtsproblem, S. 126, untergliedert drei Prüfungspunkte: (1) Vorliegen eines Vertrauenstatbestandes (2) Vertrauen (3) Betätigung des Vertrauens.

282 *Maurer*, HStR III, § 60 Rn. 22.

283 *Hey*, Steuerplanungssicherheit als Rechtsproblem, S. 127 ff., kritisiert, dass dadurch die Struktur des Prüfungsaufbaus durchbrochen wird, da die Frage des *berechtigten* Vertrauens die Frage vorwegnimmt, ob das Vertrauen des Bürgers schutzwürdig ist.

284 *Hey*, Steuerplanungssicherheit als Rechtsproblem, S. 128 f.; Bei fehlender Vertrauensbetätigung sollten Verfahren regelmäßig an der Beschwerdebefugnis scheitern.

285 *Hey*, Steuerplanungssicherheit als Rechtsproblem, S. 130.

286 *Sachs*, in: Sachs GG, Art. 20 Rn. 135.

287 *Sachs*, in: Sachs GG, Art. 20 Rn. 137.

Im Verwaltungsrecht tragen die Aufhebungsverbote und Abweichungsverbote der §§ 48, 49 VwVfG dem Vertrauensschutz grundsätzlich Rechnung.[288] Im weiteren Verlauf dieser Arbeit wird noch zu klären sein, wie bestandskräftiges Verwaltungshandeln insbesondere der Finanzverwaltung zu beurteilen ist, welches gegen europarechtliche Vorschriften, insbesondere gegen das Beihilferecht verstößt.[289]

## III. Mehr Rechtssicherheit durch Kooperation mit der Finanzverwaltung?

Ein kooperatives Steuerrecht kann im Vergleich zu einem rein konfrontativen Ansatz unter Umständen und Beachtung gewisser Grenzen zu mehr Akzeptanz bei dem Steuerbürger führen.[290] Das Steuerrecht gilt im Grundsatz als klassisch eingriffsgeprägtes Rechtsgebiet und die Finanzverwaltung als typisches Beispiel staatlicher Eingriffsverwaltung.[291] Jedoch folgt aus dem Eingriffscharakter eines Rechtsgebiets nicht die Festlegung auf einseitiges behördliches Handeln.[292] Kennzeichnend für das Steuerrecht ist vielmehr ein Kooperationsverhältnis mit dem Bürger[293], da die Steuerverwaltung zur Durchsetzung des materiellen Steuerrechts auf Kooperation mit den Steuerpflichtigen angewiesen ist.[294] Der gesetzliche Auftrag der Finanzbehörden nach § 85 AO, Steuern nach Maßgabe der Gesetze gleichmäßig festzusetzen und zu erheben, kann nur in Kooperation mit dem Steuerpflichtigen erfüllt werden. Andernfalls würde in der steuerlichen Massenverwaltung der „Sicherstellungsauftrag“ des § 85 Satz 2 AO zum „Zusammenbruch des Steuerrechts“ führen.[295]

Fraglich in diesem Zusammenhang ist insbesondere, ob und wie weit ein Kooperationsverhältnis zwischen dem Staat und den Steuerbürgern bei der Verteilung von Steuerlasten bestehen kann. Nach *Birk* liegt die Grenze im richtigen

---

288 *Sachs*, in: Sachs GG, Art. 20 Rn. 140; so auch *Hey*, Steuerplanungssicherheit als Rechtsproblem, S. 130, die die Aussage auf die §§ 172 ff AO erweitert.

289 In diesem Zusammenhang wird dem Grundsatz des effet utile ein die Bestandskraft durchbrechender Stellenwert eingeräumt. Siehe zum Einfluss des Beihilferechts auf die direkten Steuern und dem Problem der Bestandskraft: *Schnitger*, IStR 2017, 421, 427.

290 *Eckhoff*, StuW 1996, 107, 108 f.; siehe auch *Bruns*, DStR 2017, 2360, 2361, „In der Praxis gestaltet sich die „Zusammenarbeit“ … in der Regel als konstruktiv.“.

291 *Druen*, FR 2011, 101, 104; *Eckhoff*, StuW 1996, 107, 108.

292 *Birk*, StuW 2004, 277, 277 ff.; *Druen*, FR 2011, 101, 104.

293 *Druen*, FR 2011, 101, 104.

294 *Eckhoff*, Rechtsanwendungsgleichheit im Steuerrecht, 1999, S. 453, 456.

295 *Jakob*, Abgabenordnung, 2010, Rz. 167; *Druen*, FR 2011, 101, 104.

Funktionsverständnis von Kooperation. Danach soll Kooperation hauptsächlich der Schaffung von Rechtssicherheit dienen.[296] Kooperation im Vorfeld des Besteuerungsverfahrens sorgt für Planungssicherheit und sichert die Vorhersehbarkeit staatlichen Handelns.[297] Kooperation während des Besteuerungsverfahrens dient hingegen der Durchsetzung des Steueranspruchs in Fällen, in denen rechtliche oder tatsächliche Zweifel bestehen.[298] Dadurch können Streitigkeiten im Vorfeld von Rechtsbehelfsverfahren beseitigt bzw. vermieden werden.[299]

Im Steuerrecht kann es jedoch keine Vereinbarungen über die Lastenverteilung geben, da der Anspruch des Staates aus dem Steuerschuldverhältnis nicht zur Disposition der Beteiligten steht.[300] Absprachen im Steuerrecht sind nur im Rahmen der tatsächlichen Verständigung und nur dann möglich, wenn die Sachverhaltsermittlung schwierig ist und eine Verständigung Klarheit über den tatsächlichen Sachverhalt bringen soll.[301] Im allgemeinen Verwaltungsrecht ist eine zwingende Handlung der Verwaltung durch Verwaltungsakt hingegen (grundsätzlich) nicht vorgesehen, vielmehr kann sie auch kooperativere Handlungsformen wie z.B. den öffentlich-rechtlichen Vertrag n. §§ 54 ff VwVfG wählen. Lediglich bei strikter Gesetzesbindung im Eingriffsrecht scheiden derartige Vereinbarungen aus.[302] Aus diesem Grund kommen im Steuerrecht als klassischem Eingriffsrecht die kooperativen Handlungsformen aus dem allgemeinen Verwaltungsrecht, insbesondere der öffentlich-rechtliche Vertrag, nicht in Betracht.

Dennoch ist das Steuerrecht geprägt durch einen Kooperationsgedanken, welcher sich insbesondere schon daraus ergibt, dass der Staat zur Erhebung der Steuer auf die Mitwirkung der Steuerpflichtigen angewiesen ist.[303] Denn nur der Steuerpflichtige selbst hat die Sachherrschaft über seine wirtschaftlichen und privaten Verhältnisse. Damit kann grundsätzlich nur er zur Aufklärung steuerrelevanter Tatsachen beitragen.[304] Der Untersuchungsgrundsatz nach § 88 AO

---

296 *Birk*, in: FS Pöllath, 161, 164.

297 *Birk*, in: FS Pöllath, 161, 164, siehe zur Vorhersehbarkeit auch *Hey*, Steuerplanungssicherheit als Rechtsproblem, S. 185 f.

298 Diesem Zweck dient die tatsächliche Verständigung.

299 *Birk*, in: FS Pöllath, 161, 164.

300 *Birk*, in: FS Pöllath, 161, 162.

301 *Birk*, in: FS Pöllath, 161, 162; zur Frage des Verhältnisses vom Gesetzmäßigkeitsprinzip und Vereinbarungen im Steuerrecht siehe ausführlich: *Seer*, Verständigungen im Steuerverfahren, S. 123 ff.

302 Zum Ganzen: *Birk*, in: FS Pöllath, 161, 162.

303 *Seer*, in: T/K AO, § 88 Rn. 3 mit Verweis auf die steuerlichen Mitwirkungspflichten gem. §§ 90 ff. AO; Birk, in: FS Pöllath, 161, 162.

304 *Birk*, in: FS Pöllath, 161, 162.

und die Mitwirkungspflichten nach § 90 AO legen es in der Zusammenschau nahe, im Steuerverfahrensrecht ein Kooperationsverhältnis anzunehmen.[305]

Diesem Verständnis von Kooperation dient auch die verbindliche Auskunft. Um eine Kooperation im Rahmen verbindlicher Auskünfte zu ermöglichen, muss der Steuerpflichtige in Vorleistung treten und dem Finanzamt seine geplante Gestaltung detailliert offenlegen.[306] Ist der Steuerpflichtige zur Kooperation verpflichtet, sollte sich auch die Finanzverwaltung um Kooperation bemühen,[307] denn ein Beherrschungsverhältnis zwischen Finanzverwaltung und Steuerpflichtigen ist unerwünscht[308] und kann zu mangelnder Akzeptanz der steuerlichen Belastung führen. Gerade im Steuerrecht ist es aufgrund der hohen Komplexität rechtsstaatlich notwendig, dass die Unsicherheit im Hinblick auf die steuerlichen Folgen geplanter Dispositionen dadurch kompensiert wird, dass die Verwaltung ein höheres Maß an Unterstützung und Fürsorge gewährt.[309] Kooperatives Verhalten der Finanzverwaltung sorgt für eine bessere Steuermoral und trägt zur Akzeptanz der Steuerbelastungen bei.[310] Dazu bedarf es einer Verlagerung der Einbeziehung der Finanzbehörden schon in das Stadium der Steuerplanung.[311] Eine steuerliche Beurteilung des Sachverhalts durch die Finanzverwaltung nach dessen Verwirklichung würde hingegen das gesamte steuerliche Risiko auf den Steuerpflichtigen verlagern.[312]

Kooperation hat im Steuerverfahren dagegen nie den Zweck, Steuern zu minimieren[313], sondern schafft Transparenz und Berechenbarkeit steuerlicher Folgen.[314] Das Ziel der Steueroptimierung bleibt der Beratung durch den Steuerberater vorbehalten.[315] Kooperation der Finanzverwaltung bedeutet schlicht die Gewährleistung rechtssicherer Steuerplanung und Steuergestaltung.[316]

---

305 So auch *Seer*, in: T/K AO, § 88 Rn. 3.
306 *Birk*, in: FS Pöllath, 161, 161.
307 *Birk*, in: FS Pöllath, 161, 162.
308 *Tipke*, StuW 1962, 697, 697.
309 So auch *Spilker*, StuW 2013, 19, 20.
310 *Birk*, in: FS Pöllath, 161, 162.
311 *Birk*, in: FS Pöllath, 161, 162.
312 *Birk*, in: FS Pöllath, 161, 162; so auch *Seer*, FR 2017, 161, 161.
313 *Seer*, Verständigungen im Steuerverfahren, S. 123.
314 *Birk*, in: FS Pöllath, 161, 164.
315 *Birk*, in: FS Pöllath, 161, 164.
316 *Birk*, in: FS Pöllath, 161, 164.

Die Zusammenarbeit zwischen Behörde und Steuerpflichtigen im Vorfeld der Steuerfestsetzung kann also ein erhöhtes Maß an Rechtssicherheit bieten.[317]

## IV. Schlussfolgerung für das Institut der verbindlichen Auskunft

Die verbindliche Auskunft soll zwei wesentliche Zwecke erfüllen. Zum einen sollen die steuerrechtlichen Folgen und der zu erwartende Eingriff vorhersehbar werden. Es soll mithin zukunftsgerichtet Rechtssicherheit hinsichtlich noch nicht realisierter Sachverhalte geboten werden. Zum anderen muss der Bürger auf den Bestand der verbindlichen Auskunft und insbesondere auf die Bindung ebendieser für das spätere Veranlagungsverfahren vertrauen können. Die verbindliche Auskunft muss folglich auch rückblickend Rechtssicherheit im Hinblick auf bereits erteilte Auskünfte gewähren können. Eine zentrale Rolle spielen daher sowohl die Vorhersehbarkeit staatlichen Handelns als auch der Vertrauens- und Bestandsschutz als Bestandteile der Rechtssicherheit.

Daneben führt diese Art der Kooperation zu einer höheren Akzeptanz der steuerlichen Belastungen. Der Kooperationsgedanke ist aber im Fall der verbindlichen Auskunft nicht so virulent wie bei anderen kooperativen Verwaltungshandlungen, wie etwa der tatsächlichen Verständigung oder der Verrechnungspreisabsprachen. Bei Letzteren geht es um Verständigungen hinsichtlich des Sachverhalts. Bei der verbindlichen Auskunft hingegen steht allein die Frage im Raum, ob das Handeln des Steuerpflichtigen rechtmäßig ist, respektive sein wird. Sicherlich sind auch dort kooperative Elemente nicht von der Hand zu weisen, legt der Steuerpflichtige doch seine Gestaltungs- und Dispositionspläne in Gänze offen und erhält dafür eine rechtliche Beurteilung durch die Verwaltung.

Ob durch die verbindliche Auskunft der Zweck, Rechtssicherheit zu gewährleisten, noch erreicht werden kann, wird von Teilen der Literatur im Hinblick insbesondere auf die nur eingeschränkte gerichtliche Überprüfbarkeit bezweifelt.[318] Diese Frage bezieht sich auf die zukunftsgerichtete Rechtssicherheit, mithin Planungs- und Vorhersehbarkeit.

Des Weiteren stellt sich bei der Frage der beihilferechtlichen Qualifikation der verbindlichen Auskunft das Problem der rückblickenden Rechtssicherheit im Sinne des Vertrauensschutzes.

---

317 Siehe auch *Seer/Hardeck*, StuW 2016, 366, 367, diese beschäftigen sich mit der Idee der kooperativen Compliance, die eine engere Zusammenarbeit zwischen Finanzbehörde und Steuerpflichtigen in Echtzeit beabsichtigt.

318 *Söhn*, in: H/H/Sp AO, § 89 Rn. 180; *Rätke*, in: Klein AO, § 89 Rn. 14.

# Zweiter Teil: Gefahren für den Zweck der verbindlichen Auskunft

## A. Die gerichtliche Überprüfbarkeit verbindlicher Auskünfte

Wenn angenommen wird, dass der Gesetzgeber mit der verbindlichen Auskunft ein Instrument zur Schaffung von Rechts- und Planungssicherheit normieren wollte[319], ist es diesem immanent, dass eine solche Auskunft auch gerichtlich überprüfbar sein und somit nicht im Belieben der Behörde stehen sollte.[320] Jedoch ist dies, wie nachfolgend dargestellt wird, derzeit nach Auffassung der Rechtsprechung nicht uneingeschränkt gewährleistet. Es existiert eine einheitliche und gefestigte Rechtsprechung zum gerichtlichen Prüfungsumfang sowohl für die verbindliche Auskunft als auch für andere, ähnlich gelagerte Auskunftsarten.

### I. Eingeschränkter Rechtschutz nach Auffassung der Finanzverwaltung und Rechtsprechung

Die verbindliche Auskunft ist ein Verwaltungsakt.[321] Bei Nichterteilung oder verzögerter Erteilung ist daher grundsätzlich die Verpflichtungsklage nach § 40 Abs. 1 2. Alt. FGO und nicht die Leistungsklage statthaft.[322] Bei Erteilung einer Negativ-Auskunft, also einer Auskunft, die inhaltlich dem Antrag und der Rechtsauffassung des Steuerpflichtigen respektive des Antragstellers widerspricht, ist zunächst der Einspruch nach § 347 Abs. 1 AO und (im Anschluss) die Verpflichtungsklage statthaft.[323]

#### *1. Die Auffassung der Verwaltung*

Nach Auffassung der Finanzverwaltung ist gegen eine erteilte Auskunft der Einspruch nach § 347 AO statthaft. Selbiges gilt für die Nichterteilung der Auskunft, wohl in Form eines Verpflichtungseinspruchs. Ferner sei im außergerichtlichen

---

319 Siehe auch FG Köln v. 6.3.2012 – 13 K 3006/11, EFG 2012, 1421.

320 so auch *Werder/Dannecker*, BB 2014, 926, 929.

321 Siehe dazu bereits oben unter Erster Teil A.VII.

322 FG Köln v. 6.3.2012 – 13 K 3006/11, EFG 2012, 1421, Tz. 34; *Roser*, in: B/G AO, § 89 Rn. 73; *Seer*, in: T/K AO, § 89 Rn. 60.

323 *Roser*, in: B/G AO, § 89 Rn. 73; *Seer*, in: T/K AO, § 89 Rn. 61.

Rechtsbehelfsverfahren eine voll umfängliche, damit auch materiell-rechtliche Prüfung vorgesehen.[324]

Im gerichtlichen Rechtsbehelfsverfahren gegen Negativauskünfte sei eine inhaltliche Prüfung hingegen nur beschränkt möglich. Die Prüfung soll nach Auffassung der Finanzverwaltung darauf beschränkt sein, ob die Finanzverwaltung den richtigen Sachverhalt zutreffend erfasst hat und die rechtliche Einordnung in sich schlüssig und nicht evident rechtsfehlerhaft ist. Eine inhaltlich vollumfängliche Prüfung bleibe aufgrund der fehlenden Bindungswirkung von Negativauskünften dem Rechtsbehelfsverfahren gegen die spätere Festsetzung vorbehalten.[325]

## 2. *Rechtsprechung zur verbindlichen Auskunft*

### a. *Das BFH-Urteil vom 29. Februar 2012*[326]

Mit Urteil vom 8. Februar 2011 entschied das FG München, dass dem Finanzamt bei der Erteilung der verbindlichen Auskunft sowohl ein Entschließungs- als auch ein Auswahlermessen hinsichtlich des Inhalts zusteht.[327] Die verbindliche Auskunft sei inhaltlich grundsätzlich überprüfbar, weil der Steuerpflichtige aufgrund der Gebührenpflicht der Auskunft die Möglichkeit haben müsse, die Qualität ebendieser überprüfen zu lassen. Die Finanzverwaltung habe, so dass FG München, nach pflichtgemäßem Ermessen gem. § 5 AO zu entscheiden. Eine Ermessensentscheidung hingegen sei gerichtlich nur in den Grenzen des § 102 FGO überprüfbar.[328] Die Ermessensüberprüfung beschränke sich auf die Prüfung, ob die Finanzverwaltung den vorgetragenen Sachverhalt falsch interpretiert hat oder der Rechtsauffassung des Klägers ohne Begründung oder mit erkennbaren Mängeln nicht folgt.[329] Ein Ermessensfehler liege auch vor, wenn die Finanzverwaltung sich „sehenden Auges gegen eine höchstrichterliche Rechtsprechung wendet".[330]

In der Revision stimmte der IX. Senat des BFH dieser Ansicht in Teilen zu und entschied, dass die Auskunft nur die gegenwärtige Einschätzung der Finanzbehörde wiedergebe. Die verbindliche Auskunft solle dem Steuerpflichtigen

324 AEAO zu § 89 Tz. 3.72.

325 AEAO zu § 89 Tz. 3.72.

326 BFH v. 29.2.2012 – IX R 11/11, BStBl. II 2012, 651.

327 FG München v. 8.2.2011 – 13 K 2769/10, EFG 2011, 1034.

328 FG München v. 8.2.2011 – 13 K 2769/10, EFG 2011, 1034 Rn. 16.

329 FG München v. 8.2.2011 – 13 K 2769/10, EFG 2011, 1034 Rn. 19.

330 FG München v. 8.2.2011 – 13 K 2769/10, EFG 2011, 1034 Rn. 19.

lediglich die Risikoeinschätzung im Hinblick auf das spätere Besteuerungsverfahren erleichtern, ihm jedoch nicht das Prozessrisiko nehmen.[331] Zwar sei gegen die verbindliche Auskunft als Verwaltungsakt die Anfechtungs- oder Verpflichtungsklage statthaft, jedoch hänge die gerichtliche Kontrolldichte maßgeblich von dem Regelungsinhalt des Verwaltungsaktes ab.[332] Eine gerichtliche Überprüfung beschränke sich darauf, ob die Auskunft den Anforderungen eines fairen rechtsstaatlichen Verwaltungsverfahrens genüge. Der Sachverhalt müsse zutreffend erfasst und die rechtliche Einordnung des zu beurteilenden Sachverhalts in sich schlüssig und nicht evident fehlerhaft sein.[333] Eine umfassende inhaltliche Überprüfung auf Rechtmäßigkeit erfolge hingegen nicht. Dieser eingeschränkten Überprüfung stehe auch Art. 19 Abs. 4 GG nicht entgegen, da die rechtswidrige Auskunft keine Bindungswirkung zuungunsten des Steuerpflichtigen entfalte.[334]

Der BFH verneint jedoch entgegen der Vorinstanz ein Auswahlermessen der Finanzbehörde.[335] Die Finanzbehörde müsse die, ihrer Meinung nach, richtige Beurteilung des Sachverhalts bescheiden.[336]

### *b. Das BFH-Urteil vom 5. Februar 2014*[337]

Mit Urteil vom 5. Februar 2014[338] schloss sich der erste Senat des BFH der Ansicht des neunten Senats an. Das FG Köln als Vorinstanz hatte mit Urteil vom 6.3.2012[339] entschieden, dass es mit dem Willen des Gesetzgebers, Planungs- und Entscheidungssicherheit zu schaffen, nicht vereinbar sei, wenn das Finanzamt zwischen mehreren vertretbaren materiell-rechtlichen Entscheidungen wählen könnte. Zudem spreche die Auskunftsgebühr dafür, dass § 89 Abs. 2 AO das Ziel verfolge eine vorweggenommene Streitentscheidung herbeizuführen.[340] Der Finanzbehörde stehe nach § 89 Abs. 2 AO nur ein Entschließungsermessen und kein Auswahlermessen oder Entscheidungsspielraum hinsichtlich des Inhalts

---

331 BFH v. 29.2.2012 – IX R 11/11, BStBl. II 2012, 651.
332 BFH v. 29.2.2012 – IX R 11/11, BStBl. II 2012, 651, Rn. 11; a.A. *Krumm*, DStR 2011, 2429, 2434.
333 BFH v. 29.2.2012 – IX R 11/11, BStBl. II 2012, 651, Rn. 15.
334 BFH v. 29.2.2012 – IX R 11/11, BStBl. II 2012, 651, Rn. 19.
335 BFH v. 29.2.2012 – IX R 11/11, BStBl. II 2012, 651, Rn. 16
336 BFH v. 29.2.2012 – IX R 11/11, BStBl. II 2012, 651, Rn. 16.
337 BFH v. 5.2.2014 – I R 34/12, BFH/NV 2014, 1014.
338 BFH v. 5.2.2014 – I R 34/12, BFH/NV 2014, 1014.
339 FG Köln v. 6.3.2012 – 13 K 3006/11, EFG 2012, 1421.
340 FG Köln v. 6.3.2012 – 13 K 3006/11, EFG 2012, 1421, Rn. 53.

der Auskunft zu.[341] Nach der Gesetzesbegründung solle dem Steuerpflichtigen aus Gründen der Planungs- und Entscheidungssicherheit eine verbindliche Auskunft darüber zustehen, wie ein in der Zukunft liegender Sachverhalt steuerlich zu beurteilen ist.[342] Nach Auffassung des FG Köln ist ein Entscheidungsspielraum oder Auswahlermessen mit der gesetzgeberischen Intention, Rechtssicherheit zu schaffen, nicht vereinbar. Die Unsicherheit würde bestehen bleiben, wenn die Finanzverwaltung unter mehreren vermeintlich richtigen Entscheidungen wählen dürfte.[343] Weiterhin bezieht sich das FG Köln auf die damals vertretene Ansicht des BFH zur Lohnsteueranrufungsauskunft nach § 42 e EStG. Der BFH vertrat in einem Urteil im Jahre 2009 noch die Auffassung, dass ein Arbeitgeber einen Anspruch auf eine inhaltlich richtige Lohnsteueranrufungsauskunft habe[344], mithin habe auch der Empfänger einer verbindlichen Auskunft einen Anspruch auf eine materiell richtige verbindliche Auskunft.[345]

Die Revision gegen das genannte Urteil des FG Köln war begründet und die Klage wurde durch den ersten Senat des BFH abgewiesen.[346] Zur Begründung verwies der Senat auf die Ausführungen des neunten Senats und führt weiter aus, dass auch der Sinn und Zweck der verbindlichen Auskunft dieser Auffassung nicht entgegenstünde.[347] Die verbindliche Auskunft sei nämlich kein Instrument der Rechtmäßigkeitskontrolle im Vorfeld einer Steuerfestsetzung. Vielmehr gehe es bei der verbindlichen Auskunft darum, dem Antragsteller eine Möglichkeit zu geben, im Vorfeld von geplanten Gestaltungen zu erfahren, wie die Finanzbehörde den Sachverhalt beurteilen wird.[348] Auch aus der Begründung der StAuskV[349], nach welcher die verbindliche Auskunft es ermöglichen solle,

---

341 FG Köln v. 6.3.2012 – 13 K 3006/11, EFG 2012, 1421 Rn. 51 ff.

342 FG Köln v. 6.3.2012 – 13 K 3006/11, EFG 2012, 1421 Rn. 49; So auch schon BFH v. 30.4.2009 – VI R 54/07, BStBl. II 2010, 996.

343 FG Köln v. 6.3.2012 – 13 K 3006/11, EFG 2012, 1421, Tz. 50.

344 BFH v. 30.4.2009 – VI R 54/07, BStBl. II 2010, 996; derweil hat der BFH diese Rechtsprechung konkretisiert und ausgeführt, dass eine Lohnsteueranrufungsauskunft nur dahingehend überprüft werden könne, ob der Sachverhalt zutreffend erfasst ist und die rechtliche Beurteilung nicht evident fehlerhaft ist, BFH v. 27.2.2014 – VI R 23/13, BStBl. II 2014, 894.

345 FG Köln v. 6.3.2012 – 13 K 3006/11, EFG 2012, 1421 Rn. 52.

346 BFH v. 5.2.2014 – I R 34/12, BFH/NV 2014, 101.

347 BFH v. 5.2.2014 – I R 34/12, BFH/NV 2014, 101 Rn. 16.

348 BFH v. 5.2.2014 – I R 34/12, BFH/NV 2014, 101, Rn. 16.

349 BR Drs. 725/07, S. 3.

steuerliche Auswirkungen vor Verwirklichung des Sachverhalts abzuschätzen, ergebe sich nicht anderes.[350]

Der Verweis auf die Rechtsprechung des sechsten Senats zur Lohnsteueranrufungsauskunft[351] konnte der Auffassung des neunten Senats ebenfalls nicht entgegengehalten werden. Der neunte Senat ist der Auffassung, dass die (zum damaligen Zeitpunkt) aktuelle Rechtsprechung zu Lohnsteueranrufungsauskunft ihre Rechtfertigung darin findet, dass der Arbeitgeber im Lohnsteuerverfahren als verlängerter Arm, als „Erfüllungsgehilfe" des Fiskus, auftritt und damit die Rechtsprechung zur Lohnsteueranrufungsauskunft nach § 42e EStG nicht auf die verbindliche Auskunft übertragbar sei.[352] Ferner begründe sich eine erweiterte inhaltliche Überprüfung auch nicht mit der Gebührenerhebung.[353] Sollte die Gebühr im Falle einer Negativ-Auskunft unverhältnismäßig sein, ließe sich dies allenfalls durch einen (Teil-)Erlass wegen Unbilligkeit nach Maßgabe des § 89 Abs. 7 AO lösen.[354]

### c. *Das BFH-Urteil vom 14. Juli 2015*[355]

Das FG Köln befasste sich im Jahr 2013 erneut mit der Frage der gerichtlichen Überprüfbarkeit der verbindlichen Auskunft[356] und urteilte, dass ein Steuerpflichtiger im Rahmen der verbindlichen Auskunft nur einen Anspruch darauf habe, dass er erfahre, wie das Finanzamt den geplanten Sachverhalt beurteilen werde.

Eine abschließende, materiell-rechtliche Prüfung sei jedoch dem Festsetzungsverfahren vorbehalten. Dabei vertrat die Klägerin die Auffassung, dass im streitigen Fall die Auffassung der Finanzbehörde evident fehlerhaft gewesen sei und bezog sich auf das Urteil des BFH vom 29. Februar 2012.[357] Diesem Urteil

---

350 BFH v. 5.2.2014 - I R 34/12, BFH/NV 2014, 101, Rn. 16.

351 BFH v. 30.4.2009 - VI R 54/07, BStBl. II 2010, 996; derweil hat der BFH diese Rechtsprechung konkretisiert und ausgeführt, dass eine Lohnsteueranrufungsauskunft nur dahingehend überprüft werden könne, ob der Sachverhalt zutreffend erfasst ist und die rechtliche Beurteilung nicht evident fehlerhaft ist, BFH v. 27.2.2014 - VI R 23/13, BStBl. II 2014, 894.

352 BFH v. 5.2.2014 - I R 34/12, BFH/NV 2014, 101, Rn. 17.

353 BFH v. 5.2.2014 - I R 34/12, BFH/NV 2014, 101, Rn. 18.

354 BFH v. 5.2.2014 - I R 34/12, BFH/NV 2014, 101, Rn. 18.

355 BFH v. 14.7.2015 - VIII R 72/13, BeckRS 2015, 96082.

356 FG Köln v. 4.3.2013 - 3 K 132/10, EFG 2013, 1542.

357 FG Köln v. 4.3.2013 - 3 K 132/10, EFG 2013, 1542 Rn. 17 mit Verweis auf BFH v. 29.2.2012 - IX R 11/11, BStBl. II 2012, 651.

sei zu entnehmen, dass ein Steuerpflichtiger keinen Anspruch darauf habe, eine verbindliche Auskunft zu erhalten, die seiner Auffassung entspreche, wenn die von der Finanzbehörde vertretene Rechtsauffassung vertretbar sei. Letztere Voraussetzung liege in dem Streitfall nicht vor, sodass eine vollumfängliche gerichtliche Überprüfung möglich sei.[358] Das FG Köln wies die Klage als unbegründet ab und folgt der Ansicht des neunten Senats des BFH vom 29. Februar 2012. Es entspreche der Funktion der verbindlichen Auskunft, Rechtssicherheit hinsichtlich eines geplanten Sachverhalts durch die Finanzverwaltung zu schaffen, dass die Auskunft nur die Frage beantworte, wie die Behörde den zur Prüfung gestellten Sachverhalt gegenwärtig beurteile.[359] Eine abschließende Klärung jedoch sei dem Festsetzungsverfahren vorbehalten. Der Zweck der Planungssicherheit sei auch schon dann erreicht, wenn der Steuerpflichtige die Rechtsauffassung des Finanzamts zur Grundlage seine Entscheidung machen könne. Es sei jedoch nicht Sinn und Zweck der Auskunft, dass dem Steuerpflichtigen das Prozessrisiko genommen werde.[360]

Die Revision des Steuerpflichtigen als Klägerin der Vorinstanz war vor dem achten Senat des BFH erfolglos. Dieser schloss sich der Auffassung der Vorinstanz und der bereits genannten Senate an.[361] Danach sei eine verbindliche Auskunft nur dahingehend überprüfbar, ob die rechtliche Beurteilung des zu beurteilenden Sachverhalts in sich schlüssig und nicht evident fehlerhaft sei.[362] Die Rechtmäßigkeitsprüfung im Steuerfestsetzungsverfahren diene der Vermeidung rechtswidriger Steuerverwaltungsakte. Die verbindliche Auskunft hingegen stelle eine Sonderleistung für den Steuerpflichtigen dar, um ihn bei zukünftigen Gestaltungen zu unterstützen und eine Risikoeinschätzung zu ermöglichen.[363] Der achte Senat ging auch hier nochmals auf Art. 19 Abs. 4 GG ein und betonte, dass dieser keine umfassende gerichtliche Rechtmäßigkeitskontrolle im Fall der verbindlichen Auskunft verlange.[364] Dem Steuerpflichtigen stehe gegen die Steuerfestsetzung der Rechtsweg offen und dies genüge den Anforderungen des Art. 19 Abs. 4 GG.[365]

---

358 FG Köln v. 4.3.2013 – 3 K 132/10, EFG 2013, 1542 Rn. 17 f.

359 FG Köln v. 4.3.2013 – 3 K 132/10, EFG 2013, 1542 Rn. 33.

360 FG Köln v. 4.3.2013 – 3 K 132/10, EFG 2013, 1542 Rn. 32; so auch schon BFH v. 29.2.2012 – IX R 11/11, BStBl. II 2012, 651.

361 BFH v. 14.7.2015 – VIII R 72/13, BeckRS 2015, 96082.

362 BFH v. 14.7.2015 – VIII R 72/13, BeckRS 2015, 96082 Rn. 25 f.

363 BFH v. 14.7.2015 – VIII R 72/13, BeckRS 2015, 96082 Rn. 24.

364 BFH v. 14.7.2015 – VIII R 72/13, BeckRS 2015, 96082 Rn. 27.

365 BFH v. 14.7.2015 – VIII R 72/13, BeckRS 2015, 96082 Rn. 27.

Zu erwähnen ist in diesem Zusammenhang auch ein Urteil des FG Münster.[366] Danach sei eine Feststellungsklage zur Erlangung von Dispositionssicherheit unzulässig. Zum einen sei die Feststellungsklage grundsätzlich subsidiär gem. § 41 Abs. 2 FGO, zum anderen würde durch die gerichtliche Entscheidung über einen noch nicht verwirklichten Sachverhalt das Institut der verbindlichen Auskunft unterlaufen.

### 3. *Rechtsprechung zu sonstigen Auskünften*

Der BFH hat zur Lohnsteueranrufungsauskunft nach § 42e EStG im Jahr 2012 entschieden, dass diese einen Anspruch auf eine inhaltlich richtige Auskunft gebe.[367] Damals war der sechste Senat der Auffassung, dass sich der vorgelagerte Rechtsschutz im Lohnsteuerverfahren aus der Besonderheit ergebe, dass der Arbeitgeber als verlängerter Arm des Fiskus den Einbehalt der Steuer übernehme und daher nicht einen späteren anfechtbaren Lohnsteuer- bzw. Haftungsbescheid abwarten könne, um seine Rechtsauffassung überprüft zu wissen.

Der gleiche Senat hat seine Auffassung im Jahr 2014 revidiert und geurteilt, dass sich die Überprüfung darauf beschränke, ob die „gegenwärtige rechtliche Einordnung des zutreffend erfassten, zu Prüfung gestellten Sachverhalts in sich schlüssig und nicht evident rechtsfehlerhaft ist“ und folgte damit der Rechtsprechung zur verbindlichen Auskunft.[368]

Für die Auskunft nach § 15 Abs. 4 VermBG, welche das Finanzamt verpflichtet über Fragen im Zusammenhang mit vermögenswirksamen Leistungen Auskünfte zu erteilen, hat der sechste Senat mit Bezug auf die genannte Rechtsprechung zur Lohnsteueranrufungsauskunft geurteilt, dass der Arbeitgeber Anspruch auf eine inhaltlich korrekte Auskunft habe. Begründet wird dies damit, dass die Auskunft nach § 15 Abs. 4 VermBG ebenfalls den Zweck habe, präventiv Konflikte zwischen Arbeitgeber und Finanzamt zu vermeiden und „auftretende Fragen .... zeitnah einer Klärung zuzuführen“.[369] Danach entscheidet das FG ausdrücklich im Fall einer Anfechtungs- oder Verpflichtungsklage auch über den Inhalt der Auskunft. Diese Prüfung ist aber nach Auffassung des sechsten Senats ebenfalls auf die Überprüfung evidenter Fehler und Schlüssigkeit begrenzt.[370]

366 FG Münster v. 27.7.2016, 10 K 584/16 E, BeckRS 2016, 95545.
367 BFH v. 30.4.2009 – VI R 54/07, BStBl. II 2010, 996.
368 BFH v. 27.2.2014 – VI R 23/13, BStBl. II 2014, 894.
369 BFH v. 5.6.2014 – VI R 90/13, BStBl. II 2015, 48.
370 BFH v. 5.6.2014 – VI R 90/13, BStBl. II 2015, 48.

## II. Kritische Auseinandersetzung mit der Rechtsprechung zur gerichtlichen Überprüfbarkeit

Nach nun gefestigter Rechtsprechung sowohl zur verbindlichen Auskunft nach § 89 Abs. 2 AO als auch zu anderen, ähnlich gelagerten Auskunftsarten ist eine gerichtliche Überprüfung erteilter Auskünfte nur eingeschränkt möglich. Eine solche Überprüfung beschränkt sich auf evidente Fehler und wurde in allen genannten Fällen verneint.

Nach der dargestellten Rechtsprechung ist eine vollumfängliche materielle Prüfung dem Festsetzungsverfahren vorbehalten. Die verbindliche Auskunft diene lediglich der Einschätzung, wie das Finanzamt den dargestellten Sachverhalt beurteilen wird, und entfalte zudem keine Bindungswirkung zuungunsten des Steuerpflichtigen. Damit diene die Auskunft der Risikoabschätzung und zwar hinsichtlich der Frage, ob und inwieweit der Antragsteller im Besteuerungsverfahren den Rechtsweg beschreiten muss. Die verbindliche Auskunft müsse daher lediglich dem Grundsatz des fairen Verfahrens entsprechen. Der Zweck der Auskunft verpflichte die Finanzverwaltung, Auskünfte nur dann nicht zu erteilen, wenn deren Beständigkeit von vornherein in Frage steht.[371]

Damit ist der Rechtschutz gegen verbindliche Auskünfte massiv eingeschränkt und praktisch auf die spätere Festsetzung verschoben. Eine antizipative Überprüfung wird in den meisten Fällen mangels evidenter Fehler nicht möglich sein. Einen Anspruch auf eine Auskunft mit einem bestimmten rechtmäßigen Inhalt wird folglich nicht gewährt.[372] Es stellt sich die Frage, ob dies zum einen mit der Gewährleistung effektiven Rechtschutzes nach Art. 19 Abs. 4 GG und zum anderen mit dem Zweck der verbindlichen Auskunft, Rechtssicherheit zu schaffen, vereinbar ist.

Die Rechtsprechung zur gerichtlichen Überprüfbarkeit der verbindlichen Auskunft stößt in weiten Teilen der Literatur auf Kritik.[373] Dabei wird insbesondere die Vereinbarkeit der Rechtsprechung mit dem Zweck der verbindlichen Auskunft in Frage gestellt. Des Weiteren wird bezweifelt, ob die eingeschränkte

371 Siehe zusammenfassend auch *Söhn*, in H/H/Sp AO, § 89 Rn. 309a.

372 *Seer/Hardeck*, StuW 2016, 2016, 366, 369.

373 *Seer*, in: T/K AO, § 89 Rn. 61; *Werder/Dannecker*, BB 2013, 284, 287; *Bergan/Martin*, DStR 2012, 2164, 2165 ff.; *Krumm*, DStR 2011, 2429 ff.; *Graw* auf dem 15. Münchner Unternehmenssteuerforum, in: *Jehlin/Schmidt*, DStR Beih. 2015, 1, 3; *Seer*, Tagungsbericht der Berliner Steuergespräche vom 20.7.2016, S. 5.; *Thieme*, DStR 2014, 1093, 1096 f.; die Rechtsprechung befürwortend: *Dornheim*, BB 2012, 2926, 2929; *Lindwurm*, AO-StB 2012, 228 f.; *Lindwurm*, AO-StB 2013, 54, 58.

gerichtliche Überprüfbarkeit mit dem Grundsatz des effektiven Rechtsschutzes aus Art. 19 Abs. 4 GG und dem Gebot der Rechtssicherheit vereinbar ist.

Die Argumentation der Rechtsprechung[374], der Steuerbürger könne noch im (späteren) Festsetzungsverfahren eine vollumfängliche gerichtliche Überprüfbarkeit erreichen, ist im Hinblick auf Art. 19 Abs. 4 GG kritisch zu hinterfragen, da der Steuerbürger, der eine kostspielige Gestaltung beabsichtigt von dieser Gestaltung bei negativer Auskunft Abstand nehmen wird, um damit einhergehende Prozess- und Steuerrisiken zu vermeiden. Da diese Gestaltungsidee in solchen Fällen nicht in die Tat umgesetzt wird, kann es auch keinen Festsetzungsbescheid geben, der dann wiederum vollumfänglich gerichtlich überprüft werden kann.[375]

Auch die Auffassung des neunten Senats des BFH, die Gesetzesbindung der Verwaltung sei gewahrt, da die Behörde eine rechtswidrige verbindliche Auskunft nach § 2 Abs. 3 StAuskV jederzeit wieder aufheben könne, ist kritikwürdig. Mit dieser Argumentation könnte die Verwaltung rechtswidrig handeln, solange sie die Rechtswidrigkeit wieder korrigieren kann. Dies entspricht nicht Art. 20 Abs. 3 GG, insbesondere auch, weil nach § 2 Abs. 3 StAuskV die verbindliche Auskunft nur ex nunc geändert werden kann.[376]

Ein weiteres Argument für eine vollumfängliche inhaltliche Überprüfung ist, dass nur dadurch die mehrfache Inanspruchnahme der Gerichtsbarkeit für ein und denselben Sachverhalt vermieden werden kann.[377] Derzeit entfällt eine doppelte gerichtliche Überprüfung dann, wenn der Antragsteller bei Erhalt einer negativen Auskunft von der Sachverhaltsverwirklichung absieht. Erhält nämlich der Steuerbürger zunächst eine negative verbindliche Auskunft, welche vom Finanzgericht als nicht evident fehlerhaft angesehen wird, bleibt ihm nur die Möglichkeit, nach Sachverhaltsverwirklichung, anschließendem Festsetzungsbescheid und Einspruchsverfahren erneut das Finanzgericht anzurufen, um eine inhaltliche Überprüfung anzustoßen. Würde das Finanzgericht schon im Rahmen der verbindlichen Auskunft diese inhaltlich überprüfen, bliebe der erneute Weg zu den Gerichten erspart.[378] Durch die Gerichtskosten und die Auskunftsgebühr ist im Zweifel sichergestellt, dass die Gerichtsbarkeit vom Antragsteller nur angerufen wird, wenn dieser auch ernsthaft vorhat, den Sachverhalt zu

374 BFH v. 29.2.2012 – IX R 11/11, BStBl. II 2012, 651.

375 *Werder/Dannecker*, BB 2013, 284, 287; *Bergan/Martin*, DStR 2012, 2164, 2166; *Frase*, BB 2012, 1969, 1971.

376 So *Werder/Dannecker*, BB 2013, 284, 287.

377 *Werder/Dannecker*, BB 2013, 284, 287.

378 *Werder/Dannecker*, BB 2013, 284, 287.

verwirklichen. Es sollte also in der Praxis nicht vorkommen, dass die Gerichte sich mit einem Sachverhalt auseinandersetzen müssen, der dann nicht verwirklicht wird.[379] Teilweise wird jedoch auch in der Literatur vertreten, dass die Gerichte doppelt in Anspruch genommen würden, wenn auch die verbindliche Auskunft inhaltlich geprüft werde.[380] Danach verfolge die verbindliche Auskunft nicht den Zweck, eine Rechtsfrage zweimal mit der gleichen inhaltlichen Kontrolldichte überprüfen zu lassen, da im Verfahren zur verbindlichen Auskunft keine endgültige Entscheidung hinsichtlich der materiellen Rechtsmäßigkeit einer späteren Steuerfestsetzung getroffen wird.[381]

Die verbindliche Auskunft kann hingegen nicht isoliert vom Steuerfestsetzungsverfahren betrachtet werden.[382] Die Auskunft beruht auf der möglichen Steuerpflicht des Antragstellers und ist daher grundsätzlich der Eingriffsverwaltung zuzuordnen.[383] Der Steuerpflichtige soll die Möglichkeit erhalten, die Auswirkungen, die aus seiner Steuerpflicht resultieren, vorhersehen zu können. Zwar wird durch die verbindliche Auskunft keine Steuer festgesetzt, jedoch zielt diese auf eine Steuerfestsetzung ab.[384] Nach Auffassung von *Horst* liegt der Zweck der verbindlichen Auskunft aber nicht darin, eine bestimmte rechtliche Behandlung des Sachverhalts durch die Finanzbehörde zu erzwingen.[385] Vielmehr sei die Finanzbehörde in der materiell-rechtlichen Beurteilung frei und könne auch andere Rechtsauffassungen vertreten.[386] Auch dann würde der Zweck, dem Antragsteller Dispositionsschutz zu gewähren, erreicht. Der der Auskunft immanente Vorteil, im Vorhinein die rechtliche Würdigung des Sachverhalts verbindlich klären zu lassen, würde dann jedoch wegfallen.[387] Dem ist in Teilen zuzustimmen. Zwar ist die Finanzverwaltung in der rechtlichen Beurteilung insoweit frei, dass sie aus mehreren Rechtsauffassungen diejenige wählen kann, die ihr rechtmäßig erscheint. Dies ändert jedoch nichts daran, dass eine solche Auffassung überprüfbar sein muss. Es ist nur der Rechtsprechung vorbehalten, die endgültige Rechtmäßigkeit festzustellen, ein „Auswahlermessen"

379 *Seer*, in: T/K AO, § 89 Rn. 61.

380 *Dornheim*, BB 2012, 2926, 2929.

381 *Dornheim*, BB 2012, 2926, 2929; a.A. *Werder/Dannecker*, BB 2013, 284, 288.

382 *Bergan/Martin*, DStR 2012, 2164, 2165; a.A. *Dornheim*, BB 2012, 2926, 2928.

383 Bzgl. der Zuordnung zur Eingriffsverwaltung auch: BFH v. 29.2.2012 – IX R 11/11, BStBl. II 2012, 651; *Bergan/Martin*, DStR 2012, 2164, 2165.

384 *Bergan/Martin*, DStR 2012, 2164, 2165 ff.

385 *Horst*, Die verbindliche Auskunft nach § 89 AO, S. 149 f.

386 *Horst*, Die verbindliche Auskunft nach § 89 AO, S. 149 f.

387 *Horst*, Die verbindliche Auskunft nach § 89 AO, S. 149 f.

oder „Beurteilungsspielraum" hinsichtlich der Rechtmäßigkeit einer steuerlichen Beurteilung steht der Finanzverwaltung nicht zu.

Folge der derzeitigen Rechtsprechung zur gerichtlichen Überprüfbarkeit ist, dass der Rechtsschutz gegen die verbindliche Auskunft weitgehend leerläuft.[388] Es besteht die Gefahr, den Anspruch auf eine verbindliche Auskunft zu einem Anspruch auf „ernstliches und schlüssiges Bemühen" zu degradieren.[389] Gerade in den Fällen, in denen eine Auskunft negativ beschieden wird, weil die Finanzverwaltung höchstrichterliche Rechtsprechung aufgrund eines Nichtanwendungserlasses[390] nicht anwendet, muss eine vollumfängliche gerichtliche Überprüfung gewährleistet werden.[391]

Der BFH stützt seine Auffassung insbesondere darauf, dass sich die Kontrolldichte nach dem Regelungsgehalt des jeweiligen Verwaltungsaktes richtet.[392] Folglich ist der Gegenstand der gerichtlichen Überprüfung auf die Regelung der Auskunft beschränkt. Die Auskunft regelt nach Auffassung der Rechtsprechung nur, wie die Finanzverwaltung den hypothetischen Sachverhalt gegenwärtig beurteilt, und trifft eben keine endgültige Aussage über die materielle Rechtmäßigkeit einer Steuerfestsetzung.[393]

Folglich ist der Steuerpflichtige derzeit gezwungen bei negativer Auskunft die Belastung bzw. den Eingriff in Form der Steuerfestsetzung abzuwarten und im Anfechtungsverfahren gegen diesen die rechtliche Unsicherheit in Kauf zu nehmen. Dies scheint mit dem Zweck der verbindlichen Auskunft, Dispositionsschutz und Rechtssicherheit zu gewähren, nicht vereinbar.

Die Auffassung des FG München, dass der Finanzverwaltung bezüglich des Inhalts ein Auswahlermessen zustehe, ist abzulehnen.[394] Nach Auffassung des neunten Senats des BFH von 2012 würde ein Auswahlermessen der Behörde auf eine willkürliche Entscheidungsfindung hinauslaufen. Daher muss die

---

388 *Werder/Dannecker*, BB 2014, 926, 930.

389 *Roser*, B/G AO, § 89 Rn. 75.1.

390 Erklärend zu Nichtanwendungserlassen: *Spindler*, DStR 2007, 1061 ff.

391 *Werder/Dannecker*, BB 2014, 926, 930; In solchen Fällen sollte mindestens jedoch eine evidente Rechtswidrigkeit vorliegen.

392 BFH v. 29.2.2012 - IX R 11/11, BStBl. II 2012, 651.

393 BFH v. 29.2.2012 - IX R 11/11, BStBl. II 2012, 651; dem folgend: *Lindwurm*, AO-StB 2013, 54, 56 f.

394 So schon in der Revision BFH v. 29.2.2012 - IX R 11/11, BStBl. II 2012, 651, Tz. 16; siehe auch: FG Köln v. 6.3.2012 - 13 K 3006/11, EFG 2012, 1421; *Graw* auf dem 15. Münchner Unternehmenssteuerforum, in: *Jehlin/Schmidt*, DStR Beih. 2015, 1, 3; *Krumm*, DStR 2011, 2429, 2430 ff.

verbindliche Auskunft die richtige Beurteilung des zu prüfenden Sachverhalts enthalten.[395] Dieses Ergebnis überzeugt. Hinsichtlich der Rechtmäßigkeit, also der Übereinstimmung mit materiellem Recht, kann es kein Ermessen geben.

Geht man mit der Rechtsprechung jedoch so weit, dass der Regelungsgehalt der verbindlichen Auskunft lediglich die momentane rechtliche Einschätzung darstellt und sich der Umfang der Kontrolldichte danach bemisst, läuft der Zweck der verbindlichen Auskunft zum großen Teil leer. Denn nur im Fall der positiven Auskunft erlangt der Antragsteller Rechtssicherheit in der Form, dass seine rechtliche Beurteilung auch bei der Steuerfestsetzung zugrunde gelegt wird. Hingegen weiß er bei einer Negativ-Auskunft lediglich, dass das Finanzamt seiner rechtlichen Beurteilung nicht folgt. Ob diese Beurteilung nun tatsächlich rechtswidrig war, lässt sich nicht überprüfen.

Er steht also da wie vor der Beantragung der Auskunft, hat jedoch die, im Zweifel hohe, Auskunftsgebühr entrichtet. Der Gedanke, die Auskunftsgebühr rechtfertige eine umfassende gerichtliche Kontrolle[396] ist daher durchaus nachvollziehbar. Die Gebühr wird auch in den Fällen erhoben, in denen der Steuerpflichtige eine Negativauskunft erhält.[397] Daher spreche laut *Krumm*[398] auch die Gebührenfestsetzung für eine gerichtliche Überprüfbarkeit. Die Gebührenerhebung wird unter anderem damit gerechtfertigt, dass der Steuerpflichtige mit der verbindlichen Auskunft einen ausgleichsfähigen Vorteil erlangt („Vorteilsausgleich").[399] Dieser Vorteil liegt insbesondere in der Zukunftsbindung und der damit verbundenen Steuerplanungssicherheit durch die verbindliche Auskunft.[400] Nimmt man nun aber an, der Finanzverwaltung stehe eine Art Auslegungsprärogative zu, so würde die Rechtfertigung der Gebühr insoweit nicht mehr greifen. Der Steuerpflichtige würde nur erfahren, welche Rechtsauffassung die Finanzverwaltung vertritt, könne aber seine eigene dieser gegenüber nicht behaupten. Er erfährt daher mangels gerichtlicher Überprüfbarkeit nicht, welche Auffassung nun rechtens ist.[401]

---

395 BFH v. 29.2.2012 – IX R 11/11, BStBl. II 2012, 651.

396 So *Graw* auf dem 15. Münchner Unternehmenssteuerforum, in: *Jehlin/Schmidt*, DStR Beih. 2015, 1, 3; *Bergan/Martin*, DStR 2012, 2164, 2166; *Krumm*, DStR 2011, 2429, 2430 ff.; Auch die finanzielle Belastung des Antragstellers durch die Gebühr erfordere eine inhaltliche Überprüfung und vollumfänglichen Rechtsschutz.

397 *Seer*, T/K AO, § 89 Rn. 68 ff.

398 *Krumm*, DStR 2011, 2429. 2435; siehe auch *Seer/Hardeck*, StuW 2016, 366, 369.

399 Siehe dazu bereits oben unter Erster Teil A. III.

400 BFH v. 30.3.2011 – I R 61/10, BStBl. II 2011, 536; *Krumm*, DStR 2011, 1429, 1435; *Birk*, NJW 2007, 1325, 1327 f.

401 *Krumm*, DStR 2011, 2429, 2435.

Die Rechtsprechung nimmt jedoch zur Vermeidung vermeintlicher doppelter Inanspruchnahme der Gerichte hin, dass der Steuerpflichtige auf die Kooperationsbereitschaft der Finanzbehörden angewiesen ist und er sein schützenswertes Dispositionsinteresse gerichtlich nicht durchsetzen kann, trotz der belastenden Gebührenpflicht.[402]

Aus alledem folgt, dass der Finanzbehörde hinsichtlich des Inhalts der verbindlichen Auskunft kein Auswahlermessen zusteht. Die Rechtsprechung überprüft die Auskünfte nur auf evidente Rechtsanwendungsfehler. Damit ist der Steuerpflichtige auf die Kooperation der Finanzbehörde angewiesen. Zwar erreicht der Steuerpflichtige durch eine Negativ-Auskunft ein Mehr an Rechtssicherheit in der Form, dass er weiß, dass seine Auffassung von der Finanzverwaltung nicht geteilt wird. Er kann seine Rechtsauffassung jedoch nur bei evidenten Fehlern gerichtlich überprüfen lassen. Ist die Auffassung der Finanzbehörde nicht evident fehlerhaft, ist er gezwungen, die Festsetzung abzuwarten und gegen diese gerichtlich vorzugehen. Da es sich bei der Steuerverwaltung um eine Eingriffsverwaltung handelt, ist zu untersuchen, ob durch die Versagung der vollen gerichtlichen Überprüfung des Verwaltungsaktes in Form der verbindlichen Auskunft Art. 19 Abs. 4 GG verletzt sein könnte.

## III. Verstoß gegen Art. 19 Abs. 4 GG?

Fraglich ist also, ob die Handhabe durch die Rechtsprechung mit Art. 19 Abs. 4 GG vereinbar ist. Nach Art. 19 Abs. 4 GG steht jedermann, sowohl natürlichen als auch juristischen Personen, der durch die öffentliche Gewalt in seinen Rechten verletzt, wird der Rechtsweg offen.[403] Der Begriff öffentliche Gewalt umfasst dabei insbesondere die vollziehende Gewalt[404] und damit auch die Finanzverwaltung. Dies gilt unabhängig von der Rechtsform des Verwaltungshandelns, solange der Staat dem Bürger gegenüber hoheitlich auftritt.[405] Anspruchsinhalt ist die Gewährleistung effektiven Rechtsschutzes durch ein Gericht.[406] Daher ist in der vorliegenden Konstellation der Schutzbereich des Art. 19 Abs. 4 GG

402 So auch *Seer/Hardeck*, StuW 2016, 366, 370.

403 *Schmidt-Aßmann*, in: Maunz/Dürig GG, Art. 19 Abs. 4 Rn. 38 ff; Manssen, Staatsrecht II, § 31 Rn. 775.

404 *Schmidt-Aßmann*, in: Maunz/Dürig GG, Art. 19 Abs. 4 Rn. 52; Manssen, Staatsrecht II, § 31 Rn. 776 ff.

405 *Schmidt-Aßmann*, in: Maunz/Dürig GG, Art. 19 Abs. 4 Rn. 66; Manssen, Staatsrecht II, § 31 Rn. 779.

406 Manssen, Staatsrecht II, § 31 Rn. 779.

eröffnet. Im Falle der verbindlichen Auskunft wird dem Antragsteller zwar der Weg zu den Gerichten gewährt, jedoch könnte die nur eingeschränkte inhaltliche Überprüfung der Auskunft nicht mit Art. 19 Abs. 4 GG vereinbar sein.

Der Judikative steht grundsätzlich die Auslegungshoheit in Bezug auf die Anwendung von Rechtsnormen zu, wobei Abweichungen hiervon durchaus zulässig sind.[407] Eine solche Abweichung ist beispielsweise in den Fällen gegeben, in denen der Exekutive aufgrund spezifischer Sachnähe, einer besonderen Leistungsfähigkeit der Verwaltung oder eines hohen prognostischen Gehalts der Entscheidung ein gerichtlich nur eingeschränkt überprüfbarer Beurteilungsspielraum gewährt wird.[408] Eine solche Kompetenz der Verwaltung zur Letztentscheidung muss aus dem Gesetz aber zumindest konkludent entnehmbar sein.[409] Aus der Regelung des § 89 Abs. 2 AO lässt sich eine solche Letztentscheidungskompetenz nicht entnehmen.[410] Auch liegt keine besondere Nähe zum Fall oder sonst ein Sachgrund für eine Art Beurteilungsspielraum der Finanzverwaltung vor, vielmehr handelt es sich bei der verbindlichen Auskunft um eine Auslegung steuerrechtlicher Vorschriften.[411] Ein Beurteilungsspielraum steht der Finanzverwaltung also nicht zu.[412] Daher könnte in der eingeschränkten Überprüfung durch die Gerichte durchaus ein Verstoß gegen die Rechtsschutzgarantie aus Art. 19 Abs. 4 GG gesehen werden.

Nach *Krumm* ist es notwendig, dass sich aus den Regelungen zur verbindlichen Auskunft eine normative Ermächtigung für eine Art „Auslegungsprärogative" der Verwaltung ermitteln lasse, die sich aus den derzeitigen Regelungen jedoch nicht ergebe.[413] Eine historische Auslegung gebe diese nicht her, da die Frage der Letztentscheidungsbefugnis der Verwaltung bei der Entwicklung der verbindlichen Auskunft nicht aufgegriffen wurde. Auch eine teleologische Auslegung biete keine Sachgründe für eine Auslegungsprärogative der Verwaltung. Es gehe bei der verbindlichen Auskunft um die gleiche Auslegung von steuerrechtlichen Normen wie auch im späteren Steuerfestsetzungsverfahren, welche dann mangels Beurteilungsspielraum judikativ voll überprüfbar ist. Da dies aber die Gefahr der doppelten Inanspruchnahme von Gerichten und damit die doppelte Belastung von knappen Ressourcen der Rechtsschutzgewährung virulent

---

407 *Krumm*, DStR 2011, 2429, 2432 m.w.N.
408 *Jarass*, in: Jarass/Pieroth GG, Art. 19 Rn. 69; *Krumm*, DStR 2011, 2429, 2432.
409 *Jarass*, in: Jarass/Pieroth GG, Art. 19 Rn. 69.
410 *Krumm*, DStR 2011, 2429, 2434.
411 *Krumm*, DStR 2011, 2429, 2434.
412 Siehe dazu auch *Pahlke*, in: Schwarz/Pahlke AO, § 5 Rn. 7 ff.
413 *Krumm*, DStR 2011, 2429, 2434.

macht, sei dem Gesetz dem Sinn nach zu entnehmen, dass eine solche Folge nicht gewollt sein kann.[414] Einem Gesetz sei grundsätzlich zu unterstellen, dass es eine zweckmäßige und effektive Regelung bezweckt.[415] Aus den genannten Gründen ist der Finanzverwaltung keine Auslegungsprärogative zuzugestehen.

Weitere Voraussetzung für einen Verstoß gegen Art. 19 Abs. 4 GG ist jedoch, dass eine Verletzung eines subjektiv öffentlichen Rechts durch die öffentliche Gewalt geltend gemacht wird, wobei beim Eingriff der öffentlichen Gewalt in die Rechtspositionen Privater regelmäßig die Möglichkeit einer Rechtsverletzung zu bejahen ist.[416] Art. 19 Abs. 4 GG ist folglich nicht isoliert anwendbar, sondern setzt eine zu schützende Rechtsposition voraus.[417] Gegen die Verletzung subjektiver Rechte sprechen aber in der vorliegenden Konstellation die Besonderheiten der verbindlichen Auskunft. Bei der verbindlichen Auskunft handelt es sich nicht um eine Letztentscheidung der Verwaltung und damit nicht um einen Eingriff der nicht mehr gerichtlich überprüft werden kann. Vielmehr handelt es sich um eine Leistung des Staates, dem Steuerpflichtigen vor dem tatsächlichen Eingriff (der Steuerfestsetzung), die Möglichkeit zu geben, diesen Eingriff dem Grunde und der Höhe nach klären zu lassen.[418] Die Finanzverwaltung gibt daraufhin diesem eine Einschätzung, wie dieser Sachverhalt von ihr steuerlich beurteilt wird.[419] Eine Steuer wird in diesem Verfahrensschritt jedoch noch nicht festgesetzt. Demnach werden noch keine subjektiven Rechte final beeinträchtigt. Erst im Anschluss des Festsetzungsverfahren ist der Steuerpflichtige einem Eingriff durch die Verwaltung ausgesetzt und in seinen subjektiven Rechten (bspw. aus Art. 2 Abs. 1 GG, 12 Abs. 1 GG) verletzt. Dann jedoch steht ihm die volle gerichtliche Überprüfbarkeit im Rahmen der Anfechtung des Steuerbescheides zur Verfügung.[420]

Die verbindliche Auskunft beinhaltet keine endgültige Aussage, ob die noch festzusetzende Steuer rechtmäßig ist.[421] Dem Antragsteller bleibt unbenommen, sich gegen diese Festsetzung im Einspruchs- und anschließend im

414 *Krumm*, DStR 2011, 2429, 2434.
415 *Krumm*, DStR 2011, 2429. 2434.
416 Manssen, Staatsrecht II, § 31 Rn. 783 ff.
417 *Enders*, in: BeckOK GG, Art. 19 Rn. 51.
418 So wohl auch *Krumm*, DStR 2011, 2429, 2432.
419 So auch BFH v. 29.2.2012 – IX R 11/11, BStBl. II 2012, 651.
420 So wohl auch *Krumm*, DStR 2011, 2429, 2432: „die verbindliche Auskunft präjudiziert nicht"; siehe auch *Seer*, Verständigungen im Steuerverfahren, S. 61.f., der von „Selbstbindung ohne Fremdbindung" spricht.
421 So auch *Dornheim*, BB 2012, 2926, 2928 f.

Anfechtungsverfahren vor den Finanzgerichten zu wehren. Folglich liegt insoweit kein Verstoß gegen Art. 19 Abs. 4 GG vor.

Der Verweis der Rechtsprechung auf einen effektiven Rechtsschutz gegen die spätere Steuerfestsetzung ist in der Praxis allerding wenig hilfreich. Der Steuerpflichtige steht ohne die Rechtmäßigkeitskontrolle vor einer ähnlichen Risikoeinschätzung, wie vor dem Antrag auf verbindliche Auskunft. Nun weiß er zwar, dass die Finanzverwaltung seine Auffassung nicht teilt, die Auffassung der Rechtsprechung, welche die Auslegungshoheit innehat, kennt er nicht. Dies ließe sich wohl nur vermeiden, wenn im Verfahren gegen die verbindliche Auskunft die Rechtsfragen endgültig beantwortet würden und ein späteres Verfahren im Rahmen der Steuerfestsetzung sich mit derselben Rechtsfrage nicht beschäftigen wird, folglich der Entscheidung eine präjudiziale Wirkung zuzusprechen wäre. Eine solche Auffassung ließe sich nur vertreten, wenn man die verbindliche Auskunft als Art „Vorbescheid" qualifiziert, was derzeit, soweit ersichtlich, nicht vertreten wird.[422]

Die Vertröstung durch die Rechtsprechung auf die spätere Steuerfestsetzung verstößt in der Gesamtschau nicht gegen Art. 19 Abs. 4 GG.[423] Zwar mag es in der Praxis vorkommen, dass dieser Rechtsschutz nicht in Anspruch genommen wird, weil der Sachverhalt vom Antragsteller nicht verwirklicht wird und es daher zu keiner Steuerfestsetzung kommt. Es ist dem Antragsteller jedoch unbenommen, das Risiko einzugehen und gegen die spätere Festsetzung den Rechtsweg zu bestreiten. Ferner handelt es sich bei der Auskunft eben nicht um einen präjudiziell wirkenden Vorbescheid. Diese kann im Festsetzungsverfahren vollumfänglich überprüft werden, zumal eine negative verbindliche Auskunft zuungunsten des Steuerpflichtigen keine Bindungswirkung entfaltet.[424] Bis dahin ist es zumindest bei derzeitiger Rechtsprechung nicht möglich die verbindliche Auskunft als vollumfängliches Instrument zur Erlangung von Rechtssicherheit zu charakterisieren. Ein Verstoß gegen Art. 19 Abs. GG ist im Ergebnis zu verneinen.

---

422 In diese Richtung gehen *Werder/Dannecker*, BB 2013, 284, 284, die die verbindliche Auskunft mit den Vorbescheiden im Baurecht und Sozialrecht vergleichen und in diese Art der Vorbescheidung einordnen möchten.

423 A.A. *Golombek*, BB 2015, 1946, 1951.

424 So BFH v. 29.2.2012 – IX R 11/11, BStBl. II 2012, 651, Rn. 19; siehe auch § 2 Abs. 1 S. 2 StAuskV.

## IV. Zwischenergebnis: Eingeschränkte gerichtliche Kontrolle im Widerspruch zum Zweck der verbindlichen Auskunft

Wird die beantragte verbindliche Auskunft positiv erteilt, so kann aufgrund der Bindungswirkung davon ausgegangen werden, dass der Antragsteller vorbehaltlich der Identität von geplanten und verwirklichten Sachverhalt Rechts- und Planungssicherheit bezüglich seiner Disposition erlangt. Wird die Erteilung Auskunft als solche abgelehnt, hat der Antragsteller keinen Vorteil in Bezug auf sein Dispositionsinteresse erlangt.

Im Fall der negativen Auskunft ist dies hingegen schwieriger zu beantworten. Die Kritik, die derzeitige Rechtsprechung widerspreche dem Zweck der verbindlichen Auskunft, ist berechtigt. Die Argumentation der Rechtsprechung überzeugt nur in Teilen. Die Auskunft dient der Planungs- und Entscheidungssicherheit. Beantragt der Steuerpflichtige eine verbindliche Auskunft und hat das Finanzamt den Sachverhalt rechtlich anders eingeordnet als er, so hat er zumindest einen Entscheidungs- und Planungsvorteil erlangt. Er weiß nun, dass seine rechtliche Auffassung nicht von der Finanzverwaltung geteilt wird. Er ist also besser informiert und kann seine Entscheidung nun auf Grundlage der Auffassung der Finanzverwaltung treffen. Er kann den Sachverhalt trotz der negativen Auskunft verwirklichen und im Anschluss daran den Rechtsweg gegen die Steuerfestsetzung bestreiten. Diese Argumentation deckt sich mit der Auffassung der Rechtsprechung, die den Zweck darin sieht, das Prozessrisiko einzuschätzen, nicht aber zu vermeiden bzw. auf den Zeitpunkt der Erteilung der verbindlichen Auskunft zurück zu verlagern.

Geht man jedoch richtigerweise davon aus, dass der Zweck der verbindlichen Auskunft vor allem sein soll, dem Steuerbürger Rechtssicherheit und insbesondere Planungssicherheit im Hinblick auf zukünftige Dispositionen und deren steuerlichen Folgen über dem Maße der bloßen Risikoeinschätzung zu gewährleisten[425], ist durchaus zweifelhaft, ob dieser Zweck ohne eine gerichtliche Kontrollmöglichkeit erreicht werden kann. Der Wille des Gesetzgebers, dem Steuerpflichtigen Planungssicherheit zu gewährleisten, wird durch die eingeschränkte Rechtmäßigkeitsprüfung massiv eingeschränkt, vor allem für die Fälle, in denen der Antragsteller aufgrund der Negativ-Auskunft von seinem Vorhaben Abstand nimmt.[426] Die eingeschränkte gerichtliche Kontrolle ist zwar

---

425 „Die verbindliche Auskunft soll dem Steuerpflichtigen zur verlässlichen Vorabklärung steuerlicher Auswirkungen … dienen.“, *Spilker*, StuW 2013, 19, 19, siehe auch *Horst*, Die verbindliche Auskunft nach § 89 AO, S. 3.

426 So auch *Golombek*, BB 2015, 1946, 1951.

verfassungsrechtlich nicht zu beanstanden, der Zweck der verbindlichen Auskunft, zukunftsgerichtet Rechtssicherheit zu bieten, wird dadurch jedoch in Fällen der Negativ-Auskünfte beschränkt.[427]

Um antizipativ Rechtssicherheit zu erlangen, wäre also Voraussetzung, dass der Antragsteller die ihm widersprechende Auffassung des Finanzamts gerichtlich vollumfänglich überprüfen lassen kann. Dies ist derzeit nicht gegeben, sodass hier der Appell an den Gesetzgeber zu richten ist, die verbindliche Auskunft „verbindlicher" zu machen. Dies könne zum Beispiel dadurch geschehen, dass die verbindliche Auskunft als eine Art Vorbescheid einen Teil des Besteuerungsverfahrens vorwegnimmt.[428]

Da es sich bei der verbindlichen Auskunft eben nicht um einen, der Festsetzung gleichstehenden, Vorbescheid handelt, mag die Praxis der Finanzgerichte verfassungsrechtlich nicht zu beanstanden sein, jedoch wird der Zweck der verbindlichen Auskunft dadurch unterminiert. Dem Steuerpflichtigen ist mit der verbindlichen Auskunft ein Instrument an die Hand gegeben, mit dem er die Rechtsauffassung der Verwaltung vorab abfragen kann. Es handelt sich nicht um eine Möglichkeit präjudiziell eine Feststellung über die Rechtmäßigkeit der von der Finanzverwaltung vertretenen Auffassung zu erlangen. Eine solche Feststellung wäre mit einer Feststellungsklage zu erreichen. Diese ist jedoch subsidiär gegenüber dem Klageweg gegen die spätere Steuerfestsetzung.[429]

Die verbindliche Auskunft ist daher die einzige Möglichkeit des Steuerpflichtigen vorab Rechtssicherheit im Hinblick auf geplante Dispositionen zu erlangen. Die Rechtsprechung des BFH untergräbt diesen Zweck. Der Verweis auf eine vermeintliche doppelte Inanspruchnahme der Gerichte für Fälle, in denen sowohl gegen die verbindliche Auskunft als auch gegen die spätere Steuerfestsetzung der Rechtsweg beschritten wird, überzeugt nicht. Die Gefahr doppelter Inanspruchnahme der Gerichte besteht maximal in der Theorie. Des Weiteren leuchtet es nicht ein, den Steuerbürger auf die spätere Steuerfestsetzung zu vertrösten, um eine vollumfängliche gerichtliche Überprüfung durch die Gerichte zu erhalten. Das Dispositionsinteresse des Steuerpflichtigen wiegt in diesen Fällen schwerer als eine vermeintliche Gefahr für die Prozessökonomie.

---

427 So auch das Ergebnis der Berliner Steuergespräche vom 6.11.2016, wonach der Steuerpflichtige nur dann Rechtssicherheit erlangt, wenn die Finanzverwaltung kooperativ ist.; *Rösel*, FR 2017, 186, 187.

428 Im Ergebnis auch *Werder/Dannecker*, BB 2017, 284, 289.

429 So schon FG Münster v. 27.7.2016, 10 K 584/16 E, BeckRS 2016, 95545.

Zudem ist die Gebühr nur dann verfassungsrechtlich zu rechtfertigen, wenn der Vorteil, den der Steuerpflichtige mit der Gebühr ausgleichen soll, tatsächlich erlangt wird. Eine aus Sicht des Steuerpflichtigen rechtswidrige Auskunft, die gerichtlich nicht überprüfbar ist, wird dem nicht gerecht. Der ausgleichbare Vorteil in Form von Rechtssicherheit und Dispositionsschutz ist bei Negativauskünften nicht erreicht. Damit entbehrt die Gebührenerhebung einer Rechtfertigung.

Die verbindliche Auskunft ist aufgrund der derzeitigen Praxis der Gerichte als Instrument zur Erlangung von Rechtssicherheit nur bedingt geeignet. Die eingangs aufgestellte These trifft folglich zu. Für die dargestellten Fälle der Negativ-Auskunft besteht praktisch nicht die Möglichkeit des Rechtschutzes. Das auf die Zukunft gerichtete Interesse an Rechtssicherheit im Sinne von Vorhersehbarkeit und Dispositionsschutz wird dadurch unterminiert.

Der Zweck der verbindlichen Auskunft Rechtssicherheit und Dispositionsschutz zu gewähren, würde dann erreicht, wenn die verbindliche Auskunft tatsächlich als Vorbescheid charakterisiert würde. Dann wäre die Rechtsprechung gezwungen, diese gerichtlich vollumfänglich zu überprüfen. Zumindest, wenn diese so ausgestaltet würde, dass sie einen Teil des Festsetzungsverfahrens vorwegnehmen würde.

## B. Die verbindliche Auskunft im Kontext des europäischen Beihilferechts

Der zweite Teil der Untersuchung betrifft die Frage, ob der Zweck der verbindlichen Auskunft durch das Beihilferecht der Europäischen Union (EU) gefährdet sein könnte. Diese Frage betrifft im Gegensatz zum ersten Teil jedoch nicht nur das auf die Zukunft gerichtete Interesse an Rechtssicherheit, sondern auch und vor allem das auf die Vergangenheit gerichtete Interesse in Form des Vertrauensschutzes. Es wird aufgezeigt, dass im Falle beihilferechtlicher Rechtswidrigkeit ein Berufen auf nationale Vertrauensschutzvorschriften nicht möglich ist. Damit würden erteilte verbindliche Auskünfte wertlos, wenn diese gegen die beihilferechtlichen Vorschriften verstoßen.

### I. Grundlagen des EU-Beihilferechts

Die unionsrechtlichen Vorschriften zur Beihilfekontrolle haben den Zweck, die im Binnenmarkt der EU tätigen Unternehmen vor Wettbewerbsverfälschungen zu schützen.[430] Derweil hat sich die Beihilfepraxis der Kommission jedoch zu

430 *Englisch*, in: Schaumburg/Englisch, Europäisches Steuerrecht Rn. 9.2; *Blumenberg*, in: FS Endres, 17, 18.

einem „Instrument der industriepolitischen Steuerung“ der Mitgliedstaaten entwickelt.[431]

Grundsätzlich genießen die Mitgliedstaaten im Bereich „Steuern“ eine umfangreiche Souveränität. Steuern sind mit Ausnahme der Mehrwertsteuer und der Verbrauchsteuern noch nicht harmonisiert. Daher ist die Kommission eigentlich gehalten, sich hinsichtlich der Steuerregelungen einzelner Mitgliedstaaten auf die Kompetenzen der Art. 116 und 117 AEUV zu beschränken, nach denen sie nur in Ausnahmefällen Harmonisierungsmaßnahmen einleiten darf.[432] Nach der Rechtsprechung des EuGH führt jedoch der Umstand, dass eine Maßnahme steuerlicher Art ist, nicht dazu, dass das Beihilferecht nicht zur Anwendung kommen kann.[433]

Das Steuerrecht war jedoch zunächst ein Bereich, in welchem die beihilferechtliche Aufsicht durch die Kommission nur zurückhaltend wahrgenommen wurde.[434] Dies hat sich Ende der neunziger Jahre insbesondere mit der Mitteilung der Kommission über die Anwendung der beihilferechtlichen Vorschriften auf Maßnahmen im Bereich der direkten Unternehmensbesteuerung[435] geändert. Damals begann die Kommission das Beihilferecht als Mittel zur Bekämpfung des schädlichen Steuerwettbewerbs der Mitgliedstaaten zu nutzen.[436] Derweil hat die beihilferechtliche Kontrolle der Kommission ein solches Ausmaß angenommen, dass teilweise von einem Eindringen der Kommission in die Steuersouveränität der Mitgliedstaaten die Rede ist.[437]

Ein bekanntes Beispiel aus dem deutschen Unternehmenssteuerrecht war 2011 die Einordnung des § 8c Abs. 1 S. 5 KStG (sog. „Sanierungsklausel“) als unzulässige Beihilfe im Sinne des Art. 107 Abs. 1 AEUV.[438] Auch weitere nationale Steuervorschriften unterliegen immer wieder beihilferechtlichen Zweifeln.

---

431 *Englisch,* in: Schaumburg/Englisch, Europäisches Steuerrecht Rn. 9.3.

432 *Bartosch*, in: ders. EU-BeihilfenR, Art. 107 Rn. 87.

433 EUGH v. 2.7.1974 – C-173/173, Slg. 1974, 709 Rn. 26 ff.; *Bartosch*, in: ders. EU-BeihilfenR, Art. 107 Rn. 87.

434 *Blumenberg*, IFSt-Schrift. Nr. 473, S. 7; *Schnitger*, IStR 2017, 421, 421.

435 Mitteilung der Kommission v. 10.12.1998, ABL. C 384/3.

436 *Blumenberg*, IFSt-Schrift Nr. 516, S. 19; *Englisch*, Schaumburg/Englisch, Europäisches Steuerrecht Rn. 9.6.

437 So etwa *Jochimsen/Kleve*, IStR 2017, 265.

438 Siehe dazu: EuG Urt. v. 4.2.2016 – T-620/11, ABl EU 2016, Nr. C 129; ferner noch: *Holtmann*, EWS 2016, 61, 61 ff.

So hat der BFH jüngst Zweifel an der beihilferechtlichen Einordnung des § 6a GrEStG geäußert und diese Frage dem EuGH vorgelegt.[439]

Aber nicht nur Steuernormen können den Beihilfetatbestand erfüllen. Auch Verordnungen, Verwaltungsvorschriften und die Praxis der Steuerverwaltung können nach Auffassung der Kommission unter Umständen europarechtsrechtswidrige Beihilfen darstellen.[440] Die beihilferechtlichen Kontrollen der Praxis der Steuerverwaltungen der einzelnen Mitgliedstaaten durch die Kommission hat sich in jüngster Zeit pressewirksam[441] gehäuft. So wurden unter anderem Steuerauskünfte, -vorbescheide und -verständigungen (sog. „Tax-Rulings") mehrerer Mitgliedstaaten als unzulässige Beihilfen eingestuft und die Mitgliedstaaten aufgefordert, diese Beihilfen in Form von Steuervergünstigungen von den Unternehmen zurückzufordern.[442] Ausschlaggebend für diese Praxis waren im Jahr 2014 die unter „Lux-Leaks" bekannten Aufdeckungen einiger Journalisten,

---

439 BFH v. 30. 5.2017 – II R 62/14; siehe auch die Pressemitteilung des BFH Nr. 38/17 v. 14.6.2017; anhängig beim EuGH unter dem Aktenzeichen C-374/17.

440 Siehe dazu: Mitteilung der Kommission v. 10.12.1998, ABL. C 384/4.

441 Siehe unter Anderem: Süddeutsche Zeitung v. 4.10.2017 zum Beihilfeverfahren in Sachen Amazon, http://www.sueddeutsche.de/wirtschaft/eu-kommission-die-millionen-euro-strafe-gegen-amazon-ist-eine-kampfansage-an-steueroasen-1.3695299; Frankfurter Allgemeine Zeitung v. 5.2.2017 zum Beihilfeverfahren in Sachen Apple, http://www.faz.net/aktuell/wirtschaft/netzwirtschaft/apple-steve-jobs/steuerstreit-mit-irland-eu-kommission-besteht-auf-milliarden-nachzahlung-von-apple-14849444.html; Der Spiegel v. 4.10.2017 zum Beihilfeverfahren in Sachen Apple, http://www.sueddeutsche.de/wirtschaft/eu-kommission-die-millionen-euro-strafe-gegen-amazon-ist-eine-kampfansage-an-steueroasen-1.3695299; Die Zeit v. 21.10.2015 zum Beihilfeverfahren in Sachen Starbucks und Fiat, http://www.zeit.de/wirtschaft/unternehmen/2015-10/starbucks-fiat-amazon-apple-steuervorteile-eu-kommission.

442 Siehe dazu die Pressemitteilungen der Europäischen Kommission v. 21.10.2015: „Kommission stellt Unvereinbarkeit der selektiven Vorteile für Fiat in Luxemburg und für Starbucks in den Niederlanden mit dem EU-Beihilferecht fest"; v. 30.8.2016: „Irland gewährt Apple unzulässige Steuervergünstigungen von bis zu 13 Mrd. EUR"; v. 19.9.2016: „Kommission leitet eingehende Untersuchung zu steuerlichen Behandlung von GDF Suez in Luxemburg ein"; v. 4.10.2017: „Kommission stellt fest, dass Luxemburg Amazon unzulässige Steuervergünstigungen von rund 250 Mio. EUR gewährt hat"; sowie die Beschlüsse der Kommission: Beschluss der Kommission v. 21.10.2015 – C(2015) 7143, ABl. 2017 L83/38 – Starbucks; Beschluss der Kommission v. 21.10.2015 – C(2015) 7152, ABl. 2016 L 351/1; Beschluss der Kommission v. 11.1.2016 – C(2015) 9837, ABl. 2016 L 260/61 – Belgien.

wodurch die Vorbescheid-Praktiken einiger Mitgliedstaaten in den öffentlichen Fokus rückten.[443]

Derzeit beschränken sich diese Verfahren hinsichtlich Tax-Rulings noch auf vermeintliche „Steueroasen“ (insbesondere Irland, Luxemburg und die Niederlande), jedoch wirft dies die Frage auf, ob auch die Praxis der deutschen Finanzverwaltungen, insbesondere die nationalen „Steuervorbescheide“, allen voran die verbindliche Auskunft, Angriffsfläche für beihilferechtliche Untersuchungen bieten.[444] Auf dem ersten Blick scheint dieser Vergleich schon an der systematischen Ausgestaltung der deutschen Auskünfte zu scheitern, da es sich bei der verbindlichen Auskunft nach dem nationalen Verfahrensrecht nicht um einen „Vorbescheid“ im rechtlichen Sinne handelt.[445] Jedoch würde der Zweck der verbindlichen Auskunft, Rechtssicherheit zu gewähren, massiv gefährdet, würde man verbindliche Auskünfte beihilferechtlich beanstanden. Ein Vertrauen auf die verbindliche Auskunft wäre in diesen Fällen nicht mehr möglich, da ein Berufen auf Bestandskraft oder Vertrauensschutz im europäischen Beihilferecht in der Regel nicht die Durchsetzung einer Rückforderung der Beihilfe verhindern kann.[446]

Auch die OECD hat im Rahmen ihres BEPS-Aktionsplanes im Aktionspunkt 5 die Tax-Rulings auf ihre Agenda gesetzt.[447] Die Tax-Rulings sollen zwar legitimen Zwecken, wie der Schaffung von Rechtssicherheit, dienen, jedoch werden in einigen Mitgliedstaaten Vereinbarungen unter dem Deckmantel des Steuergeheimnisses getroffen, die zuweilen mit dem geltenden Steuerrecht des Mitgliedstaates unvereinbar sind.[448]

Im Folgenden sollen nun abstrakt das Beihilfeverfahren sowie die Voraussetzungen und Rechtsfolgen der Art. 107 ff. AEUV dargestellt werden. Im Anschluss werden ausgewählte Verfahren dargestellt, in denen Tax Rulings als unzulässige Beihilfen qualifiziert wurden. Diese werden sodann mit der nationalen verbindlichen Auskunft nach § 89 Abs. 2 AO verglichen. Es soll untersucht werden, ob die Folgerungen im Hinblick auf die beihilferechtliche Einordnung

---

443 Siehe beispielhaft einen Beitrag in der Süddeutschen Zeitung vom 5.11.2014: http://www.sueddeutsche.de/wirtschaft/luxemburg-leaks-konzerne-ertricksen-sich-in-luxemburg-milliarden-an-steuern-1.2206997.

444 *Breuninger*; DB 2015, M5,.

445 Siehe bereits oben unter Zweiter Teil A. IV.

446 Siehe dazu unten unter Zweiter Teil B. I. 3.

447 *Bannes/Cloer*, BB 2016, 2013, 2014 ff; *Krauß*, IStR 2016, 59, 62 ff.

448 Siehe dazu auch: *Bannes/Cloer*, BB 2016, 2013, 2014.

der Tax Rulings anderer Mitgliedstaaten auf die verbindliche Auskunft übertragen werden können.

### 1. *Grundzüge des Beihilfeverfahrens*

Das Verfahren der Beihilfenaufsicht ist in Art. 108 AEUV geregelt.[449] Für die Beihilfenaufsicht ist mit Ausnahme des Art. 108 Abs. 2 UAbs. 3 und 4 AEUV grundsätzlich die Kommission zuständig. Jedoch enthält Art. 108 AEUV nur dürftige Regelungen zum Ablauf des Beihilfeverfahrens. Die Einzelheiten zum Beihilfeverfahren sind daher in einer Verfahrensordnung (BeihilfeVO) geregelt[450], welche auf Grundlage von Art. 109 AEUV erlassen wurde.[451]

#### a. *Begrifflichkeiten*

Art. 108 AEUV unterscheidet grundsätzlich zwei Arten von Beihilfen. Zum einen die bestehenden Beihilfen nach Art. 108 Abs. 1 und 2 AEUV und zum anderen die neuen Beihilfen nach Art. 108 Abs. 3.[452] Bestehende Beihilfen unterliegen einer fortlaufenden Kontrolle, wohingegen neue Beihilfen vor ihrer Durchführung angemeldet und einer Kontrolle unterzogen werden müssen.[453]

Art. 1 der BeihilfeVO erweitert und definiert die einzelnen Arten von Beihilfen. Bestehende Beihilfen sind nach Art. 1 lit. b) i) der BeihilfeVO Beihilfen, die vor Inkrafttreten des EWGV am 1.1.1958 eingeführt wurden[454] sowie nach Lit. b) ii) Beihilfen, die von der Kommission oder vom Rat genehmigt wurden.[455]

Neue Beihilfen sind gem. Art. 1 lit. c) BeihilfeVO alle Beihilfen, die keine bestehenden Beihilfen sind, sowie Änderungen von bestehenden Beihilfen.[456]

---

449 *Kühling*, in: Streinz EUV/AEUV, Art. 108 AEUV Rn. 1.

450 Verordnung vom 13.7.2015 über besondere Vorschriften für die Anwendung von Artikel 108 des Vertrags über die Arbeitsweise der Europäischen Union, ABl. L 248/9; diese Verordnung soll der Klarheit und Übersichtlichkeit dienen, da die vorangegangene VO (EG) Nr. 659/1999, ABl. 1999 L 83/1 mehrfach geändert wurde; siehe die Begründung in Abl. 2015 L 248/9; siehe zur Entwicklung und den einzelnen Verordnungen *Cremer*, in: Calliess/Ruffert EUV/AEUV, Art. 108 AEUV, Rn. 1.

451 *Kühling*, in: Streinz EUV/AEUV, Art. 108 AEUV Rn. 2.

452 *Cremer*, in: Calliess/Ruffert EUV/AEUV, Art. 108 AEUV, Rn. 1.

453 *Cremer*, in: Calliess/Ruffert EUV/AEUV, Art. 108 AEUV, Rn. 1.

454 Für neue Mitglieder gilt das Datum des Beitritts; siehe *Cremer*, in: Calliess/Ruffert EUV/AEUV, Art. 108 AEUV, Rn. 3.

455 *Cremer*, in: Calliess/Ruffert EUV/AEUV, Art. 108 AEUV, Rn. 3.

456 *Cremer*, in: Calliess/Ruffert EUV/AEUV, Art. 108 AEUV, Rn. 3; Art. 108 Abs. 3 AEUV spricht von "jeder beabsichtigten Einführung oder Umgestaltung von Beihilfen".

Ferner definiert die Verordnung in Art. 1 lit.d) bis h) weitere Beihilfebegriffe. So werden rechtswidrige Beihilfe gem. lit. f) als Beihilfen beschrieben, die unter Verstoß gegen Art. 108 Abs. 3 AEUV eingeführt wurden, also insbesondere solche, die von den Mitgliedstaaten nicht angemeldet worden sind. Ferner unterscheidet die Verordnung zwischen Beihilferegelungen (lit. d)) und Einzelbeihilfen (lit. e)). Beihilferegelungen sind demnach Regelungen, nach denen allgemein und abstrakt definierten Unternehmen Beihilfen ohne nähere Durchführungsmaßnahmen gewährt werden können bzw. nach denen Unternehmen Beihilfen gewährt werden können, die an kein bestimmtes Verhalten gebunden sind. Einzelbeihilfen hingegen sind Beihilfen, die nicht aufgrund einer Beihilferegelung gewährt werden sowie einzelne anmeldungspflichtige Zuwendungen aufgrund einer Beihilferegelung. Die von der Kommission aufgegriffenen Tax Rulings wurden beispielsweise als ebensolche Einzelbeihilfen qualifiziert.

### *b. Überblick über die Verfahrensvorschriften*

Soweit nichts anderes geregelt ist, müssen die Mitgliedstaaten der Kommission ihre Vorhaben zur Gewährung neuer Beihilfen gemäß Art. 2 Abs. 1 BeihilfeVO rechtzeitig mitteilen (sog. Notifizierungspflicht nach Art. 108 Abs. 3 S. 1 AEUV[457]). Diese Pflicht besteht gemäß Art. 2 Abs. 1, Art. 1 lit. a) BeihilfeVO für alle beabsichtigten Maßnahmen, die die Voraussetzungen des Art. 107 Abs. 1 AEUV erfüllen.[458] Der Mitgliedstaat hat dabei in seiner Anmeldung alle sachdienlichen Auskünfte mitzuteilen, damit die Kommission einen Beschluss nach den Art. 4 bis 9 BeihilfeVO erlassen kann. Ferner dürfen gemäß Art. 3 BeihihlfeVO anmeldungspflichtige Beihilfen vor Erlass des Genehmigungsbeschlusses nicht eingeführt werden. Die Art. 4 bis 9 BeihilfeVO regeln das Prüfverfahren durch die Kommission. Art. 10 regelt die Rücknahme der Anmeldung durch den Mitgliedstaat und Art. 11 den Widerruf des Beschlusses der Kommission. Im dritten Kapitel der BeihilfeVO (Art. 12 bis 16) ist das Verfahren bei rechtswidrigen Beihilfen geregelt. Des Weiteren enthält die BeihilfeVO in Art. 17 bis 19 Vorschriften zur Verjährung. Die der Verjährung folgenden Kapitel regeln das Verfahren bei missbräuchlicher Anwendung von Beihilfen, bei bestehenden Beihilfen (Kapitel VI), die Beteiligten (Kapitel VII), die Überwachung der Beachtung der Beschlüsse (Kapitel IX) die Zusammenarbeit mit den nationalen Gerichten (Kapitel X) usw.

---

457 *Cremer*, in: Calliess/Ruffert EUV/AEUV, Art. 108 AEUV Rn. 8; siehe auch *Cordewener/Henze*, FR 2016, 756, 757.

458 *Cremer*, in: Calliess/Ruffert EUV/AEUV, Art. 108 AEUV Rn. 9.

### c. *Das Verfahren bei angemeldeten Beihilfen*

Die Anmeldung der Beihilfe durch den Mitgliedstaat wird gemäß Art. 4 Abs. 1 BeihilfeVO von der Kommission unmittelbar nach Eingang (vorläufig) geprüft (sog. „Vorprüfverfahren"[459]). Während der vorläufigen Prüfung durch die Kommission darf der Mitgliedstaat gemäß Art. 108 Abs. 3 S. 3 AEUV i.V.m. Art. 3 BeihilfeVO die beabsichtigte Maßnahme nicht durchführen (Sperrwirkung[460] oder Durchführungsverbot[461]).

Unabhängig von einer Rücknahme der Anmeldung nach Art. 10 BeihilfeVO erlässt die Kommission einen Beschluss nach Art. 4 Abs. 2, 3 oder 4 BeihilfeVO. Kommt die Kommission zu dem Entschluss, dass die Maßnahme des Mitgliedstaates Anlass zu Bedenken gibt, leitet sie gemäß Art. 4 Abs. 4 BeihilfeVO durch (Eröffnungs-)Beschluss das förmliche Prüfverfahren nach Art. 108 Abs. 2 AEUV (Hauptprüfverfahren[462]) ein. Die Beschlüsse werden binnen zwei Monaten nach Eingang der Anmeldung erlassen, Art. 4 Abs. 5 BeihilfeVO. Wird diese Frist versäumt, gilt die Beihilfe gemäß Art. 4 Abs. 5 BeihilfeVO als von der Kommission genehmigt.

Der Beschluss über die Eröffnung des förmlichen Prüfverfahrens muss nach Art. 6 Abs. 1 BeihilfeVO unter anderem eine Zusammenfassung der wesentlichen Sach- und Rechtsfragen und eine vorläufige Würdigung des Beihilfecharakters der geplanten Maßnahme enthalten. Des Weiteren werden der Mitgliedstaat und die anderen Beteiligten nach Art. 6 Abs. 1 S. 2 BeihilfeVO in dem Beschluss aufgefordert, binnen eines Monats eine Stellungnahme abzugeben.

Die Kommission kann von dem Mitgliedstaat nach Art. 5 und von anderen Auskunftsgebern (insbes. Unternehmen) nach Art. 7 BeihilfeVO Auskünfte verlangen und zur Durchsetzung dieses Auskunftsersuchens Geldbußen und Zwangsgelder unter den Voraussetzungen des Art. 8 BeihilfeVO festsetzen.

Das förmliche Prüfverfahren wird durch einen Beschluss der Kommission nach den Art. 9 Abs. 2 bis 5 BeihilfeVO beendet. Gemäß Art. 9 Abs. 5 BeihilfeVO beschließt die Kommission, dass die Beihilfe nicht eingeführt werden darf, wenn sie zu dem Schluss gekommen ist, dass die Maßnahme mit dem Binnenmarkt unvereinbar ist (Negativbeschluss).

---

459 *Cremer*, in: Calliess/Ruffert EUV/AEUV, Art. 108 AEUV Rn. 10.

460 *Cremer*, in: Calliess/Ruffert EUV/AEUV, Art. 108 AEUV Rn. 11.

461 Kritisch zur Praxis des Durchführungsverbots: *Sutter*, EuZW, 321, 321.

462 *Cremer*, in: Calliess/Ruffert EUV/AEUV, Art. 108 AEUV Rn. 10.

### *d. Das Verfahren bei rechtswidrigen Beihilfen*

Wird eine Beihilfe entgegen der Sperrwirkung oder ohne Notifizierung gewährt, ist diese (formell) unionsrechtswidrig. Welche Rechtsfolgen an eine formell rechtswidrig gewährte Beihilfe geknüpft sind, ist teilweise umstritten.[463] Unstrittig darf die Kommission eine Aussetzungsanordnung nach Art. 13 Abs. 1 BeihilfeVO erlassen, mit welcher dem Mitgliedstaat aufgegeben wird, alle rechtswidrigen Beihilfen bis zum Beschluss der Kommission auszusetzen.[464]

Ferner kann die Kommission eine einstweilige Rückforderung formell rechtswidriger Beihilfen nach Art. 13 Abs. 2 Lit. a) bis c) BeihilfeVO aufgeben, wenn hinsichtlich des Beihilfecharakters der Maßnahme keinerlei Zweifel bestehen, ein Tätigwerden dringend geboten ist und ein erheblicher, nicht wiedergutzumachender Schaden für einen Konkurrenten ernsthaft zu befürchten ist.[465]

Entscheidet die Kommission nach Prüfung der rechtswidrigen Beihilfe gem. Art. 15 Abs. 1 i.V.m. Art. 4 Abs. 4 BeihilfeVO, das förmliche Prüfverfahren zu eröffnen, wird das förmliche Prüfverfahren wiederum durch einen Beschluss nach Art. 9 BeihilfeVO abgeschlossen. Erteilt die Kommission einen Negativbeschluss nach Art. 9 Abs. 5 BeihilfeVO, entscheidet sie gem. Art. 16 Abs. 1 BeihilfeVO in diesem Beschluss, dass der betreffende Mitgliedstaat alle notwendigen Maßnahmen ergreift, um die Beihilfe vom Empfänger zurückzufordern (Rückforderungsbeschluss). Der zurückzufordernde Betrag umfasst gem. Art. 16 Abs. 2 BeihilfeVO auch die Zinsen, die nach einem von der Kommission festgesetzten Zinssatz berechnet werden. Der Beginn des Zinslaufs ist der Zeitpunkt der Zurverfügungstellung der Beihilfe, Art. 16 Abs. 2 S. 2 BeihilfeVO.

Gemäß Art. 17 Abs. 1 BeihilfeVO verjähren die Befugnisse der Kommission zur Rückforderung nach zehn Jahren. Die Frist beginnt mit dem Tag, an dem die Beihilfe dem Empfänger gewährt wird.

---

463 Siehe dazu *Cremer*, in: Calliess/Ruffert EUV/AEUV, Art. 108 AEUV Rn. 12 ff.; *von Wallenberg/Schütte*, , in: Grabitz/Hilf/Nettesheim, Das Recht der EU, Art. 108 AEUV, Rn. 105.

464 EuGH v. 11.7.1996 – C-39/94, ECLI: EU: C:1996:285 Rn. 45; v. 14.2.1990 – C-301/87, ECLI: EU: C:1990:67 Rn. 19 f.; siehe auch *Cremer*, in: Calliess/Ruffert EUV/AEUV, Art. 108 AEUV Rn. 14; *von Wallenberg/Schütte*, , in: Grabitz/Hilf/Nettesheim, Das Recht der EU, Art. 108 AEUV, Rn. 105.

465 Dies ist jedoch nicht unumstritten: siehe zur Übersicht *Cremer*, in: Calliess/Ruffert EUV/AEUV, Art. 108 AEUV Rn. 14.

Die Rückforderung ist vom Mitgliedstaat unabhängig von entgegenstehenden Verfahrensvorschriften durchzuführen. Auch ein Berufen auf Bestandskraft oder Vertrauensschutz ist regelmäßig nicht möglich.[466]

## 2. *Voraussetzungen für das Vorliegen einer Beihilfe*

Das Beihilferecht enthält kein absolutes Beihilfeverbot, sondern ordnet die Aufsicht und Kontrolle über die Beihilfengewährung der Mitgliedstaaten durch die Kommission an.[467] Von dem Beihilfeverbot umfasst sind nur solche Beihilfen, die durch die Mitgliedstaaten gewährt werden. Auf gemeinschaftsrechtliche Beihilfen ist Art. 107 Abs. 1 AEUV nicht anwendbar.[468]

Nach Art. 107 Abs. 1 AEUV sind grundsätzlich sämtliche Beihilfen mit dem Binnenmarkt unvereinbar, jedoch erlauben die Absätze 2 und 3 Ausnahmen von diesem Grundsatz. Der Begriff der Beihilfe ist im Unionsrecht nicht definiert. Gemäß Art. 1 Lit. a) BeihilfeVO sind Beihilfen alle Maßnahmen, die die Voraussetzungen des Art. 107 Abs. 1 AEUV erfüllen. Danach sind staatliche oder aus staatlichen Mitteln gewährte Beihilfen gleich welcher Art, die durch die Begünstigung bestimmter Unternehmen oder Produktionszweige den Wettbewerb verfälschen oder zu verfälschen drohen mit dem Binnenmarkt unvereinbar, soweit sie den Handel zwischen den Mitgliedstaaten beeinträchtigen.

### a. *Begünstigung*

Der unionsrechtliche Begriff der Beihilfe ist weit auszulegen[469] und weiter zu verstehen als der Begriff der „Subvention“[470]. Allgemein werden Beihilfen beschrieben als Maßnahmen, die, unabhängig von der Form, die Belastungen verringern, die ein Unternehmen üblicherweise zu tragen hat.[471] Eine staatliche Maßnahme ist dann eine Begünstigung i.S.d. Art. 107 Abs. 1 AEUV, wenn ein Unternehmen

---

466 Siehe dazu unten unter Zweiter Teil B. I. 3.

467 *Kühling*, in: Streinz EUV/AEUV, Art. 107 AEUV Rn. 4.

468 *Englisch*, EuR 2009, 488, 489.

469 *Cremer*, in: Calliess/Ruffert EUV/AEUV, Art. 107 AEUV Rn. 10; *Soltész*, NJW 2014, 3128, 3128.

470 EuGH v. 15.6.2006 – C-393/04, C-41/05, ECLI: EU: C:2006:403 Rn. 29; EuGH v. 15.12.2005 – C-66/02, ECLI: EU: C:2005:768 Rn. 77.

471 Siehe unter anderem EuGH v. 23.2.1961 – 30/59, ECLI: EU: C:1961:2 S. 43; v. 15.3.1994 – C-387/92, ECLI: EU: C:1994:1 Rn. 13.

eine Leistung ohne angemessene, also marktübliche Gegenleistung erlangt.[472] Dabei sind die Beweggründe oder Ziele, die mit der Maßnahme verfolgt werden, unerheblich. Es kommt lediglich auf die Wirkung an.[473]

Ob eine Gegenleistung angemessen ist, bestimmt sich nach dem „Market Economy Investor Principle“ (MEIP).[474] Im Rahmen dessen ist zu prüfen, ob die durch den Staat erfolgte Kapitalzufuhr unter solchen Bedingungen erfolgte, die auch ein vergleichbarer hypothetischer privater Investor unter normalen Marktbedingungen akzeptiert hätte.[475] Dies gilt auch für Fälle, in denen der Staat nicht die Stellung eines Investors einnimmt, sondern als Marktteilnehmer auftritt.[476] Voraussetzung für die Anwendung des Private-Investor-Tests ist grundsätzlich, dass der Staat im Einzelfall wie ein privater Investor auftritt.[477] Der EuGH hat in der Rechtssache EDF jedoch klargestellt, dass eine Anwendung auch bei hoheitlichen Maßnahmen eines Mitgliedstaates Anwendung finden kann.[478] Es kann also auch bei Steuerbegünstigungen angezeigt sein, die Vergleichbarkeit mit marktwirtschaftlich handelnden Kapitalgebern zu überprüfen. Nach Auffassung des EuGH soll eine materielle und nicht eine auf die äußere Form der Handlung beschränkte Betrachtungsweise erfolgen.[479] Es ist maßgebend, ob der Staat den Vorteil in seiner Eigenschaft als Anteilseigner oder als Träger der öffentlichen

---

472 *Cremer*, in: Calliess/Ruffert EUV/AEUV, Art. 107 AEUV Rn. 10; *Kühling*, in: Streinz EUV/AEUV, Art. 107 AEUV Rn. 28; *Bartosch*, in: Bartosch EU-BeihilfenR, Art. 107 Rn. 1.

473 EuGH v. 22.12.2008 – C-487/06 P ECLI: EU: C:2008:757, Rn. 84 ff.; v. 13.6.2002 – C-382/99, ECLI: EU: C:2002:363 Rn. 61; v. 26.9.1996 – C-241/99, ECLI: EU: C:1996:353 Rn. 20; v. 2.7.1974 – 173/73, ECLI: EU: C:1974:71 Rn. 26/28.

474 Auch „Private-Investor-Test“ genannt.

475 EuGH v. 21.3.1991 – C-303/88, ECLI: EU: C:1911:136 Rn. 21 f.; v. 11.6.1996 – C-39/94, ECLI: EU: C:1996:285 Rn. 60 f.; EUG v. 17.12.2008 – T-196/04, ECLI: EU: T:2008:585 Rn. 85; siehe auch: *Kühling*, in: Streinz EUV/AEUV, Art. 107 AEUV Rn. 33; *Cremer*, in: Calliess/Ruffert EUV/AEUV, Art. 107 AEUV Rn. 11; *Bartosch*, in: Bartosch EU-BeihilfenR, Art. 107 Rn. 2; *Giesberts/Streit*, EuZW 2009, 484, 484 ff.; *Giesberts/Kleve*, EuZW 2009, 287, 288 f.

476 EuGH v. 29.4.1999 – C-342/96, ECLI: EU: C:1999:210 Rn. 46; vgl. auch *Cremer*, in: Calliess/Ruffert EUV/AEUV, Art. 107 AEUV Rn. 11.

477 *Kühling*, in: Streinz EUV/AEUV, Art. 107 AEUV Rn. 33; wonach eine Anwendung in Fällen von „Steuerbeilhilfen“ eigentlich ausscheidet.

478 EuGH v. 5.6.2012 – C-124/10 P, ECLI: EU: C:2012:318 Rn. 88 ff.

479 EuGH v. 5.6.2012 – C-124/10 P, ECLI: EU: C:2012:318 Rn. 88 ff.; siehe auch *Cremer*, in: Calliess/Ruffert EUV/AEUV, Art. 107 AEUV Rn. 11; *Bartosch*, in: Bartosch EU-BeihilfenR, Art. 107 Rn. 2.

Gewalt gewährt hat.[480] Eine Anwendung bei originär hoheitlichen Tätigkeiten, bei denen der Mitgliedstaat nicht an dem begünstigten Unternehmen beteiligt ist wie bei der Besteuerung, sollte jedoch weiterhin aus dem Anwendungsbereich des Private-Investor-Tests fallen.[481] Dagegen lässt sich durchaus halten, dass es faktisch nicht immer einen Unterschied macht, ob der Staat hoheitlich originär auftritt oder nicht. Nimmt man beispielsweise den Verzicht auf eine Besteuerung von Sanierungsgewinnen, verhält sich der Staat nicht anders als andere Gläubiger.

Durch die Maßnahme muss dem Unternehmen ein wirtschaftlicher Vorteil entstanden sein. Ein Vorteil im Sinne des Art. 107 Abs. 1 AEUV ist nach Auffassung der Kommission und des EuGH jede wirtschaftliche Vergünstigung, die ein Unternehmen ohne Eingreifen des Staates nicht erhalten würde.[482] Dabei ist unerheblich, warum und mit welchem Ziel der Staat in den Markt eingegriffen hat. Es ist allein auf die Auswirkung der Maßnahme abzustellen.[483] Hat sich die finanzielle Lage des Unternehmens durch eine Maßnahme des Staates verbessert, liegt ein solcher Vorteil vor.[484]

Des Weiteren ist irrelevant, wie die Maßnahme gewährt wurde.[485] Sowohl die Gewährung von positiven wirtschaftlichen Leistungen als auch die Befreiung von Belastungen kann einen Vorteil im Sinne des Art. 107 Abs. 1 AEUV darstellen.[486] Hingegen sind die Erstattung rechtswidrig erhobener Abgaben,

---

480 *Bartosch*, in: Bartosch EU-BeihilfenR, Art. 107 Rn. 2.

481 Im Ergebnis auch: *Kühling*, in: Streinz EUV/AEUV, Art. 107 AEUV Rn. 33; *Bartosch*, in: Bartosch EU-BeihilfenR, Art. 107 Rn. 85 f.

482 EuGH v. 11.7.1996 – C-39/94, Slg. 1996, I 3547 Rn. 60; v. 29.4.1999 – C-342/96, Slg. 1999, I 2459 Tz. 41; Bekanntmachung der Kommission v. 19.7.2016, ABl. 2016 C 262/15; siehe auch: *Bartosch*, in: Bartosch EU-BehilfenR, Art. 107 AEUV Rn. 1.

483 EuGH v. 22.12.2008 – C-487/06 P ECLI: EU: C:2008:757, Rn. 84 ff.; v. 13.6.2002 – C-382/99, ECLI: EU: C:2002:363 Rn. 61; v. 26.9.1996 – C-241/99, ECLI: EU: C:1996:353 Rn. 20; v. 2.7.1974 – 173/73, ECLI: EU: C:1974:71 Rn. 26/28.

484 Bekanntmachung der Kommission v. 19.7.2016, ABl. 2016 C 262/15.

485 EuGH v. 24.7.2003 – C-280/00, Slg. 2003, I 7747, Rn. 84; der EuGH spricht in diesem Zusammenhang von "Maßnahmen gleich welcher Art".

486 Auch hier nennt die Kommission explizit Steuervergünstigungen; Bekanntmachung der Kommission v. 19.7.2016, ABl. 2016 C 262/15; Mitteilung der Kommission v. 10.12.1998, ABl. 1998 C 384/3 Rn. 9; *Bartosch*, in: Bartosch EU-BeihilfenR, Art. 107 Rn. 86; *Englisch*, in: Schaumburg/Englisch, Europäisches Steuerrecht Rn. 9.5; *Birk/Desens/Tappe*, Steuerrecht, S. 64; *Jochimsen/Kleve*, IStR 2017, 265, 268; *Frenz/Roth*, DStZ 2006, 465, 465.

Schadensersatzzahlungen und Ausgleichszahlungen aufgrund von Enteignungen kein Vorteil im Sinne des Art. 107 Abs. 1 AEUV.[487]

Im steuerlichen Bereich ist es unter Umständen schwierig zu bestimmen, ob ein wirtschaftlicher Vorteil gewährt wurde, da den Unternehmen mit der Erhebung der Steuer grundsätzlich Mittel entzogen werden.[488] Aus diesem Grund ist bei Steuermaßnahmen der wirtschaftliche Vorteil zu bejahen, wenn die Belastung des betreffenden Unternehmens im Vergleich zu anderen Unternehmen geringer ausfällt, das Unternehmen also im Vergleich zu anderen bessergestellt wird.[489]

### *b. Einsatz von staatlichen Mitteln und Zurechnung der Maßnahme an den Staat*

Die begünstigende Maßnahme muss aus staatlichen Mitteln finanziert und dem Staat zurechenbar sein. Diese beiden Voraussetzungen, Finanzierung aus staatlichen Mitteln und deren Zurechenbarkeit an den Staat, müssen kumuliert vorliegen.[490] Direkte Beihilfen von Gebietskörperschaften sind unproblematisch „staatlich" und eine weitere Prüfung der Zurechenbarkeit kann in solchen Fällen entfallen.[491]

Nach Auffassung der Rechtsprechung sind von dem Begriff „staatliche Mittel" nur solche Vorteile umfasst, die unmittelbar oder mittelbar den staatlichen Haushalt belasten.[492]

---

487 Bekanntmachung der Kommission v. 19.7.2016, ABl. 2016 C 262/17 Rn. 74 f.; Im Weiteren (C 262/17 bis C 262/26, Rn. 76 ff.) äußert sich die Kommission noch zu den Kriterien an den Staat als marktwirtschaftlich handelnder Wirtschaftsbeteiligter. Dies betrifft die Fälle, in denen die öffentliche Hand wirtschaftliche Transaktionen vornimmt und soll mangels Relevanz im steuerrechtlichen Zusammenhang im Rahmen dieser Arbeit nicht behandelt werden, siehe dazu vertiefend: *Bartosch*, in: Bartosch EU-BeihilfeR, Art. 107 AEUV Rn. 2 ff. 85 ff.

488 *Blumenberg*, IFSt-Schrift Nr. 516, S. 20.

489 EuGH v. 19.5.1999 – C-6/97, ECLI: EU: C:1999:251 Rn. 15; v. 19.9.2000 – C-156/98, ECLI: EU: C:2000:467 Rn. 25; siehe auch: *Englisch*, in: Schaumburg/Englisch, Europäisches Steuerrecht Rn. 9.12; *Jennert/Ellenrieder*, EWS 2011, 305, 306.

490 Bekanntmachung der Kommission v. 19.7.2016, ABl. 2016 C 262/9; *Kühling/König/Paul*, in: Streinz EUV/AEUV, Art. 107 AEUV Rn. 58.

491 *Kühling/König/Paul*, in: Streinz EUV/AEUV, Art. 107 AEUV Rn. 58

492 Siehe u.a. EuGH v. 13.3.2001 – C-379/98, ECLI: EU: C:2001:160 Rn. 58, sowie mit weiteren Nachweisen: *Cremer*, in: Calliess/Ruffert EUV AEUV, Art. 107 AEUV Rn. 30; *Koenig/Paul*, in: Streinz EUV AEUV, Art. 107 AEUV Rn. 59.

Die Finanzierung aus staatlichen Mitteln kann folglich mittelbar oder unmittelbar geschehen.[493] Des Weiteren ist es irrelevant, in welcher Form die Mittel gewährt werden, wie z.B. durch direkte Zuschüsse, Darlehen, Garantien, Unternehmensbeteiligungen oder Sachleistungen.[494] Es ist nicht erforderlich, dass der Staat positiv Mittel überträgt. Da bei Steuerbeihilfen keine staatlichen Mittel ausbezahlt werden, reicht auch ein Einnahmeverzicht aus, um die staatliche Finanzierung zu bejahen.[495] Die Kommission nennt dabei explizit unter Verweis auf die Rechtsprechung des EuGH von Mitgliedstaaten gewährte Steuer- und Abgabenbefreiungen und – Ermäßigungen.[496] Irrelevant ist auch, ob der Staat durch Steuergesetze, -Verordnungen oder -Verwaltungsvorschriften handelt.[497] Auch Maßnahmen in Form von Verwaltungsakten sind als Einzelmaßnahmen vom Anwendungsbereich des Beihilferechts umfasst.

#### c. *Verfälschung des Wettbewerbs und Beeinträchtigung des innergemeinschaftlichen Handels*

Art. 107 Abs. 1 AEUV verlangt zudem, dass durch die Begünstigung der Wettbewerb verfälscht wird oder verfälscht zu werden droht. Jedoch liegt nur insoweit eine staatliche Beihilfe vor, als diese den Handel zwischen den Mitgliedstaaten beeinträchtigt. Zwar handelt es sich dabei um zwei getrennte Voraussetzungen, die kumuliert erfüllt sein müssen, jedoch werden diese beiden Punkte in der Praxis häufig gemeinsam geprüft.[498]

Eine drohende Verfälschung des Wettbewerbs ist schon dann zu bejahen, wenn die Maßnahme geeignet ist, die Wettbewerbsposition des Begünstigten gegenüber seinen Wettbewerbern zu verbessern.[499] Eine tatsächliche Auswirkung

---

493 Bekanntmachung der Kommission v. 19.7.2016, ABl. 2016 C 262/11.

494 Bekanntmachung der Kommission v. 19.7.2016, ABl. 2016 C 262/12; *Frenz/Roth*, DStZ 2006, 465, 469.

495 EuGH v. 15.6.2006 – C-393/04, C-41/05, ECLI: EU: C:2006:403 Rn. 29; EuGH v. 15.12.2005 – C-66/02, ECLI: EU: C:2005:768 Rn. 77; Bekanntmachung der Kommission v. 19.7.2016, ABl. 2016 C 262/12; *Koenig/Paul*, in: Streinz EUV AEUV, Art. 107 AEUV Rn. 6; *Linn*, IStR 2008, 601, 604; *Frenz/Roth*, DStZ 2006, 465, 465.

496 Bekanntmachung der Kommission v. 19.7.2016, ABl. 2016 C 262/12.

497 Mitteilung der Kommission v. 10.12.1998, ABl. 1998 C 384/3 Rn. 11; *Schnitger*, IStR 2017, 421, 423.

498 EuGH v. 2.7.1974 C 173/73, Slg. 1974 I 709, Rn. 25, 44; EuG v. 15.6.2000 – T-298/97, T-312/97, Slg. 2000 II 2319 Rn. 81; Bekanntmachung der Kommission v. 19.7.2016, ABl. 2016 C 262/40 Rn. 185 f.

499 EuGH v. 17.9.1980 – C-730/79, Slg. 1980, 2671 Rn. 11; Bekanntmachung der Kommission v. 19.7.2016, ABl. 2016 C 262/41 Rn. 187.

auf die Größe oder den Umfang der Marktanteile des begünstigten Unternehmens ist nicht erforderlich. Irrelevant ist auch, ob die Wettbewerbsverfälschung oder die Auswirkungen auf den Handel wesentlich sind.[500]

Bei der Prüfung der Auswirkungen auf den innergemeinschaftlichen Handel ist nicht zu prüfen, ob sich die Maßnahme auch tatsächlich auf den Handel ausgewirkt hat. Die bloße Möglichkeit der Auswirkungen auf den Handel reicht aus.[501]

Auch in Fällen, in denen ein Unternehmen nicht unmittelbar am grenzüberschreitenden Handel teilnimmt, kann sich eine Begünstigung des Unternehmens auf den Handel zwischen Mitgliedstaaten auswirken, da auch bei nur regionaler Förderung Unternehmen anderer Mitgliedstaaten in der wirtschaftlichen Betätigung an eben diesem Standort behindert werden könnten.[502]

Die Auslegung des Tatbestands der Verfälschung des Wettbewerbs und der Auswirkung auf den innergemeinschaftlichen Handel durch die Kommission ist sehr weit und maximal auf den Schutz des Binnenmarktes ausgerichtet. Mithin sollte unabhängig von der Art der Begünstigung diese Voraussetzung regelmäßig erfüllt sein.[503]

Da die genannten Voraussetzungen insgesamt sehr weit gefasst sind, ist das Hauptaugenmerk der Beihilfeprüfung auf die Frage nach der Selektivität einer Maßnahme, mithin der Begünstigung bestimmter Unternehmen zu richten. Der Tatbestand der Selektivität spielt daher eine entscheidende Rolle bei der Prüfung steuerlicher Beihilfen.[504]

### *d. Bestimmte Unternehmen (Selektivität)*

Eine Maßnahme stellt nur dann eine Beihilfe i.S.d. Art. 107 Abs. 1 AEUV dar, wenn sie bestimmte Unternehmen oder Produktionszweige begünstigt, mithin selektiv wirkt. Daher fallen Maßnahmen, die allgemein und nicht selektiv

---

500 Bekanntmachung der Kommission v. 19.7.2016, ABl. 2016 C 262/41 Rn. 189.

501 EuGH v. 14.1.2015 – C-513/13, ECLI: EU: C:2015:9 Rn. 65; v. 8.5.2013 – C-197/11, C-203/11, ECLI: EU: C:2013:288 Rn. 76.

502 EuGH v. 14.1.2015 – C-513/13, ECLI: EU: C:2015:9 Rn. 66; v. 8.5.2013 – C-197/11, C-203/11, ECLI: EU: C:2013:288 Rn. 77; EUG v. 4.4.2001 – T-288/97, ECLI: EU: T:2001:115, Rn. 51; Bekanntmachung der Kommission v. 19.7.2016, ABl. 2016 C 262/42 Rn. 191.

503 Vgl. hierzu auch die Ausführungen der Kommission: Bekanntmachung der Kommission v. 19.7.2016, ABl. 2016 C 262/42 Rn. 191 ff.; so auch *Linn*, IStR 2008, 601, 604.

504 So auch *Linn*. IStR 2008, 601, 604; *Jochimsen/Kleve*, IStR 2017, 265, 268; *Schnitger*, IStR 2017, 421, 423; *Cordewener/Heinze*, FR 2016, 756, 759.

wirken, grundsätzlich nicht unter Art. 107 Abs. 1 AEUV.[505] Nach Auffassung der Rechtsprechung und der Kommission können jedoch auch Maßnahmen, die prima facie für Unternehmen im Allgemeinen gelten, selektiv sein und damit als Maßnahmen betrachtet werden, die darauf ausgelegt ist, bestimmte Unternehmen zu begünstigen.[506]

Zunächst wird zwischen materieller und territorialer (regionaler) Selektivität unterschieden.[507] Materielle Selektivität bedeutet, dass die Maßnahme auf einen oder mehrere Sektoren, auf bestimmte Unternehmen oder Unternehmensformen oder auf bestimmte Aktivitäten beschränkt ist. Territorial selektiv wirkt eine Maßnahme, wenn diese nur in bestimmten Regionen eines Mitgliedstaates gewährt wird.[508]

Des Weiteren wird unterschieden zwischen De-Jure-Selektivität und De-Facto-Selektivität. Die De-Jure-Selektivität ergibt sich aus den rechtlichen Voraussetzungen für die Gewährung der Begünstigung. Eine De-Facto-Selektivität liegt vor, wenn die Kriterien für die Inanspruchnahme der Begünstigung zwar allgemein formuliert sind, aber die Begünstigung faktisch nur von bestimmten Gruppen in Anspruch genommen werden kann.[509] Es ist also nicht erforderlich, dass die Maßnahme de-jure auf die Begünstigung bestimmter Unternehmen oder Unternehmensgruppen abzielt, sondern es ist für die Selektivität ausreichend, wenn diese „nur“ de-facto selektiv wirkt.[510]

Die Kommission sieht unter Verweis auf die Rechtsprechung des EuG auch Maßnahmen, die allgemein gelten, bei denen die Verwaltung jedoch ein Ermessen hat, als selektiv an.[511] Dies gilt dann, wenn die Erfüllung der Kriterien nicht automatisch zu einem Anspruch auf die Maßnahme führt.[512] Insbesondere sind Ermessensentscheidungen dann als selektiv zu betrachten, wenn beispielsweise Steuerverwaltungen die Begünstigung auf Basis systemfremder Kriterien wie der

---

505 Bekanntmachung der Kommission v. 19.7.2016, ABl. 2016 C 262/27 Rn. 117 f; Mitteilung der Kommission v. 10.12.1998, ABl. 1998 C 384/3 Rn. 13.

506 Bekanntmachung der Kommission v. 19.7.2016, ABl. 2016 C 262/27 Rn. 118.

507 *Bartosch*, in: Bartosch EU-BeihilfeR, Art. 107 AEUV Rn. 111; *Bartosch*, EuZW 2010, 12, 12; siehe auch *Stein*, EWS 2006, 493, 493 ff.

508 Bekanntmachung der Kommission v. 19.7.2016, ABl. 2016 C 262/27 Rn. 120, 142; *Englisch*, Schaumburg/Englisch, Europäisches Steuerrecht, Rn. 9.20. *Blumenberg/Kring*, IFSt –Schrift Nr. 473, S. 14.

509 Bekanntmachung der Kommission v. 19.7.2016, ABl. 2016 C 262/28 Rn. 121.

510 *Blumenberg/Kring*, IFSt-Schrift Nr. 473, S. 15.

511 Bekanntmachung der Kommission v. 19.7.2016, ABl. 2016 C 262/28 Rn. 123.

512 Bekanntmachung der Kommission v. 19.7.2016, ABl. 2016 C 262/28 Rn. 123.

Erhaltung von Arbeitsplätzen gewähren können[513] und die Ermessensausübung nicht auf objektiven Kriterien beruht.[514] Die Kommission erkennt aber, dass es in der täglichen Steuerpraxis einer Auslegung der Steuervorschriften bedarf.[515] Dieses ist jedoch von einem freien Ermessen zu unterscheiden, bei dem die steuerliche Behandlung von Unternehmen im Ermessen der Behörde liegt.[516]

Dagegen ist eine Maßnahme nicht automatisch selektiv, wenn die Steuererleichterung an eine behördliche Genehmigung[517] geknüpft ist. Eine vorherige behördliche Genehmigung muss jedoch auf objektiven, nichtdiskriminierenden Kriterien beruhen, die im Voraus bekannt sind und welche dem Ermessen der Behörde Grenzen setzen.[518]

In Fällen, in denen Mitgliedstaaten positive Leistungen gewähren, die einem oder mehreren bestimmten Unternehmen zugutekommen, ist die Feststellung der Selektivität meist weniger schwierig. Werden Unternehmen hingegen durch Maßnahmen von Belastungen befreit, die Unternehmen normalerweise zu tragen haben (z.B. durch Steuerbefreiungen), ist die Feststellung der Selektivität mitunter kompliziert.[519] Daher erfolgt die Prüfung der Selektivität in drei Schritten.[520]

Im ersten Schritt ist das Bezugssystem zu ermitteln und zu definieren. Im zweiten Schritt ist zu prüfen, ob die in Rede stehende Maßnahme von diesem System abweicht und zwischen Wirtschaftsbeteiligten differenziert, die sich in einer vergleichbaren Sach- und Rechtslage befinden. Wird eine solche Abweichung nicht festgestellt ist die Selektivität der Maßnahme ausgeschlossen. Bei

513 Bekanntmachung der Kommission v. 19.7.2016, ABl. 2016 C 262/28 Rn. 124.

514 Mitteilung der Kommission v. 10.12.1998, ABl. 1998 C 384/3 Rn. 21; siehe auch *Ismer/Karch*, IStR 2014, 130, 132; *Jennert/Ellenrieder*, EWS 2011, 305, 307.

515 Mitteilung der Kommission v. 10.12.1998, ABl. 1998 C 384/3 Rn. 22.

516 Mitteilung der Kommission v. 10.12.1998, ABl. 1998 C 384/3 Rn. 22.

517 Die „behördliche Genehmigung“ wird in der englischen Version der Bekanntmachung mit „administrative authorisation“ übersetzt, sodass in diesem Zusammenhang nicht die Vorbescheide („Tax Rulings“) gemeint sind.

518 Bekanntmachung der Kommission v. 19.7.2016, ABl. 2016 C 262/28 Rn. 125.

519 Bekanntmachung der Kommission v. 19.7.2016, ABl. 2016 C 262/28 Rn. 126 f.

520 Bekanntmachung der Kommission v. 19.7.2016, ABl. 2016 C 262/28 Rn. 126 ff; siehe auch EuGH v. 11.9.2011 – C-29/08 P, ECLI: EU: C:2011:551, Rn. 62; v. 8.11.2001 – C-143/99, ECLI: EU: C:2001:598; *Rosenberg*, Das beihilferechtliche Durchführungsverbot im Steuerverfahren, S. 65; Blumenberg/*Kring*, IFSt-Schrift Nr. 473, S. 15; *Englisch*, in: Schaumburg/Englisch, Europäisches Steuerrecht, Rn. 9.16; *Ismer/Piotrowski*, IStR 2015, 257, 259; *Ismer/Karch*, IStR 2014, 130, 132; *Bartosch*, EuZW 2010, 12, 12.

einer Abweichung vom Bezugssystem ist die Maßnahme prima facie selektiv. Eine selektive Abweichung kann jedoch durch die Natur oder den allgemeinen Aufbau des Systems (Systemimmanenz) gerechtfertigt sein. Daher ist in einem dritten Schritt die Rechtfertigung der Abweichung zu prüfen.[521]

Die Selektivität ist in der Regel zu bejahen, wenn Verwaltungen über ein derart weites Ermessen verfügen, dass sie je nach Unternehmen oder Produktionszweig unterschiedliche steuerliche Modalitäten anwenden können.[522] Hierbei bedarf es auch keiner Prüfung, ob die Maßnahme willkürlich war.[523]

### (1) Begriff des Unternehmens

Das Beihilferecht findet nur Anwendung, wenn es sich bei dem Begünstigten der Maßnahme um ein privates oder öffentliches Unternehmen handelt, dieses Unternehmen einer wirtschaftlichen Tätigkeit nachgeht und in Fällen von öffentlichen Unternehmen dabei nicht hoheitliche Befugnisse ausübt.[524] Nach Auffassung der Kommission und der Rechtsprechung des EuGH ist ein Unternehmen eine Einheit, die eine wirtschaftliche Tätigkeit ausübt, ungeachtet der Art ihrer Finanzierung oder ihrer Rechtsform.[525] Eine Gewinnerzielungsabsicht oder ein Erwerbszweck sind nicht erforderlich.[526] Es kommt lediglich auf die Tätigkeit am Markt an und daher insbesondere darauf, ob für die Tätigkeit des

521 Bekanntmachung der Kommission v. 19.7.2016, ABl. 2016 C 262/28 Rn. 128; EuGH v. 7.2.1974 - 173/73, ECLI: EU: C:1974:71.

522 Mitteilung der Kommission v. 10.12.1998, ABL. C 384/3 Rn. 24; die Kommission spricht in diesem Zusammenhang zum Beispiel von unterschiedlichen Abschreibungszeiträumen und Bewertungsmethoden; siehe auch: EuG v. 6.3.2002 - T-127/99, T-129/99, T-148/99, ECLI: EU: T:2002:59 Rn. 154; siehe auch: *Englisch*, in: Schaumburg/Englisch, Europäisches Steuerrecht, *Jennert/Ellenrieder*, EWS 2011, 305, 307.

523 EuG v. 6.3.2002 - T-127/99, T-129/99, T-148/99, ECLI: EU: T:2002:59 Rn. 154; nach Auffassung des EuG genügt „der Nachweis, dass die zuständigen Behörden über ein Ermessen verfügten, das es ihnen ermöglichte, u. a. den Betrag oder die Anwendungsvoraussetzungen der fraglichen Steuervergünstigung entsprechend den Merkmalen des von ihnen zu beurteilenden Investitionsvorhabens zu ändern."; siehe auch *Bartosch*, in: Bartosch EU-BeihilfenR, Art. 107 AEUV Rn. 128.

524 Bekanntmachung der Kommission v. 19.7.2016, ABl. 2016 C 262/3 f.; 5f.

525 Siehe unter anderem: EuGH v. 19.1.1994 - C-364/92, Slg. 1994 I 43, Rn. 18; v. 12.9.2000 - C-180/98 - C-184/98, Slg. 2000 I 6451, Rn. 74; Bekanntmachung der Kommission v. 19.7.2016, ABl. 2016 C 262/3; *König/Paul*, in: Streinz EUV/AEUV, Art. 107 AEUV Rn. 69.

526 *König/Paul*, in: Streinz EUV/AEUV, Art. 107 AEUV Rn. 69; Bekanntmachung der Kommission v. 19.7.2016, ABl. 2016 C 262/4.

Unternehmens ein Markt besteht.[527] Daher stellt jede Tätigkeit, die im Anbieten von Waren und Dienstleistungen auf einem Markt besteht, eine wirtschaftliche Tätigkeit dar.[528]

### (2) Ermittlung des Bezugssystems der steuerbegünstigenden Maßnahme (Regelbesteuerung)

Zunächst ist das Bezugssystem zu ermitteln und zu definieren.[529] Bei dem Bezugssystem handelt es sich um die Benchmark, anhand derer die Selektivität einer Maßnahme geprüft wird.[530] Es setzt sich aus zusammenhängenden Vorschriften zusammen, die allgemein auf alle Unternehmen Anwendung finden, die in ihren Anwendungsbereich fallen.[531] Bei steuerlichen Maßnahmen setzt sich das Bezugssystem insbesondere aus der Steuerbemessungsgrundlage, den Steuerpflichtigen, dem Steuertatbestand und den Steuersätzen zusammen.[532] Es ist folglich der „Normalfall" der Besteuerung zu ermitteln.[533] Dabei wird die Bestimmung der Normalbesteuerung im Kontext derselben Steuerart vorgenommen.[534] Unterschiedliche Steuerlasten, die sich aus der folgerichtigen Umsetzung des Besteuerungszwecks ergeben, sind nicht selektiv.[535] Nach Auffassung der Kommission ist in Fällen von Steuern das jeweilige Steuerrecht (bspw. das Körperschaftsteuerrecht) das Bezugssystem.[536] Mangels einer Harmonisierung der Steuersysteme ist für jeden Mitgliedstaat gesondert festzustellen, was die Regel und was die Ausnahme darstellt.[537] Dabei müssen die vom nationalen Steuergesetzgeber zugrunde gelegte Systematik und die Souveränität der Mitgliedstaaten in Steuerangelegenheiten ausreichend beachtet werden.[538] Die Problematik der

527 Zum letzteren siehe auch *Koenig/Paul*, in: Streinz EUV/AEUV, Art. 107 AEUV Rn. 69.

528 Bekanntmachung der Kommission v. 19.7.2016, ABl. 2016 C 262/4.

529 *Bartosch*, in: Bartosch EU-BeihilfenR, Art. 107 AEUV Rn. 121.

530 Bekanntmachung der Kommission v. 19.7.2016, ABl. 2016 C 262/28 Rn. 132.

531 Bekanntmachung der Kommission v. 19.7.2016, ABl. 2016 C 262/28 Rn. 134.

532 Bekanntmachung der Kommission v. 19.7.2016, ABl. 2016 C 262/28 Rn. 134; der EuGH hat bspw. entschieden, dass das Körperschaftsteuersystem als Solches als Bezugssystem in Betracht kommt.; EuGH v. 8.9.2011 – C-78/08 bis C-80/08, ECLI: EU: C:2011:550 Rn. 50.

533 *Bartosch*, in: Bartosch EU-BeihilfeR, Art. 107 Rn. 119, 121; *Englisch*, in: Schaumburg/Englisch, Europäisches Steuerrecht, Rn. 9.16; *Ismer/Karch*, IStR 2015, 130, 131.

534 *Englisch*, in: Schaumburg/Englisch, Europäisches Steuerrecht, Rn. 9.17.

535 *Englisch*, in: Schaumburg/Englisch, Europäisches Steuerrecht, Rn. 9.17.

536 Bekanntmachung der Kommission v. 19.7.2016, ABl. 2016 C 262/28 Rn. 134.

537 *Blumenberg/Kring*, IFSt-Schrift Nr. 473, S. 15.

538 *Ismer/Karch*, IStR 2014, 130, 132.

beihilferechtlichen Überprüfung steuerlicher Vergünstigung liegt folglich zuvörderst darin, den europäischen Gedanken des Binnenmarktes mit der Steuersouveränität des Mitgliedstaates in Einklang zu bringen.[539]

Je nachdem, was als Ausnahme und was als Regel verstanden wird, ergeben sich unterschiedliche Ergebnisse.[540] Ein gutes Beispiel für die Bedeutung des Referenzsystems für die Frage nach der Selektivität einer Maßnahme ist das Verfahren um die deutsche Regelung zur Verlustnutzung beim Erwerb von sanierungsbedürftigen Unternehmen.[541] Dabei ging es um die Frage, ob die Sanierungsklausel in § 8c Abs. 1a KStG eine Beihilfe darstellt. Nach § 8c Abs. 1a KStG bleiben Verluste auch bei Beteiligungserwerben über 25 % bzw. 50 % bestehen und können weiter verrechnet werden, wenn der Erwerb zum Zwecke der Sanierung erfolgt. Üblicherweise gehen gemäß § 8c Abs. 1 KStG bei Beteiligungserwerben von mehr als 25 % die Verluste teilweise (bei über 50 % gänzlich) unter. Die Kommission und auch das EuG haben das Referenzsystem darin gesehen, dass der Verlustvortrag nach § 10d EStG und der Verlustuntergang bei Beteiligungserwerben nach § 8c Abs. 1 Satz 1 und 2 KStG die Regelbesteuerung und damit das Bezugssystem darstellen, da auch der Verlustuntergang nach § 8c Abs. 1 Satz 1 und 2 KStG allgemein und für alle Unternehmen gleichermaßen gelte.[542] Hiervon stelle die Sanierungsklausel eine Ausnahme für bestimmte, nämlich sanierungsbedürftige Unternehmen dar.[543] Hätte die Kommission in dem Fall die allgemeine Verlustnutzung im Sinne eines Verlustvortrags nach § 10d EStG als Regelbesteuerung gewählt und die Sanierungsklausel als Rückausnahme angesehen, wäre die Beurteilung sicher anders ausgefallen.[544] Diesen kleinräumig induktiven Ansatz bei der Bestimmung des Referenzrahmens respektive der Regelbesteuerung verfolgte der EuGH in der Rechtssache P Oy, die eine ähnliche Regelung wie die deutsche Sanierungsklausel zum Inhalt hatte.

---

539 *Ismer/Karch*, IStR 2014, 130, 136.

540 *Blumenberg/Kring*, IFSt-Schrift Nr. 473, S. 15; *Ismer/Piotrowski*, IStR 2015, 257, 260. *Ismer/Karch*, IStR 2014, 130, 132.

541 Beschluss der Kommission v. 26.2011 – C 7/2010.

542 EuG v. 4.2.2016 – T-620/11, ECLI: EU: T2016:59, Rn. 112; Beschluss der Kommission v. 26.2011 – C 7/2010 Rn. 66 ff.

543 EuG v. 4.2.2016 – T-620/11, ECLI: EU: T2016:59, Rn. 112; Beschluss der Kommission v. 26.2011 – C 7/2010 Rn. 66 ff, kritisch zur Bestimmung des Referenzrahmens im Fall der Sanierungsklausel: *Schnitger*, IStR 2017, 421, 424; *Blumenberg/Haisch*, FR 2012, 12, 15; *Druen*, DStR 2011, 289, 291; *Ehrmann*, DStR 2011, 5, 7; *Marquart*, IStR 2011, 445, 448 ff.

544 So auch *Holtmann*, EWS 2016, 61, 64.

Auch dort ging es um die Frage, ob der Referenzrahmen die allgemein mögliche Verlustnutzung oder die Verlustbeschränkung in Fällen des Wechsels des Anteilseigners sei.[545] An diesen beiden Verfahren wird deutlich, dass durch die Bestimmung des Referenzrahmens je nachdem, ob ein global-deduktiver Ansatz oder ein kleinräumig-induktiver Ansatz verfolgt wird, die Selektivität einer Maßnahme unterschiedlich beurteilt werden kann.[546] Im Fall der Sanierungsklausel hat der EuGH anders als die Kommission und der EuG dann doch die Verlustnutzung als Regelsystem und den Verlustuntergang nach § 8c KStG als Ausnahme von diesem System erkannt und die Entscheidung der Kommission für nichtig erklärt.[547] Damit hat der EuGH richtigerweise das Referenzsystem als die Besteuerung bestimmt, die sich ergibt, wenn die Tatbestandsmerkmale, an die das Gesetz die Steuerpflicht knüpft, erfüllt sind. Das Besteuerungssystem ist demnach die Regelbesteuerung ohne etwaige Ausnahmen.[548]

Die Entscheidung des EuGH ist zu begrüßen. Nach der systemwidrigen Festlegung des Referenzsystems durch die Kommission und dem EuG hat der EuGH nun die tatsächliche Regelbesteuerung als Referenzsystem erkannt, nämlich die Verlustnutzung als Ausdruck des Leistungsfähigkeitsprinzips. Er hat richtigerweise erkannt, dass der Verlustuntergang von diesem Prinzip eine Ausnahme und die erneute Verlustnutzung aufgrund der Sanierungsklausel wiederum eine Rückausnahme zum Regelprinzip darstellt.

#### (3) Feststellung einer Abweichung der Maßnahme von diesem Bezugssystem

Wurde das Bezugssystem ermittelt, ist sodann zu prüfen, ob die gegenständliche Maßnahme eine Abweichung von diesem System darstellt. Dies ist dann zu bejahen, wenn die Maßnahme geeignet ist, bestimmte Unternehmen oder Produktionszweige gegenüber anderen Unternehmen, deren Sach- und Rechtslage diesen ähnelt, zu begünstigen.[549] Dabei ist das dem System immanente Ziel zu berücksichtigen. Nicht berücksichtigt werden externe Motive, wie regional-,

545 EuGH v. 18.7.2013 – C-6/12, ECLI: EU: C:2013:525.

546 Siehe auch: *Ismer/Piotrowski*, IStR 2015, 257, 261; *Ismer/Karch*, IStR 2014, 130, 132 ff.; *Brandau/Neckenich/Reich/Reimer*, BB 2017, 1175, 1177.

547 EuGH v. 28.6.2018 – C-203/16 P, ECLI: EU: C:2018:505 Rn. 101 ff.

548 So auch noch vor der Entscheidung des EuGH zur Sanierungsklausel: GA Jääskinen, SchlA v. 7.4.2011 – C-106/09 P, C-107/07 P, ECLI: EU: C:2011:215 Rn. 163 ff.; *Blumenberg/Kring*, IFSt-Schrift Nr. 473, S. 15; in diese Richtung gehen auch *Ismer/Karch*, IStR 2014, 130, 134.

549 Bekanntmachung der Kommission v. 19.7.2016, ABl. 2016 C 262/28 Rn. 135.

umwelt- oder industriepolitische Ziele.[550] Weicht die Maßnahme vom Bezugssystem ab, begünstigt sie bestimmte Unternehmen im Vergleich zu anderen und ist prima facie selektiv.[551] Liegt eine Abweichung vor, kann die Selektivität nicht bereits damit verneint werden, dass die Maßnahme einer großen Zahl von Unternehmen oder Wirtschaftszweigen gewährt wird.[552] Teilweise wird vertreten, in diesem Prüfungspunkt „Abweichung" bereits die Natur und den inneren Aufbau des Systems zu prüfen und damit diesen Prüfungsschritt aus der Rechtfertigungs- in die Tatbestandsebene vorzuziehen.[553] Da die Prüfung einer Abweichung eine Prüfung einer Abweichung von Belastungsgrundprinzipien[554] darstellt, ist eine Prüfung der Systemimmanenz in der Abweichung durchaus nachvollziehbar. Die Frage, ob eine Abweichung auf den Grund- und Leitprinzipien beruht und damit nach dem derzeitigen Prüfungsaufbau des EuGH gerechtfertigt wäre, kann auch bei der Frage der Abweichung vom Referenzsystem beantwortet werden, zumal die Festlegung des Referenzsystems und die Frage der Rechtfertigung durch Systemimmanenz nahe beieinander liegen. Im Folgenden soll jedoch dem Aufbau des EuGH gefolgt werden.

#### (4) Rechtfertigungsgründe durch die Natur oder den inneren Aufbau des Bezugssystems

Das Spannungsverhältnis zwischen der Souveränität der Mitgliedstaaten insbesondere im Hinblick auf die Regelung des Ertragssteuerrechts und der beihilferechtlichen Kompetenzen der Kommission[555] wird in der Rechtsprechung und der Praxis der Kommission dadurch gelöst, dass zwischen systemimmanenten Vergünstigungen[556], welche durch die Natur oder den inneren Aufbau des Steuersystems gerechtfertigt sind und Vergünstigungen, die systemfremd

---

550 Bekanntmachung der Kommission v. 19.7.2016, ABl. 2016 C 262/28 Rn. 135.

551 Bekanntmachung der Kommission v. 19.7.2016, ABl. 2016 C 262/28 Rn. 137; *Bartosch*, in: Bartosch EU-BeihilfenR, Art. 107 Rn. 123.

552 *Englisch*, in: Schaumburg/Englisch, Europäisches Steuerrecht, Rn. 9.18.

553 Siehe dazu: *Jennert/Ellenrieder*, EWS 2011, 305, 308.

554 So *Englisch*, Europäisches Steuerrecht, Rn. 9.18.

555 Siehe zu diesem Spannungsverhältnis unter anderem: *Englisch*, in: Schaumburg/Englisch, Europäisches Steuerrecht, Rn. 9.14; *Bartosch*, in: Bartosch EU-BeihilfenR, Art. 107 AEUV Rn. 87.

556 *Bartosch* weist darauf hin, dass die Verortung der Prüfung der Systemimmanenz nicht unbestritten ist. Teile der Literatur prüfen diese bereits bei der Frage, ob ein Vorteil bzw. eine Begünstigung vorliegt. Siehe dazu: *Bartosch*, in: Bartosch EU-BeihilfenR, Art. 107 AEUV Rn. 87.

sind, unterschieden wird.[557] Beruht die Abweichung unmittelbar auf den Grund- und Leitprinzipien des Steuersystems, liegt keine Selektivität vor. Dies trägt der Steuersouveränität der Mitgliedstaaten Rechnung.[558] Im Fall der Sanierungsklausel beispielsweise hat der EuGH richtigerweise, jedoch ohne darauf einzugehen, erkannt, dass das Leistungsfähigkeitsprinzip und, als dessen Ausformung, die Verlustnutzung das Regelsystem darstellt und daher keine selektive Abweichung vorlag.[559] Spätestens in der Rechtfertigung hätte er jedoch erkennen müssen, dass die Verlustnutzung im Sanierungsfall durch die Grund- und Leitprinzipien des Steuerrechts gerechtfertigt ist. Dies folgt unmittelbar aus dem objektiven Nettoprinzip und dem Grundsatz der Besteuerung der wirtschaftlichen Leistungsfähigkeit.

In der Rechtfertigung ist also zu prüfen, ob die Abweichung vom Bezugssystem durch die Natur oder den inneren Aufbau des Systems gerechtfertigt ist. Die Maßnahme muss unmittelbar auf den Grund- und Leitprinzipien des Bezugssystems beruhen oder sich aus systemimmanenten Mechanismen ergeben, die für das Funktionieren und die Wirksamkeit des Systems erforderlich sind.[560] Eine unterschiedliche Behandlung von Wirtschaftsteilnehmern ist daher nicht in allen Fällen eine Beihilfe. Der Mitgliedstaat muss aber einen Nachweis für die Rechtfertigung der von ihm vorgenommen Differenzierungen bringen.[561] Eine unterschiedliche Behandlung von Unternehmen in einem Mitgliedstaat ist daher möglich, wenn diese Ungleichbehandlung gerechtfertigt werden kann.[562]

Als taugliche Rechtfertigungsgründe nennt die Kommission unter anderem die Bekämpfung von Steuerhinterziehung, die Handhabbarkeit der Verwaltung, die Einkommensteuerprogression und ihre Umverteilungslogik oder das Ziel der bestmöglichen Steuereinziehung.[563] Ferner können Maßnahmen durch objektive Unterschiede zwischen den Steuerpflichtigen gerechtfertigt sein.[564]

---

557 EuGH v. 2.7.1974 – C-173/173, Slg. 1974, 709 Rn. 33; v. 17.6.1999 – C-75/97, Slg. 1999, I 3671 Rn. 33; v. 29.2004 – C-308/01, Slg. 2004, I 4777 Rn. 72; v. 15.12.2005 – C-148/04, Slg. 2005, I 11137 R. 51; Mitteilung der Kommission v. 10.12.1998, ABL. C 384/3 Rn. 23; *Bartosch*, in: Bartosch EU-BeihilfenR, Art. 107 AEUV Rn. 87.

558 *Ismer/Piotrowski*, IStR 2015, 257, 259; *Ismer/Karch*, IStR 2014, 130, 132.

559 EuGH v. 28.6.2018 – C-203/16 P, ECLI: EU: C:2018:505 Rn. 101 ff.

560 *König*/Paul, in: Streinz EUV/AUEV, Art. 107 AEUV Rn. 83; EuGH v. 8.9.2011 – C-78/08 bis C-80/08, ECLI: EU: C:2011:550, Rn. 69.

561 EuGH v. 29.4.2004 – C-159/01, ECLI: EU: C:2004:246 Rn. 46; Mitteilung der Kommission v. 10.12.1998, ABL. C 384/3 Rn. 23.

562 *Blumenberg/Kring*, IFSt-Schrift Nr. 473, S. 18.

563 Bekanntmachung der Kommission v. 19.7.2016, ABl. 2016 C 262/28 Rn. 139.

564 Mitteilung der Kommission v. 10.12.1998, ABl. 1998 C 384/3 Rn. 24.

Für das Steuerrecht bedeutet dies, zwischen den externen Zielen, die mit einer bestimmten Steuerregelung verfolgt werden, und dem eigentlichen Zweck des Steuerrechts, der Erzielung von Einnahmen für den Staatshaushalt, zu unterscheiden.[565] Dabei ist jedoch zu beachten, dass den Mitgliedstaaten im Hinblick auf die Regelung des Steuersystems ein weiter Spielraum zusteht und die Mitgliedstaaten im Bereich der direkten Steuern Souveränität genießen.[566] Für die Frage, ob eine steuerliche Maßnahme durch die Natur und den Aufbau des Steuersystems gerechtfertigt ist, sollte entscheidend sein, dass das mit der Maßnahme verfolgte Ziel aus beihilferechtlicher Sicht legitim ist und die Maßnahme eine systemlogische Umsetzung dieses Ziels ist.[567]

In einem ersten Schritt ist demnach zu prüfen, ob das der Maßnahme zugrunde gelegte Ziel beihilferechtlich legitim ist. Dabei ist zu beachten, dass die Mitgliedstaaten im Bereich der direkten Steuern Souveränität genießen und die Kommission nur beschränkte Harmonisierungskompetenzen im Rahmen der Art. 116 f. AEUV zukommen.[568] Steuerliche Maßnahmen haben zudem regelmäßig wettbewerbsverzerrende Wirkungen, die jedoch durch eine legitime Zielsetzung gerechtfertigt sein können.[569] So können beispielsweise umweltpolitische Ziele eine selektive Maßnahme durchaus rechtfertigen, soweit daneben nicht auf andere, wettbewerbsrelevante Ziele abgestellt wird.[570] Fraglich in diesem Zusammenhang ist, ob auch bloße wettbewerbsrelevante Wirkungen eine Rechtfertigung ausschließen können. Verfolgt der Mitgliedstaat zwar legitime Ziele, übersieht jedoch wettbewerbsrelevante Wirkungen, könnte dadurch die Rechtfertigung gefährdet sein. Nach Auffassung von *Bartosch* würde dies zwar der üblichen Gleichstellung von Zielen und Wirkungen entsprechen, jedoch

---

565 Mitteilung der Kommission v. 10.12.1998, ABl. 1998 C 384/3 Rn. 34; kritisch dazu: *Bartosch*, EuZW 2010, 12, 14.

566 *Bartosch,* in: Bartosch BeihilfeR, Art. 107 AEUV Rn. 130.

567 *Bartosch,* in: Bartosch EU-BeihilfenR, Art. 107 AEUV Rn. 131, mit Verweis auf Entscheidungen des EuG und des EuGH, in denen sowohl EuG als auch EUGH umweltpolitische Ziele in der Rechtfertigungsprüfung einbezogen haben.; EuGH v. 22.12.2008 – C-487/06 P, ECLI: EU: C:2008:757, Rn. 81 ff.; EuG v. 7.3.2012 – T-210/02 RENV, ECLI-EU: T:2012:110 Rn. 68.

568 *Bartosch,* in: Bartosch EU-BeihilfenR, Art. 107 AEUV Rn. 132.

569 So ausdrücklich GA Geelhoed, SchlA v. 18.9.2003 – C-308/01, ECLI: EU: C:2003:481 Rn. 68; *Bartosch,* in: Bartosch EU-BeihilfenR, Art. 107 AEUV Rn. 132.

570 EuGH v. 8.11.2001 – C-143/99, ECLI: EU: C:2001:598 Rn: 49ff.; v. 22.12.2008 – C-487/06 P, ECLI: EU: C:2008:757, Rn. 81 ff.; EUG v. 7.3.2012 – T-210/02 RENV, ECLI-EU: T:2012:110 Rn. 68; *Bartosch,* in: Bartosch EU-BeihilfenR, Art. 107 AEUV Rn. 132.

würde die Prüfung der Rechtfertigung ad absurdum geführt, müsste vorab jede denkbare Wirkung antizipiert werden und nicht mit Sicherheit ausgeschlossen werden, dass legitime Ziele sich nicht zumindest indirekt auf den Wettbewerb auswirken.[571]

Nach Auffassung der Kommission mangelt es zumindest in den Fällen an einem legitimen Ziel, in denen die Steuervergünstigungen entsprechend der Ratsentschließung vom 1.12.1997 über einen Verhaltenskodex für die Unternehmensbesteuerung[572] als schädliche Maßnahmen eingestuft wurden.[573]

Ist das mit der Maßnahme verfolgte Ziel legitim im beihilferechtlichen Sinne, ist zu prüfen, ob dieses Ziel auch systemlogisch umgesetzt wurde. Ergeben sich bestimmte Vergünstigungen aus den steuerlichen Grundsätzen der Leistungsfähigkeit und Gleichbehandlung, ist die Vergünstigung in der Regel systemimmanent.[574] Etwas anderes gilt, wenn mit der Maßnahme allgemeine wirtschaftspolitische Ziele, wie die Bekämpfung der Arbeitslosigkeit oder die Förderung der wirtschaftlichen Attraktivität eines Standortes, verfolgt werden.[575] Ist die begünstigende Maßnahme bspw. auf Unternehmen bestimmter Größenordnungen (bspw. kleine und mittelständische Unternehmen oder multinationale Konzerne) oder bestimmte Arten von Transaktionen[576] beschränkt, ist eine Systemimmanenz zu verneinen.[577]

---

571 *Bartosch,* in: Bartosch EU-BeihilfenR, Art. 107 AEUV Rn. 132; so wohl auch GA Geelhoed, SchlA v. 18.9.2003 – C-308/01, ECLI: EU: C:2003:481 Rn. 73; im Ergebnis auch *Englisch,* in: Schaumburg/Englisch

572 Ratsentschließung v. 1.12.1997 über einen Verhaltenskodex für die Unternehmensbesteuerung, Abl. 1998 C 2/ Anhang 1.

573 Kommission v. 17.2.2003, ABl. 2003 L 282/42 Rn. 107 ff.; v. 16.10.2002, Abl. 2003 L 170/20 Rn. 53 ff.; v. 17.2.2003, ABl. 2003 L 180/52 Rn. 86 ff.; v. 19.7.2006, ABl. 2006 L 366/47 Rn. 72 ff.; in diesen Fällen ging es zuvördest um Steuervergünstigungen für multinationale Unternehmen, die Praktiken der Mitgliedstaaten widersprachen dabei dem Verhaltenskodex des Rates für die Unternehmensbesteuerung; Ratsentschließung v. 1.12.1997 über einen Verhaltenskodex für die Unternehmensbesteuerung, Abl. 1998 C 2/ Anhang 1; im weiteren Verlauf wird zu untersuchen sein, welche Ziele die Kommission in den „Tax-Ruling"-Verfahren als legitim erachtet hat.

574 EuG v. 6.3.2002 – T-127/99, T-129/99, T-148/99, ECLI: EU: T:2002:59 Rn. 167; *Bartosch,* in: Bartosch EU-BeihilfenR, Art. 107 AEUV Rn.

575 EuG v. 6.3.2002 – T-127/99, T-129/99, T-148/99, ECLI: EU: T:2002:59 Rn. 167; *Bartosch,* in: Bartosch EU-BeihilfenR, Art. 107 AEUV Rn. 133.

576 *Englisch,* in: Schaumburg/Englisch, Europäisches Steuerrecht, Rn. 9.18.

577 EuG v. 6.3.2002 – T-127/99, T-129/99, T-148/99, ECLI: EU: T:2002:59 Rn. 166; EUG v. 6.3.2002 – T-92/00, T-103/00, ECLI: EU: T:2002:61 Rn. 61; *Bartosch,* in: Bartosch EU-BeihilfenR, Art. 107 AEUV Rn. 133.

*Englisch* vertritt zudem, dass es bei der Prüfung des selektiven Charakters einer Steuervergünstigung an der rechtsdogmatischen Stringenz fehle.[578] Ein beihilferechtlicher Vorteil könne nur dann vorliegen, wenn die Vergünstigung im Hinblick auf das Ziel der Belastung eine nicht folgerichtige Konkretisierung des Leitprinzips darstelle.[579]

Diese Auffassung überzeugt. Entscheidet sich der Mitgliedstaat für Leitprinzipien, an denen er einzelne Steuervergünstigungen anlegt und diese im Hinblick auf das Prinzip folgerichtig umsetzt[580], kann darin kein selektiver Vorteil gesehen werden. Anderenfalls würde dadurch die Steuerhoheit und -souveränität der Mitgliedstaaten in Frage gestellt.[581] Steuerliche Vergünstigungen haben meist nicht nur den Zweck der Einnahmeerzielung, sondern verfolgen andere, nicht fiskalische Ziele. Die Mitgliedstaaten sind dadurch gezwungen, ein folgerichtig ausgestaltetes Steuersystem zu entwickeln.[582] In diese Richtung geht auch die jüngste Entscheidung des EuGH zur Sanierungsklausel nach § 8c Abs. 1a KStG.[583] In dieser hat der EuGH, zumindest im Ergebnis, die Grund- und Leitprinzipien herausgearbeitet und die Verlustnutzung im Fall der Sanierung als folgerichtige Umsetzung derer erkannt.

### (5) Sonderproblem: De-Facto-Selektivität

Handelt es sich bei der zu prüfenden Maßnahme um eine Beihilferegelung und nicht um eine Einzelbeihilfe, hat die Kommission darzulegen, dass diese Regelung nur bestimmte Unternehmen oder Branchen begünstigt.[584] Allein der Umstand jedoch, dass die Maßnahme an bestimmte Voraussetzungen geknüpft ist und damit nur die Steuerpflichtigen, die diese Voraussetzungen erfüllen, die Maßnahme in Anspruch nehmen können, führt noch nicht zu deren Selektivität.[585]

---

578 *Englisch*, in: Schaumburg/Englisch, Europäisches Steuerrecht, Rn. 9.28.

579 *Englisch*, in: Schaumburg/Englisch, Europäisches Steuerrecht, Rn. 9.28.

580 Damit auch bei Lenkungssteuern das Lenkungsziel, *Englisch*, in: Schaumburg/Englisch, Europäisches Steuerrecht, Rn. 9.28.

581 So auch *Englisch*, in: Schaumburg/Englisch, Europäisches Steuerrecht, Rn. 9.28.

582 So auch *Blumenberg*, IFSt-Schrift Nr. 516, S. 25.

583 EuGH v. 28.6.2018 – C-203/16 P, ECLI: EU: C:2018:505 Rn. 101 ff.

584 Siehe dazu unter anderem: EuGH v. 30.6.2016- C-270/15 P, ECLI: EU: C:2016:489 Rn. 49 f.; v. 21.12.2016 – C-20/15 P, C-21/15 P, ECLI: EU: C:2016:981 Rn. 55.

585 EuGH v. 29.3.2012 – C-417/10, ECLI: EU: C:2012:184 Rn. 42; v. 21.12.2016 – C-20/15 P, C-21/15 P, ECLI: EU: C:2016:981 Rn. 59.

Im „Gibraltar-Urteil"[586] hatte der EuGH zu entscheiden, ob eine Beihilferegelung, die allgemein ausgestaltet war, aber faktisch nur bestimmten (Off-Shore-) Unternehmen einen Vorteil verschaffte, selektiv und damit eine Beihilfe sei. Der EuGH hat entgegen der Vorinstanz geurteilt, dass in diesem Fall eine selektive Maßnahme vorlag, da die Steuerregelungen zwar allgemein gehalten waren, jedoch darauf abzielten, nur bestimmten, ausländischen Gesellschaften Vorteile zu verschaffen.[587] Die De-Facto-Selektivität kommt folglich in solchen Fällen zum tragen, in denen keine Abweichung vom Referenzrahmen festgestellt werden kann, die Maßnahme aber dennoch faktisch bestimmte Wirtschaftsteilnehmer bevorzugt.[588]

Ein weiteres Beispiel für die Bestimmung einer abgeschlossenen Gruppe von Begünstigten ist die Entscheidung des EuG zur deutschen Sanierungsklausel. Dort wird erkennbar, dass die Gruppierung von Unternehmen bisweilen sehr weit gehandhabt wurde. Bei der Entscheidung zur Sanierungsklausel wurde als bestimmte Gruppe alle Unternehmen angesehen, die sanierungsbedürftig waren.[589]

Dieser Bestimmung eines begünstigten Kreises von Unternehmen oder Produktionszweigen bedarf es nach neuerer Rechtsprechung des EuGH jedoch dann nicht, wenn die Maßnahme eine tatbestandliche Differenzierung vornimmt.[590] In dem Fall ging es um eine spanische Steuerregelung, die Unternehmen im Falle eines Erwerbs einer ausländischen Kapitalgesellschaft eine Abschreibung auf den Geschäfts- oder Firmenwert ermöglichte. Beim Erwerb einer inländischen Kapitalgesellschaft bestand diese Möglichkeit jedoch nicht.[591] Aus diesem Grund hat die Kommission die Regelung als selektive Maßnahme i.S.d. Art. 107 Abs. 1 AEUV eingestuft.[592] In der ersten Instanz entschied das EuG, dass diese Maßnahme nicht selektiv und damit keine Beihilfe i.S.d. Art. 107 Abs. 1 AEUV sei, da die Regelung grundsätzlich jedem Unternehmen, welches die Voraussetzungen der Regelung erfülle, offenstehe.[593] Die Tatsache, dass die begünstigende

586 EuGH v. 15.11.2011 – C-106/09, ECLI: EU: C:2011:732.

587 EuGH v. 15.11.2011 – C-106/09, ECLI: EU: C:2011:732 Rn. 93; siehe dazu auch: *Bartosch*, EuZW 2017, 756, 757.

588 *Ismer/Piotrowski*, IStR 2015, 257, 260; *Schnitger*, IStR 2017, 421, 424.

589 EuG v. 4.2.2016 – T-620/11, ECLI: EU: T:2016:59 Rn. 140; v. 4.2.2016 – T-287/11, ECLI: EU: T:2016:60 Rn. 130.

590 EuGH v. 21.12.2016 – C-20/15 P, C-21/15 P, ECLI: EU: C:2016:981.

591 Entscheidung der Kommission v. 28.10.2009, ABl. 2011 L 7/48.

592 Entscheidung der Kommission v. 28.10.2009, ABl. 2011 L 7/48.

593 EuG v. 7.11.2014 – T-219/10, ECLI: EU: T:2014:939 Rn. 44 ff.; v. 7.11.2014 – T-399/11, ECLI: EU: T:2014:938 Rn. 48 ff.

Regelung an bestimmte Voraussetzungen geknüpft ist, begründete nach (vorinstanzlicher) Auffassung des EuG keinen selektiven Charakter der Regelung, wenn die begünstigten Unternehmen keine Eigenarten aufweisen, die sie von anderen Unternehmen unterscheiden.[594] Der EuGH hingegen stellte schließlich fest, dass eine Selektivität dann zu bejahen ist, wenn eine Steuerregelung von der normalen Besteuerung abweicht und damit eine unterschiedliche Behandlung von Wirtschaftsteilnehmern bewirkt, obwohl sich die begünstigten und die von der Begünstigung ausgenommenen Unternehmen hinsichtlich des mit der allgemeinen Besteuerung verfolgten Ziels in einer vergleichbaren rechtlichen und tatsächlichen Situation befinden.[595]

Der Umstand allein, dass eine Begünstigung an tatbestandliche Voraussetzungen geknüpft ist und damit nur diejenigen Unternehmen die Begünstigung in Anspruch nehmen können, die diese Voraussetzung erfüllen, führt nach Auffassung des EuGH zwar nicht automatisch dazu, dass diese Maßnahme materiell selektiv wirke.[596] Jedoch lasse sich der bisherigen Rechtsprechung nicht entnehmen, dass der Wortlaut des Art. 107 Abs. 1 AEUV dahingehend auszulegen sei, dass eine abgeschlossene Gruppe von Begünstigten bestimmt werden müsse.[597]

Nach Auffassung des EuGH verlangt das Merkmal der Selektivität daher nicht in allen Fällen die Ermittlung einer bestimmten Gruppe von Unternehmen, die im Gegensatz zu anderen von der Maßnahme begünstigt wird.[598] Es komme vielmehr darauf an, dass die Maßnahme die Wirkung hat, die begünstigten Unternehmen im Vergleich zu anderen Unternehmen, die im Hinblick auf das verfolgte Ziel in einer vergleichbaren Lage befinden, zu begünstigen.[599]

Dies führt im Ergebnis dazu, dass die Prüfung der Selektivität sich einer Gleichheitsprüfung annähert.[600] Es ist dabei zu prüfen, ob die Maßnahme diskriminierend wirkt[601], wobei der Prüfung der Vergleichbarkeit der Unternehmen eine

---

594 EuG v. 7.11.2014 – T-399/11, ECLI: EU: T:2014:938 Rn. 72 ff.

595 EuGH v. 21.12.2016 – C-20/15 P, C-21/15 P, ECLI: EU: C:2016:981 Rn. 54.

596 EuGH v. 21.12.2016 – C-20/15 P, C-21/15 P, ECLI: EU: C:2016:981 Rn. 59.

597 EuGH v. 21.12.2016 – C-20/15 P, C-21/15 P, ECLI: EU: C:2016:981 Rn. 71 f. unter ausdrücklichem Bezug auf das „Gibraltar-Urteil“; EuGH v. 15.11.2011 – C-106/09, ECLI: EU: C:2011:732.

598 EuGH v. 21.12.2016 – C-20/15 P, C-21/15 P, ECLI: EU: C:2016:981 Rn. 78.

599 EuGH v. 21.12.2016 – C-20/15 P, C-21/15 P, ECLI: EU: C:2016:981 Rn. 79.

600 So auch *Blumenberg*, IFSt-Schrift Nr. 516, S. 29 f.; *Eisendle*, ISR 2017, 50, 52; a.A. *Englisch*, in: Schaumburg/Englisch, Europäisches Steuerrecht, Rn. 9.32.

601 EuGH v. 21.12.2016 – C-20/15 P, C-21/15 P, ECLI: EU: C:2016:981 Rn. 93 f.

größere Bedeutung zukommt.[602] Damit hat der EuGH das Merkmal der Selektivität sehr weit interpretiert.[603] Unterscheidet die Maßnahme auf tatbestandlicher Ebene, ist der Hauptaugenmerk auf die Vergleichbarkeit der Unternehmen zu legen.[604] Es ist daher bei Maßnahmen, die tatbestandlich differenzieren, die Frage zu beantworten, ob Unternehmen, die sich in einer vergleichbaren Lage befinden, unterschiedlich behandelt werden.[605] Daraus könnte man schließen, dass jedwede Steuervergünstigung, die an bestimmte Voraussetzungen geknüpft ist, selektiv wirken könne, wenn eine Bestimmung einer Gruppe von begünstigten Unternehmen nicht erforderlich ist. Jedoch müssen die Unternehmen dennoch vergleichbar sein, wodurch der Anwendungsbereich des Art. 107 AEUV wiederum eingegrenzt wird.[606]

Ob diese Rechtsprechung sich auf die Verfahren zu den „Tax Rulings" auswirkt, wird zu prüfen sein. Diese Fälle unterscheiden sich jedoch von den genannten in der Weise, dass es sich bei den Tax Rulings nicht um Beihilferegelungen, sondern um Einzelentscheidungen der Finanzbehörden handelt, die prima facie selektiv sind.[607]

### 3. *Folgen der Qualifizierung als Beihilfe*

Wird von der Kommission die Unvereinbarkeit einer Maßnahme mit dem Binnenmarkt festgestellt, fordert sie den betreffenden Mitgliedstaat auf, die Beihilfe zurückzufordern. Schuldner der Rückforderungsverpflichtung ist der Beihilfeempfänger.[608] Ziel der Rückforderung ist keineswegs eine Bestrafung[609] sondern die Wiederherstellung des unionsrechtskonformen Zustands.[610] Ist die Beihilfe steuerlicher Art, ist die Differenz der tatsächlich gezahlten Steuer und der nach den allgemeinen Regeln zu zahlenden Steuer zuzüglich Zinsen zurückzufordern.[611]

---

602 So auch: *Blumenberg*, IFSt-Schrift Nr. 516, S. 29 f.; a.A. *Englisch*, in: Schaumburg/Englisch, Europäisches Steuerrecht, Rn. 9.32.

603 So auch *Blumenberg*, IFSt-Schrift Nr. 516, S. 29 f.; *Eisendle*, ISR 2017, 50, 52 ff.

604 *Schnitger*, IStR 2017, 77, 86.

605 So auch *Blumenberg*, IFSt-Schrift Nr. 516, S. 30; *Schnitger*, IStR 2017, 421, 424; *Soltész*, EuZW 2017, 51, 55.

606 So auch *Schnitger*, IStR 2017, 421, 425.

607 *Soltész*, EuZW 2017, 51, 55.

608 *Cremer*, in: Calliess/Ruffert EUV/AEUV, Art. 108 AEUV Rn. 35.

609 *Thiede*, IStR 2017, 51, 53

610 *Linn*, IStR 2008, 601, 603.

611 Mitteilung der Kommission v. 10.12.1998, ABl. 1998 C 384/3 Rn. 35; Art. 16 Abs. 1 und 2 BeihilfeVO.

Die Kommission ist von den Mitgliedstaaten über die betreffenden Unternehmen und die jeweiligen Rückforderungsbeträge binnen zwei Monaten zu informieren. Die Mitgliedstaaten müssen die Rückforderung binnen vier Monaten nach der Entscheidung der Kommission durchsetzen.[612] Da unionsrechtlich keine Verfahrensvorschrift zur Rückforderung von Beihilfen vorgesehen ist,[613] erfolgt die Rückforderung nach den Verfahren des jeweiligen Mitgliedstaates.[614] Zu beachten ist aber, dass wegen des Grundsatzes der effektiven Durchsetzung von Unionsrecht nationale Vorschriften der Durchsetzung der Rückforderung von Beihilfen nicht entgegenstehen dürfen.[615]

Kommt der Mitgliedstaat der Aufforderung nicht nach, kann die Kommission nach Art. 108 Abs. 2 UAbs. 2 AEUV in Abweichung von Art. 258 und 259 AEUV den EuGH unmittelbar anrufen.[616]

Der Rückforderung kann lediglich der Ablauf der zehnjährigen Verjährungsfrist nach Art. 17 Abs. 1 BeihilfeVO oder nach Art. 16 Abs. 2 Satz 2 BeihilfeVO ein Verstoß gegen allgemeine Grundsätze des Unionsrechts entgegengehalten werden. Die Verjährungsfrist beginnt mit dem Tag der Auszahlung der Beihilfe.[617] Zu den allgemeinen Grundsätzen des Unionsrecht zählt zum Beispiel der Vertrauensschutz, soweit durch Unionsorgane ein berechtigtes Vertrauen begründet wurde. Nicht berücksichtigt wird hingegen ein Vertrauen auf Handlungen der Mitgliedstaaten oder ihrer Behörden und Gerichte.[618]

Administrative Schwierigkeiten[619] oder die Bestandskraft von Steuerbescheiden nach nationalem Recht[620] können einer Rückforderung nicht entgegenstehen.

---

612 Bekanntmachung der Kommission v. 15.11.2007, ABl. 2007 C 272/ Rn. 42; siehe auch *Blumenberg/Kringl*, IFSt-Schrift Nr. 473, S. 30; *Thiede*, IStR 2017, 51, 53.

613 *Blumenberg/Kring*, IFSt.Schrift Nr. 473, S. 31.

614 Art. 16 Abs. 3 BeihilfeVO; im allgemeinen deutschen Verfahrensrecht erfolgt die Rückforderung über die §§ 48 ff VwVfG.

615 EuGH v. 5.10.2006 – C-232/05, ECLI: EU: C:2006:651 Rn. 49; v. 12.12.2002 – C-324/00, ECLI: EU: C:2014:2193 Rn. 41; siehe auch zur Unanwendbarkeit von § 169 AO bei der Rückforderung von Beihilfen: BFH v. 30.1.2009 – VII B 180/08, BFHE 224, 372 Rn. 16: siehe auch *Linn*, IStR 2008, 601, 603.

616 Siehe auch: *Blumenberg*, IFSt-Schrift Nr. 516, S. 14.

617 EuGH v. 8.12.2011 – C-81/10 P, ECLI: EU: C:2011:811 Rn. 80.

618 EuGH v. 29.1.1998 – C-280/95, ECLU: EU: C:1998:28 Rn. 23; v. 19.5.1999 – C-6/97, ECLI: EU: C:1999:251 Rn. 32; siehe auch *Blumenberg*, IFSt-Schrift Nr. 516, S. 15.

619 EuGH v. 29.1.1998 – C-280/95, ECLU: EU: C:1998:28 Rn. 23; v. 19.5.1999 – C-6/97, ECLI: EU: C:1999:251 Rn. 32.

620 *Blumenberg/Kring*, IFSt.Schrift Nr. 473, S. 31; *Blumenberg*, in FS Endres, 17, 19; Schnitger, IStR 2017, 421, 427; de *Weerth*, IStR 2010, 172, 172 f.; *de Weerth*, DB 2009, 2677,

Soweit das nationale Verfahrensrecht die Rückforderung behindert, ist es nicht anwendbar.[621] Auch die durch die Rückforderung drohende Insolvenz des Beihilfeempfängers ist kein Hinderungsgrund für die Durchsetzung der Rückforderung.[622]

Nach Auffassung des BFH steht auch die Festsetzungsfrist nach § 169 AO einer Rückforderung nicht entgegen. Grund dafür ist der verfassungsrechtlich nicht zu beanstandende Vorrang des Unionsrechts.[623] Zum allgemeinen Verfahrensrecht hat das Bundesverfassungsgericht festgestellt, dass die Jahresfrist des § 48 Abs. 4 Satz 1 VwVfG im Falle einer unionsrechtswidrigen Beihilfe unangewendet bleibt.[624]

Ein Berufen auf das Vertrauensschutzprinzip ist ebenfalls in den meisten Fällen zur Sicherung des effet utile des Unionsrechts nicht möglich.[625] Hat der Mitgliedstaat eine Notifizierung nach Art. 108 Abs. 3 AEUV unterlassen, kann sich das Unternehmen aufgrund dessen nicht auf den (gemeinschaftsrechtlichen) Vertrauensschutz berufen, da er mangels Notifizierung nicht darauf vertrauen konnte, dass die Maßnahme beihilferechtlich nicht zu beanstanden wäre.[626] Nach Auffassung des BFH ist es dem „sorgfältigen Gewerbetreibenden" möglich, sich zu vergewissern, dass das Notifizierungsverfahren ordnungsgemäß durchgeführt wurde.[627]

### 4. *Besonderheiten für Steuervorbescheide*

Die Kommission hat in ihrer Bekanntmachung vom 19.7.2016[628] die beihilferechtlichen Besonderheiten im Zusammenhang mit Steuervorbescheiden gesondert problematisiert.[629]

---

2678; *Thiede*, IStR 2017, 51, 53; zur Bestandskraft von Steuerbescheiden und der Durchsetzung des Europarechts siehe auch *Jahndorf/Oellerich*, DB 2008, 2559, 2559 ff.

621 EuG v. 28.11.2008 – T-254/00, T-270/00, T-277/00, ECLI: EU: T:2008:537 Rn. 392; siehe auch: *de Weerth*, IStR 2010, 172, 172; *Bode*, FR 2011, 1034, 1037.

622 Siehe unter anderem: EuGH v. 2.7.2002 – C-499/99, ECLI: EU: C:2002:408 Rn. 38 f.; sowie: *Linn*, IStR 2008, 601, 603; *Thiede*, IStR 2017, 51, 53.

623 BFH v. 30.1.2009 – VII B 180/08, BFHE 224, 372 Rn. 16 m.w.N.

624 BVerfG v. 17.2.2000 – 2 BvR 1210/98, NJW 2000, 2015.

625 Siehe auch *Bode*, FR 2011, 1034, 1039; *Brandau/Neckenich/Reich/Reimer*, BB 2017, 1175, 1187.

626 BFH v. 30.1.2009 – VII B 180/08, BFHE 224, 372 Rn. 13 mit Verweis auf die Rechtsprechung des EUGH.

627 BFH v. 30.1.2009 – VII B 180/08, BFHE 224, 372 Rn. 13.

628 Bekanntmachung der Kommission v. 19.7.2016, ABl. 2016 C 262/1.

629 Bekanntmachung der Kommission v. 19.7.2016, ABl. 2016 C 262/36 Rn. 169 ff.

In einem Entwurf der Bekanntmachung der Kommission[630] zum Begriff der Beihilfe aus 2014, hat diese zu Steuerverwaltungsentscheidungen („Administrative Rulings“) vertreten, dass es aus Gründen der Rechtssicherheit notwendig sein kann, im Vorfeld von Dispositionen die steuerlichen Folgen mit dem Steuerpflichtigen abzustimmen und dass dies noch keinen Anlass für die Vermutung einer Beihilfe gebe.[631] Jedoch wirken Vorabentscheidungen dann selektiv wenn folgende Umstände vorliegen:

- Die Steuerverwaltung verfügt bei der Gewährung von Verwaltungsentscheidungen über einen Ermessensspielraum;
- Die Verwaltungsentscheidungen können von anderen Unternehmen in ähnlicher Rechts- und Sachlage nicht in Anspruch genommen werden;
- Die Verwaltung scheint ihren Ermessensspielraum dazu zu nutzen, diesen Steuerpflichtigen im Vergleich zu anderen Steuerpflichtigen in ähnlicher Sach- und Rechtslage bevorzugt zu behandeln;
- Die Verwaltungsentscheidung wurde unter Verstoß gegen die geltenden Steuervorschriften erlassen und hat zu einem niedrigeren Steuerbetrag geführt.[632]

Dass diese „Umstände“ nach Auffassung der Kommission kumulativ vorliegen müssen, ist nicht ersichtlich, es reicht aus, dass eine der genannten Konstellationen einschlägig ist.

In der endgültigen Fassung der Bekanntmachung der Kommission vom 19. Juli 2016 taucht der Begriff „Steuerverwaltungsentscheidung“ nicht mehr auf und weicht dem Begriff der „Steuervorbescheide“, was den Anwendungsbereich einengt.[633] Grund für diese Einengung könnte sein, dass „Steuerverwaltungsentscheidungen“ sowohl Steuervorbescheide (im nationalen Recht insbes. verbindliche Auskünfte, tatsächliche Verständigungen, Zusagen im Nachgang einer Außenprüfung etc.) und auch andere Steuerverwaltungsakte mithin

630 Bekanntmachung der Kommission v. 19.7.2016, ABl. 2016 C 262/1; der Entwurf ist abrufbar unter http://ec.europa.eu/competition/consultations/2014_state_aid_notion/draft_guidance_de.pdf.

631 Entwurf der Bekanntmachung der Kommission zum Begriff der Beihilfe abrufbar unter http://ec.europa.eu/competition/consultations/2014_state_aid_notion/draft_guidance_de.pdf; Rn. 175.

632 Entwurf der Bekanntmachung der Kommission zum Begriff der Beihilfe abrufbar unter http://ec.europa.eu/competition/consultations/2014_state_aid_notion/draft_guidance_de.pdf; Rn. 175.

633 Bekanntmachung der Kommission v. 19.7.2016, ABl. 2016 C 262/1 Rn. 174.

Steuerbescheide respektive -festsetzungen sein können. Unter dem (unionsrechtlichen) Begriff der Steuervorbescheide können im nationalen Recht dem Wortlaut nach nur die genannten subsumiert werden, nicht hingegen Festsetzungen und andere Verwaltungsakte, die im Nachgang der Disposition erlassen werden.

In der endgültigen Fassung der Bekanntmachung der Kommission wird eine Selektivität von Steuervorbescheiden unterstellt, wenn

- das nationale Steuerrecht im Vorbescheid falsch angewendet wird und dies zu einem niedrigeren Steuerbetrag führt;
- Vorbescheide von anderen Unternehmen in ähnlicher Rechts- und Sachlage nicht in Anspruch genommen werden können, oder
- die Verwaltung den Steuerpflichtigen im Vergleich zu anderen Steuerpflichtigen, die sich in ähnlicher Sach- und Rechtslage befinden, steuerlich bevorzugt behandelt.[634]

Im letztgenannten Punkt betont die Kommission, dass eine steuerliche Bevorzugung insbesondere dann vorliege, wenn die gängigen Verrechnungspreismethoden nicht oder nicht korrekt angewendet werden.[635] Die Ausführungen zu den Ermessensentscheidungen sind in der endgültigen Fassung in einem gesonderten Abschnitt zu Steuervergleichen aufgeführt.

Die Kommission sieht den Zweck von Steuervorbescheiden darin, vorab festzulegen, wie das abstrakte Steuerrecht in einem konkreten Einzelfall unter Beachtung der jeweiligen besonderen Fakten und Umstände angewendet wird.[636] Zahlreiche nationale Steuerverwaltungen erlassen aus Gründen der Rechtssicherheit Vorbescheide über die steuerliche Behandlung bestimmter Transaktionen.[637] Die Kommission erkennt damit grundsätzlich das Bedürfnis nach Vorbescheiden zur Erlangung von Rechtssicherheit und Vorhersehbarkeit an, setzt diesen aber eine Grenze bei der Einhaltung der beihilferechtlichen Vorschriften.[638] Wird durch einen Vorbescheid ein Ergebnis festgeschrieben, das

---

634 Bekanntmachung der Kommission v. 19.7.2016, ABl. 2016 C 262/1 Rn. 174.

635 Bekanntmachung der Kommission v. 19.7.2016, ABl. 2016 C 262/1 Rn. 174.

636 Bekanntmachung der Kommission v. 19.7.2016, ABl. 2016 C 262/37 Rn. 169, 170.

637 Bekanntmachung der Kommission v. 19.7.2016, ABl. 2016 C 262/37 Rn. 169, 170.

638 Insbesondere bei der Auslegung bilateraler DBA und nationalen Steuerrechts, sowie die Höhe von Verrechnungspreisen und deren Übereinstimmung mit dem „Arm's Length"-Grundsätzen sind Vorbescheide nach Auffassung der Kommission sinnvoll, um Rechtssicherheit zu schaffen. Bekanntmachung der Kommission v. 19.7.2016, ABl. 2016 C 262/37 Rn. 169, 170.

von der normalen Anwendung des allgemeinen Steuerrechts abweicht, kann dadurch dem Empfänger des Vorbescheids ein selektiver Vorteil gegenüber anderen Unternehmen in dem Mitgliedstaat entstehen.[639] Dies soll dem Mitgliedstaaten aber nicht die Möglichkeit nehmen, den Steuerpflichtigen Rechtssicherheit und Vorhersehbarkeit zu gewährleisten.[640]

Insbesondere in Fällen, in denen das nationale Steuerrecht in einem Vorbescheid falsch angewendet wird und dem steuerpflichtigen Unternehmen dadurch ein Steuervorteil entsteht, ist nach Auffassung der Kommission von einem selektiven Vorteil auszugehen.[641] Ferner auch dann, wenn Vorbescheide von anderen Unternehmen in vergleichbarer Rechts- und Sachlage nicht in Anspruch genommen werden können.[642] Viel Angriffsfläche boten bis dato die Verrechnungspreisabsprachen einiger Mitgliedstaaten mit internationalen Konzernen (bspw. Starbucks und FIAT), die nach Auffassung der Kommission dem Dealing-at-Arm's-Length-Grundsatz (Fremdvergleichsgrundsatz) widersprachen.[643]

Des Weiteren betont die Kommission, dass auch Steuervergleiche einen selektiven Vorteil darstellen können.[644] Dies gelte insbesondere in den Fällen, in denen ohne Rechtfertigungsgründe wie z.B. der Optimierung der Steuerbeitreibung die geschuldeten Steuern gesenkt werden. Steuervergleichsvereinbarung sind nach Auffassung der Kommission Vereinbarungen im Zusammenhang mit Streitigkeiten zwischen Steuerpflichtigen und Steuerverwaltungen über die Höhe der Steuerschuld. Zweck dieser Vergleiche ist die Vermeidung langwieriger Rechtsverfahren vor den nationalen Gerichten.[645]

Selektiv wirken derartige Vergleiche nach Auffassung der Kommission insbesondere dann, wenn der Mitgliedstaat bzw. dessen Verwaltung dem

639 Bekanntmachung der Kommission v. 19.7.2016, ABl. 2016 C 262/37 Rn. 170.

640 Mitteilung der Kommission v. 10.12.1998, ABL. C 384/3 Rn. 22.

641 Bekanntmachung der Kommission v. 19.7.2016, ABl. 2016 C 262/38 Rn. 174.

642 Bekanntmachung der Kommission v. 19.7.2016, ABl. 2016 C 262/38 Rn. 174.

643 Bekanntmachung der Kommission v. 19.7.2016, ABl. 2016 C 262/37, 38 Rn. 173; siehe dazu unter anderem: Beschluss der Kommission v. 21.10.2015 – C(2015) 7143, ABl. 2017 L83/38 – Starbucks; Beschluss der Kommission v. 21.10.2015 – C(2015) 7152, ABl. 2016 L 351/1; Beschluss der Kommission v. 11.1.2016 – C(2015) 9837, ABl. 2016 L 260/61 – Belgien; siehe auch. *Blumenberg*, IFSt-Schrift Nr. 516, S. 60; *Bartosch*, BB 2017, 2199, 2199 f.

644 Bekanntmachung der Kommission v. 19.7.2016, ABl. 2016 C 262/38 Rn. 175.

645 Bekanntmachung der Kommission v. 19.7.2016, ABl. 2016 C 262/38 Rn. 175; sowie: Beschluss der Kommission v. 26.5.2010 – K(2010) 2538, ABl. 2011 L 122/76 – in diesem Verfahren ging es um einen Vergleich über die Höhe der Mehrwertsteuer zwischen Belgien und der Umicore S.A.

Steuerpflichtigen unverhältnismäßige Zugeständnisse macht und den Steuerpflichtigen im Vergleich zu anderen Unternehmen, die sich in einer ähnlichen Sach- und Rechtslage befinden, steuerlich bevorzugt. Diese wirken auch selektiv, wenn der Vergleich gegen Steuervorschriften verstößt und in einem unangemessenen Maße zu einer niedrigeren Steuer geführt hat.[646]

Es ist festzuhalten, dass die Kommission die Notwendigkeit der Vorbescheide im Hinblick auf die Rechtssicherheit und Vorhersehbarkeit grundsätzlich anerkennt. Auch Steuervergleiche lässt sie insoweit zu, als diese der Steuerbeitreibung dienen und sie die Steuerschulden nicht willkürlich verringern oder erlassen. Des Weiteren hat die Kommission in ihrer Mitteilung vom 10. Dezember 1998 festgestellt, dass „administrative rulings", als Verfahren, mit denen ausschließlich allgemeine Vorschriften ausgelegt werden, grundsätzlich keine Beihilfen darstellen. Jedoch führen die Undurchsichtigkeit solcher Verfahren und der Verwaltung eingeräumte Spielräume zu der Vermutung, dass diese selektiv wirken könnten.[647] Wann aber diese „administrative Rulings" zur Auslegung von Steuergesetzen beihilferechtlich unproblematisch sind und wann diese Ermessensentscheidungen mit Begünstigungscharakter darstellen, ist unter Umständen schwierig zu ermitteln.[648]

### 5. *Zwischenergebnis: Mangelnde Vorhersehbarkeit im Beihilferecht*

Im Rahmen der Berliner Steuergespräche zum Thema „verbindliche Auskunft" am 7. November 2016 wurde unter anderem die „wohl fehlende EU-Resistenz verbindlicher Auskünfte" bemängelt.[649] In diesem Zusammenhang wurde vor allem der fehlende Vertrauensschutz hervorgehoben. Die Praxis des Beihilferechts verlangt von einem Unternehmer, dass er eine beihilferechtliche Weitsicht hat, die selbst der Mitgliedstaat vor Ausführen der Maßnahme nicht besaß.[650] Wäre dem Mitgliedstaat die beihilferechtliche Problematik vor der Maßnahme bewusst gewesen, hätte er sicherlich ein Notifzierungsverfahren eingeleitet.[651]

---

646 Beschluss der Kommission v. 26.5.2010 – K(2010) 2538, ABl. 2011 L 122/76, Rn. 155; siehe auch Bekanntmachung der Kommission v. 19.7.2016, ABl. 2016 C 262/38 Rn. 176.

647 Mitteilung der Kommission v. 10.12.1998, ABl. 1998 C 384/3 Rn. 22.

648 *Linn*, IStR 2008, 601, 605; *Frenz/Roth*, DStZ 2006, 465, 471.

649 *Rösel*, FR 2017, 186, 186.

650 *Brandau/Neckenich/Reich/Reimer*, BB 2017, 1175, 1187 sprechen in diesem Zusammenhang von einer Beraterhaftung statt Staatshaftung, wobei sich die Berater im Hinblick auf das Beihilferecht regelmäßig auf Haftungsausschlüsse berufen würden.

651 *Rösel*, FR 2017, 186, 186.

Die Auffassungen des BFH und des EuGH, wonach der Vertrauensschutz und damit einhergehend die Bestandskraft und Festsetzungsverjährung dem effet util des Unionsrecht zu weichen hat, sind ebenfalls nachvollziehbar. Vor allem in Fällen, in denen Mitgliedstaaten sich der beihilferechtlichen Würdigung einer Maßnahme bewusst sind, diese aber dennoch durchführen, um beispielsweise schädlichen Standortwettbewerb zu betreiben, kann es nicht vertretbar sein, dass diese sich danach auf (nationalen) Vertrauensschutz berufen. Da der Beihilfetatbestand nicht auf einer subjektiven Ebene zwischen fahrlässiger und vorsätzlicher Beihilfe unterscheidet, bleibt den Unionsgerichten nur die Möglichkeit, dem Vorrang des Unionsrechts einen derart hohen Stellenwert einzuräumen. Hier ist der Appell an die Mitgliedstaaten zu richten, ihre Maßnahmen vorab intern einer beihilferechtlichen Untersuchung zu unterwerfen.[652] Dies kann sich aber in Fällen der mittelbaren, faktischen Beihilfe als schwierig erweisen.

Insgesamt ist noch zu konstatieren, dass vor allem die Selektivitätsprüfung sehr kasuistisch geprägt und eine Vorhersage über die beihilferechtliche Einordnung mitunter nur bedingt möglich ist.[653] Die von der Kommission im Hinblick auf Steuervorbescheide aufgelisteten „Umstände" unter denen Vorbescheide selektiv wirken können, sind zumindest Indizien[654] für eine Prüfung der beihilferechtlichen Einordnung von Vorbescheiden. Um aber beihilferechtliche Probleme im Hinblick auf die verbindliche Auskunft zu antizipieren, ist es unumgänglich, die bisher von der Kommission angestoßenen Verfahren zu untersuchen.

Die Selektivitätsprüfung ist mit einer Gleichheitsprüfung im Sinne einer Vergleichbarkeitsprüfung durchaus vergleichbar.[655] *Englisch* hingegen sieht für die Vergleichbarkeitsprüfung keinen Raum, wenn anhand der Leit- und Grundprinzipien und deren folgerichtigen Umsetzung das „Normalmaß" der Besteuerung festgelegt wird. Eine gesonderte Vergleichbarkeitsprüfung sei neben der Bestimmung des Vorteilscharakters überflüssig.[656] Im Gegensatz zu einer Gleichheitsprüfung ist im Beihilferecht nicht jede von den Leitprinzipien abweichende unzulässig, da es einer *selektiven* Abweichung bedürfe. Des Weiteren wäre bei einer strikten Gleichheitsprüfung jeder legitime Subventionszweck als

---

652 Im Ergebnis für eine lückenlose Notifizierung: *Brandau/Neckenich/Reich/Reimer*, BB 2017, 1175, 1187.

653 So auch *Linn*, IStR 2008, 601, 606.

654 So auch *Grotherr*, EWS 2015, 67, 72.

655 So auch *Blumenberg*, IFSt-Schrift Nr. 516, S. 29 f.; *Eisendle*, ISR 2017, 50, 52; a.A. *Englisch*, in: Schaumburg/Englisch, Europäisches Steuerrecht, Rn. 9.32.

656 *Englisch*, Europäisches Steuerrecht, Rn. 9.32.

Rechtfertigungsgrund zulässig. Dies könne jedoch im Beihilferecht nicht gewollt sein.[657]

Die Auffassung von Englisch überzeugt nur teilweise. Die Prüfungsstruktur ähnelt zumindest im Tatbestand der Prüfung einer Ungleichbehandlung. Es werden Unternehmen, die sich in einer ähnlichen Rechts- oder Sachlage befinden, im Hinblick auf die ihnen gewährten Vorteile verglichen. Dieser Vergleich geschieht ähnlich wie bei einer Gleichheitsprüfung: Zunächst wird eine Referenz gesucht, unter der die Maßnahmen zu subsumieren ist. In einem zweiten Schritt ist eine unterschiedliche Behandlung, mithin eine Abweichung festzustellen. Im letzten Schritt wird, ähnlich einer Gleichheitsprüfung, nach einer Rechtfertigung dieser Ungleichbehandlung respektive Abweichung von der Norm gesucht. Die Rechtfertigungsgründe sind jedoch im Gegensatz zur üblichen Gleichheitsprüfung dahingehend eingeschränkt, dass nur solche Gründe akzeptiert werden, die in der Natur und dem Aufbau des Systems angesiedelt sind. Andere Zwecke können eine Ungleichbehandlung nicht rechtfertigen. Für die Beibehaltung eines ähnlichen Aufbaus spricht auch, dass der nationale Steuergesetzgeber sich im Rahmen seiner Gesetzgebung an ähnlichen nationalen Maßstäben, wie Folgerichtigkeit und Gleichheit der Besteuerung, zu orientieren hat.

Wie jedoch die genannte Systemimmanenz zu ermitteln ist, ist schwierig und zuweilen nicht vorhersehbar. Es mangelt insoweit an einem festen Prüfungsmaßstab. Problematisch dabei scheint zu sein, dass sich der EuGH mit vielen unterschiedlichen Steuerrechtsordnungen auseinandersetzen muss und jedes Steuerrecht unterschiedliche Zwecke und Ziele verfolgt. Damit stehen die europäischen Gerichte vor dem Problem, ein einheitliches Prüfungssystem für divergierende Dogmatiken und Rechtsordnungen zu schaffen. Die Kritik, dass es die Kompetenzen der Kommission und der europäischen Gerichte übersteigt, wenn diese versuchen, die nationalen Ertragsteuerrechtsordnungen der Mitgliedstaaten unter dem Deckmantel des Beihilferechts gleichzuordnen[658], ist zumindest nachvollziehbar.

## II. Die verbindliche Auskunft als Beihilfe?

Es sind zwei Konstellationen möglich, in denen eine erteilte verbindliche Auskunft von einer beihilferechtlichen Kontrolle betroffen sein kann.[659] Zum einen kann die Steuerregelung, die Anlass des Antrags auf eine verbindliche Auskunft

657 *Englisch*, Europäisches Steuerrecht, Rn. 9.32.

658 So etwa *Jochimsen/Kleve*, IStR 2017, 265

659 Auch zwischen zwei Konstellationen differenzierend: *Grotherr*, EWS 2015, 67, 72.

war, eine unzulässige Beihilfe im Sinne des Art. 107 Abs. 1 AEUV darstellen. Zum anderen kann die verbindliche Auskunft selbst als Akt der Verwaltung eine beihilferechtlich unzulässige (Einzel-)Maßnahme darstellen. Letztere steht eindeutig im Fokus der Kommission[660], da Verfahren der ersten Konstellation primär gegen die Beihilferegelung gerichtet sind.

### 1. *Erste Konstellation: Die verbindliche Auskunft als Umsetzung einer beihilferechtlich unzulässigen Norm*

Die erste Konstellation war zum Teil schon Inhalt einer Entscheidung des EuG zur deutschen Sanierungsklausel. In dieser Entscheidung war die Frage zu beantworten, ob der Kläger, der eine verbindliche Auskunft erhalten hatte, klagebefugt gegen die Entscheidung der Kommission zur Sanierungsklausel[661] war.[662] Das EuG hat entschieden, dass die Rechtsposition des Empfängers einer positiven verbindlichen Auskunft ausreicht, um eine unmittelbare und individuelle Betroffenheit im Sinne des Art. 263 Abs. 4 AEUV zu bejahen.[663]

Die Kommission hatte die Klagebefugnis mit dem Argument verneint, die rechtlich verbindliche Festsetzung der Steuerschuld würde in der deutschen Abgabenordnung gem. § 155 Abs. 1 AO erst durch den Steuerbescheid erfolgen. Die Klägerin könne mangels Steuerfestsetzung daher keine individuelle Betroffenheit nachweisen. Die Ableitung der individuellen Betroffenheit aus der verbindlichen Auskunft sei nicht möglich.[664]

Das EuG hingegen war der Auffassung, dass die Klägerin individuell betroffen sei, da sie bereits vor der Eröffnung des Prüfverfahrens durch die Kommission berechtigt war, ihre Verluste vorzutragen und diese dann mit Gewinnen zu verrechnen. Diese Umstände hatte die deutsche Finanzbehörde durch die Erteilung der verbindlichen Auskunft bestätigt. Zudem wurde die Klägerin von der deutschen Finanzverwaltung in die Liste der von der streitigen Regelung betroffenen Unternehmen aufgenommen. Es sei nach der deutschen Regelung sicher gewesen, dass die Klägerin am Ende des Jahres eine Steuerersparnis erzielt hätte. Der Eintritt der Steuerersparnis sei nur eine Frage der Zeit gewesen.[665] Nach

660 *Grotherr*, EWS 2015, 67, 72.

661 Siehe zur Sanierungsklausel bereits oben unter Zweiter Teil B. .I.2.d.(2).

662 EuG v. 4.2.2016 – T-287/11, ECLI: EU: T:2016:60

663 EuG v. 4.2.2016 – T-287/11, ECLI: EU: T:2016:60 Rn. 67 ff.; siehe dazu bereits: *Blumenberg/Haisch*, FR 2012, 12, 13.

664 EuG v. 4.2.2016 – T-287/11, ECLI: EU: T:2016:60 Rn. 51 ff.

665 EuG v. 4.2.2016 – T-287/11, ECLI: EU: T:2016:60 Rn. 67 ff.

Auffassung des EuG hatte die Klägerin damit vor Erlass des Eröffnungsbeschlusses ein erworbenes, von der deutschen Finanzverwaltung bestätigtes Recht auf Gewährung des Steuervorteils inne.[666] Ohne den Eröffnungsbeschluss zum Beihilfeverfahren durch die Kommission wäre dieser Vorteil durch einen Steuerbescheid konkretisiert worden.[667] Die Tatsache, dass die deutschen Finanzbehörden die verbindliche Auskunft wieder aufhoben, um die Sanierungsklausel unangewendet zu lassen, stehe diesem Ergebnis nicht entgegen.[668] Diese Entscheidung entspricht der Auffassung des EuGH. Dieser hatte bei einer beihilferechtlichen Streitigkeit zu belgischen Koordinationszentren entschieden, dass sowohl diejenigen Koordinationszentren betroffen seien, die die Beihilfe bereits erhalten haben, als auch diejenigen, die diese noch nicht erhalten, jedoch einen Antrag gestellt haben.[669]

In diesem Fall unterscheidet sich die verbindliche Auskunft nicht von anderen Steuerverwaltungsakten und wird vom EuG den festsetzenden Steuerbescheiden weitestgehend gleichgestellt. Wird die der verbindlichen Auskunft zugrundeliegende Steuerregelung als unzulässig gemäß Art. 107 Abs. 1 AEUV eingestuft, treten die bereits erläuterten Rechtsfolgen ein: die Beihilfe ist zurückzufordern und die diese gewährenden Verwaltungsakte sind aufzuheben. Somit verlieren in dieser Fallkonstellation auch verbindliche Auskünfte ihre Verbindlichkeit. Die verbindliche Auskunft und, soweit bereits ergangen, die Festsetzung sind aufzuheben oder zu ändern. Der Steuerpflichtige kann der Rückforderung nichts entgegensetzen. Weder das Vertrauen auf die verbindliche Auskunft noch eine Bestandskraft oder Festsetzungsverjährung stehen der Rückforderung entgegen.

Damit ist die verbindliche Auskunft in Fällen wertlos, in denen die Auskunft auf beihilferechtlich unzulässigen Steuerregelungen beruht.[670] Fraglich in diesem Zusammenhang könnte allenfalls die Rückforderung der Gebühr für die Auskunft über das Staatshaftungsrecht sein. Ein Staatshaftungsanspruch gegen den Mitgliedstaat auf Schadensersatz in Höhe der Beihilfe ist wegen des Effektivitätsgebots des Unionsrechts („effet utile") nicht möglich. Der Beihilfeempfänger kann maximal sein negatives Interesse durch das Staathaftungsrecht geltend

666 EuG v. 4.2.2016 – T-287/11, ECLI: EU: T:2016:60 Rn. 69, 77.

667 EuG v. 4.2.2016 – T-287/11, ECLI: EU: T:2016:60 Rn. 69.

668 EuG v. 4.2.2016 – T-287/11, ECLI: EU: T:2016:60 Rn. 71.

669 EuGH v. 22.6.2006 – C-182/03 und C-217/03, ECLI: EU:2006:416 Rn. 61 ff.; siehe dazu auch: *Blumenberg/Haisch*, FR 2012, 12, 14.

670 i.Erg. auch *Roser*, in: B/G AO, § 89 Rn. 71.1.

machen.[671] Im Falle einer beihilferechtswidrigen verbindlichen Auskunft wäre das negative Interesse mit der Auskunftsgebühr zu beziffern.

Beruht die verbindliche Auskunft also auf beihilferechtlich unzulässigen Steuerregelungen, unterscheidet sie sich nicht von anderen Steuerverwaltungsakten. Auch die Steuerfestsetzung ohne vorherige verbindliche Auskunft wäre in einem solchen Fall aufzuheben oder zu korrigieren.

Aus dem EuG-Urteil zur Sanierungsklausel lässt sich jedoch folgender Schluss ziehen: Die verbindliche Auskunft kann, ohne dass eine Steuerfestsetzung erfolgt, als Beihilfemaßnahme in Betracht kommen. Die weitestgehende Gleichsetzung der verbindlichen Auskünfte mit Steuerfestsetzungen nach § 155 Abs. 1 AO hinsichtlich der Wirkung hat zur Folge, dass auch in der zweiten Konstellation die verbindliche Auskunft als solche womöglich eine Einzelbeihilfe darstellen könnte, ohne dass es bereits zur Steuerfestsetzung kommen musste.

### 2. *Zweite Konstellation: Die verbindliche Auskunft als unzulässige Einzelbeihilfe*

Die im Vergleich zur ersten Konstellation, in der eine verbindliche Auskunft auf einer beihilferechtlich unzulässigen Norm beruht, interessantere Frage ist, ob die verbindliche Auskunft selbst eine beihilferechtlich relevante Maßnahme darstellen kann und welche Fallkonstellationen davon möglicherweise betroffen wären. Dabei steht nicht die Erteilung der verbindlichen Auskunft als Solche im Fokus des Beihilferechts[672], sondern die Frage, wann Einzelfallentscheidungen der Finanzverwaltung in materieller Hinsicht selektiv im Sinne des Beihilferechts wirken können.

#### a. *Die Auffassung der Kommission in aktuellen Verfahren zu Tax-Rulings*

Die Kommission hat in mehreren Fällen Verrechnungspreisvereinbarungen (sog. Advance-Pricing-Agreements, APA) und Vorbescheide zum Anlass beihilferechtlicher Kontrollen genommen.[673] Die Kommission kam dabei regelmäßig

671 Siehe dazu *Bungenberg*, in: Immenga/Mestmäcker Wettbewerbsrecht, Bd. 3, Abschnitt VI. Rn. 85; siehe auch BVerwG v. 31.5.2012 – 3 C 12/11, NVwZ-RR 2012, 628 Rn. 26.

672 *Roser*, in: B/G AO, § 89 Rn. 71.1; *Werder/Dannecker*, BB 2015, 1687, 1693; *Lang*, IStR 2015, 369, 371.

673 Siehe dazu die Pressemitteilungen der Europäischen Kommission v. 21.10.2015: „Kommission stellt Unvereinbarkeit der selektiven Vorteile für Fiat in Luxemburg und für Starbucks in den Niederlanden mit dem EU-Beihilferecht fest"; v. 30.8.2016: „Irland gewährt Apple unzulässige Steuervergünstigungen von bis zu 13 Mrd. EUR"; v. 19.9.2016: „Kommission leitet eingehende Untersuchung zu steuerlichen

zu dem Schluss, dass die konkret vereinbarten Verrechnungspreise nicht dem entsprachen, was Unternehmen, die nicht zu ein und derselben Unternehmensgruppe gehören, vereinbaren würden. Diesen Vereinbarungen wurde folglich vorgeworfen, dass sie nicht dem arms-length-Grundsatz (Fremdvergleichsgrundsatz) entsprachen.[674] Durch unternehmensinterne Verrechnungspreispolitik ist es für Unternehmensgruppen möglich, innerhalb der Mitgliedstaaten Gewinne in solche Staaten zu transferieren, deren steuerliche Bedingungen günstiger sind. Dies geschieht dadurch, dass Unternehmen unternehmensinterne Lieferungen oder Leistungen zu Preisen verrechnen, die nicht dem Fremdvergleichsgrundsatz entsprechen und damit in einem Mitgliedstaat, der höhere Steuersätze abruft, höhere Betriebsausgaben, bspw. für Lizenzen oder Waren ansetzen und korrespondierend dazu in Mitgliedstaaten, die niedriger besteuern, die entsprechenden Erträge und Gewinne generieren.[675] Der arms-length-Grundsatz (Fremdvergleich) wird durch Leitlinien der OECD konkretisiert.[676] Nach neuerer Kommissionspraxis kommt es nicht mehr darauf an, ob die einzelnen Mitgliedstaaten den Fremdvergleichsgrundsatz in ihre Steuergesetze übernommen haben, vielmehr folgt der Grundsatz nach Auffassung der Kommission direkt aus dem Beihilfeverbot des Art. 107 Abs. 1 AEUV.[677]

Darin liegt die Besonderheit der genannten Verfahren: Bisher war der Bezugsrahmen im Rechtssystem des jeweiligen Mitgliedstaates zu suchen. In den genannten Verfahren wich die Kommission von diesem Prinzip ab und setzte einen anderen Referenzrahmen, nämlich die Geltung des Fremdvergleichsgrundsatzes, unabhängig davon, ob dieser im geltenden Recht des Mitgliedstaates verankert war, voraus.[678] Diese Herangehensweise der Kommission widerspricht der Maßgeblichkeit des nationalen Rechts, weil die Kommission

Behandlung von GDF Suez in Luxemburg ein"; v. 4.10.2017: „Kommission stellt fest, dass Luxemburg Amazon unzulässige Steuervergünstigungen von rund 250 Mio. EUR gewährt hat"; sowie die Beschlüsse der Kommission: Beschluss der Kommission v. 21.10.2015 – C(2015) 7143, ABl. 2017 L83/38 – Starbucks; Beschluss der Kommission v. 21.10.2015 – C(2015) 7152, ABl. 2016 L 351/1; Beschluss der Kommission v. 11.1.2016 – C(2015) 9837, ABl. 2016 L 260/61 – Belgien.

674 *Bartosch*, BB 2017, 2199, 2199 f.

675 *Bartosch*, BB 2017, 2199, 2200.

676 OECD Verrechnungspreisleitlinien, S. 33, abrufbar unter http://www.oecd.org/berlin/45893774.pdf; siehe auch *Bartosch*, BB 2017, 2199, 2200.

677 Beschluss der Kommission v. 30.8.2016, ABl. 2017 L 187/1 Rn. 255 ff.; v. 21.10.2015, ABl. 2017 L 83/38 Rn. 261 ff.; v. 21.10.2015, ABl. 2017 L 351/1 Rn. 226 ff.; *Bartosch*, BB 2017, 2199, 2200.

678 So auch *Bartosch*, BB 2017, 2199, 2200; *Werder/Dannecker*, BB 2015, 187, 1693.

damit andere Gesichtspunkte als diejenigen, die sich aus dem nationalen Referenzsystem ergeben, berücksichtigt.[679] Bis zum Jahr 2010 war der Fremdvergleichsgrundsatz nicht im irischen Steuerrecht kodifiziert, entsprach jedoch bereits der gängigen Praxis der Finanzverwaltung und Finanzgerichtsbarkeit.[680] In Luxemburg wurden die Verrechnungspreis-Grundsätze erst im Jahr 2014 gesetzlich kodifiziert.[681] Die Niederlande hingegen haben bereits 2001 in Artikel 8b Absatz 1 CIT den Fremdvergleichsgrundsatz gesetzlich geregelt und dazu erläuternd eine Fremdvergleichsverordnung erlassen.[682] Der Fremdvergleichsgrundsatz auf Basis der OECD-Leitlinien war folglich nicht in den jeweiligen Steuerrechtsordnungen kodifiziert, wurde aber dennoch von der Kommission als Referenzrahmen für die Selektivität genutzt.

Ziel dieses Ansatzes der Kommission ist es, die Belastungsunterschiede zwischen multinationalen Unternehmen und anderen Unternehmen, die diese Möglichkeiten der Gewinnverschiebungen nicht haben, einzuebnen. Höchst fraglich ist aber, ob das Beihilferecht dafür das richtige Werkzeug darstellt.[683]

### (1) Beschluss der Kommission über die staatliche Beihilfe Luxemburgs zugunsten von Fiat[684]

Vor dem Verfahren zur von Luxemburg an die Fiat Finance and Trade Ltd. (im Folgenden nur „FFT") gewährten Beihilfe hat die Kommission vom Großherzogtum Luxemburg in einem Auskunftsersuchen detaillierte Informationen über die Praxis des Landes im Bereich der Steuervorbescheide angefordert.

Daraufhin hat Luxemburg die in den Jahren 2010 bis 2012 ausgestellten Steuervorbescheide nebst ergänzenden Informationen der Kommission zur Verfügung gestellt. Bei der Durchsicht der zur Verfügung gestellten Steuervorbescheide ist der Kommission die Vorabvereinbarung zugunsten Fiat aufgefallen, woraufhin weitere Informationen angefordert wurden und schlussendlich am 11. Juni 2014 das förmliche Prüfverfahren nach Art. 108 Abs. 2 AEUV in Bezug auf die Fiat-Vorabvereinbarung eingeleitet wurde.[685]

---

679 *Bartosch*, BB 2017, 2199, 2200 f.; *Werder/Dannecker*, BB 2015, 187, 1693.

680 *Tipp*, in: Mennel/Förster, Steuern in Europa, Amerika und Asien, Irland Rn. 219.

681 *Fort*, in: Mennel/Förster, Steuern in Europa, Amerika und Asien, Luxemburg Rn. 268.

682 Siehe dazu: *Schneider/Bärsch*, IWB 2014, 553, 553 ff.

683 Dazu kritisch: *Bartosch*, BB 2017, 2199, 2201.

684 Beschluss der Kommission v. 21.10.2015, ABl. 2016 L 351/1.

685 Siehe zum Verfahrensgang: Beschluss der Kommission v. 21.10.2015, ABl. 2016 L 351/1 Rn. 1 bis 33.

Begünstigter der Maßnahme war die FFT, welche den in Europa niedergelassenen Unternehmen der Fiat-Gruppe Treasury-Dienstleistungen und Finanzierungen zur Verfügung stellte (unter anderem Cash-Pooling, Finanzierungen, Management der Währungs- und Finanzrisiken usw.). In diesem Zusammenhang wurden gruppeninterne Transaktionen getätigt, wie z.B. kurz- und langfristige Kreditaufnahmen. Vereinfacht dargestellt beschafft die FFT Finanz- und Kapitalmittel am Markt und gibt diese intern an andere Gruppenmitglieder der Fiat-Gruppe weiter und bietet diesen Finanzdienstleistungen an.[686]

Bei der von der Kommission aufgegriffenen Maßnahme handelte es sich um einen Steuervorbescheid bezüglich Verrechnungspreisvereinbarungen, den Luxemburg mit Schreiben vom 3. September 2012 zugunsten der FFT erlassen hat.[687] In dem Steuervorbescheid wurde die von FFT verwendete Verrechnungspreismethode von Seiten der Luxemburger Steuerverwaltung anerkannt.[688]

Anknüpfungspunkt für die Eröffnung des förmlichen Prüfverfahrens war, dass nach Auffassung der Kommission der Steuervorbescheid eine staatliche Beihilfe im Sinne des Art. 107 Abs. 1 AEUV darstelle, weil Zweifel bestehen, dass der Steuervorbescheid dem Fremdvergleichsgrundsatz entspreche.[689] Beihilferechtlich problematisch sei zunächst, dass in dem Steuervorbescheid eine feste Steuerbemessungsgrundlage für die Tätigkeiten der FFT in Luxemburg anerkannt wurde. Zum Zweiten hat die Kommission Zweifel an der Angemessenheit der gewählten Methode zur Schätzung der Vergütungen der FFT für die von dieser wahrgenommenen Funktionen geäußert.[690] Dritter Anknüpfungspunkt waren Zweifel der Kommission an der richtigen Anwendung der Verrechnungspreismethoden, weil diejenigen Elemente, die die Vergütung der FFT bestimmen, zu niedrig angesetzt gewesen seien.[691]

Die Kommission prüft den in Frage stehenden Steuervorbescheid in ihrem Beschluss anhand der genannten Prüfungssystematik[692]: Es muss sich (1) um eine staatliche oder aus staatlichen Mitteln finanzierte Maßnahme handeln, die (2) geeignet ist, den Handel zwischen den Mitgliedstaaten zu beeinträchtigen.

---

686 Dazu detailliert: Beschluss der Kommission v. 21.10.2015, ABl. 2016 L 351/1 Rn. 34 ff.

687 Beschluss der Kommission v. 21.10.2015, ABl. 2016 L 351/1 Rn. 52.

688 Der Inhalt der Verrechnungspreisanalyse und der Verrechnungspreismethode werden detailliert in den Rn 55 ff. des Beschlusses dargestellt.

689 Beschluss der Kommission v. 21.10.2015, ABl. 2016 L 351/1 Rn. 131 und 132.

690 Beschluss der Kommission v. 21.10.2015, ABl. 2016 L 351/1 Rn. 131 und 132.

691 Auch hier sei zu den Einzelheiten der Anwendung der Verrechnungspreismethoden auf die Rn. 133 ff. des Beschlusses hingewiesen.

692 Siehe dazu bereits Zweiter Teil B. I. 2.

Die Maßnahme (vorliegend der Steuervorbescheid) muss (3) einem Unternehmen einen selektiven Vorteil verschaffen und (4) den Wettbewerb verfälschen oder zu verfälschen drohen.[693]

Hinsichtlich der ersten Voraussetzung stellt die Kommission lediglich fest, dass es sich um eine Maßnahme der luxemburgischen Steuerverwaltung („Administration des contributions directes“) handelt und damit eine staatliche Maßnahme darstellt. Des Weiteren ist diese Maßnahme auch aus staatlichen Mitteln finanziert, da sie zu einer Einbuße an Steuereinnahmen geführt hat.[694] Im Hinblick auf die Frage der Beeinträchtigung des innergemeinschaftlichen Handels hat die Kommission festgestellt, dass die FFT der Fiat-Gruppe angehört, welche in allen Mitgliedstaaten der Union tätig ist. Daher wäre eine Maßnahme zugunsten der FFT grundsätzlich geeignet, den innergemeinschaftlichen Handel zu beeinträchtigen. Bei einer staatlich gewährten Maßnahme sei ferner davon auszugehen, dass sie den Wettbewerb verfälscht oder zu verfälschen droht, wenn sich die finanzielle Lage des Unternehmens durch die Maßnahme verbessert. Die ersten beiden und die letzte Voraussetzung sind folglich nach Auffassung der Kommission erfüllt und das Vorliegen ebendieser wird in drei Absätzen knapp bejaht.[695] Einer umfassenden Prüfung unterzieht die Kommission dem Prüfungspunkt der Selektivität. Hierbei folgt die Kommission der üblichen dreistufigen Prüfung.[696]

In einem ersten Schritt war das Bezugssystem festzustellen. In dem vorliegenden Verfahren hat die Kommission das Luxemburger Körperschaftsystem als Referenzrahmen erkannt. Ziel dieses Steuersystems sei es, die Gewinne aller steuerpflichtigen Unternehmen in Luxemburg zu besteuern.[697] Unerheblich für die Feststellung des Bezugsrahmens sei dabei, ob es sich um integrierte oder um nicht integrierte Unternehmen handelt[698], da die rechtliche Form

---

693 Beschluss der Kommission v. 21.10.2015, ABl. 2016 L 351/1 Rn. 186.

694 Beschluss der Kommission v. 21.10.2015, ABl. 2016 L 351/1 Rn. 187 und 188.

695 Siehe Beschluss der Kommission v. 21.10.2015, ABl. 2016 L 351/1 Rn. 187 bis 189.

696 Siehe dazu oben unter Zweiter Teil B. I. 2. d.

697 Beschluss der Kommission v. 21.10.2015, ABl. 2016 L 351/1 Rn. 193 ff.; der Körperschaftsteuersatz in Luxemburg setzt sich aus mehreren Bestandteilen zusammen und beträgt insgesamt 28,80 %.

698 Beschluss der Kommission v. 21.10.2015, ABl. 2016 L 351/1 Rn. 197 f.; mit „integrierten“ Unternehmen sind Unternehmen gemeint, die Geschäfte mit anderen Unternehmen in derselben Gruppe tätigen und damit keine direkt am Markt abrufbare Preise geltend machen können. Die Ermittlung der Gewinne erfolgt im Wege der Schätzung auf Basis von Verrechnungspreisen.

oder die Unternehmensstruktur für die Auferlegung von Körperschaftsteuer in Luxemburg nicht maßgebend seien. Dementsprechend sei die unterschiedliche Gewinnermittlungsart von integrierten und nicht integrierten Unternehmen für die Bestimmung des Bezugsrahmens ohne Belang.[699]

Die Feststellung des Bezugssystems durch die Kommission ist durchaus sinnvoll und zu begrüßen, da ein solch globaler Ansatz grundsätzlich die Möglichkeit der Berücksichtigung von Ausnahmen und Rückausnahmen innerhalb des Körperschaftsteuersystems bietet.[700] Nach Auffassung von Fiat sollte das Bezugssystem nur das System für die Unternehmen einschließen, die ihren Gewinn mit Hilfe von Verrechnungspreismethoden ermitteln. Dieser Ansatz ist nicht nachvollziehbar. Der Zweck von Verrechnungspreismethoden ist, einen marktüblichen Gewinn zu ermitteln und damit eine Vergleichbarkeit mit nicht integrierten Unternehmen herzustellen.[701] Am vorliegenden Fall lässt sich erneut erkennen, wie entscheidend die Feststellung des Bezugssystems für die Feststellung der Selektivität ist. Die Auffassung der Kommission, einen globalen Ansatz zu verfolgen, ist in diesem Fall zu begrüßen.[702]

Nach der Feststellung, dass das allgemeine Körperschaftsteuersystem Luxemburgs den Referenzrahmen für die Abweichung darstellt, ist nun zu prüfen, ob die Maßnahme von diesem System abweicht. Dabei prüft die Kommission auch, ob ein Vorteil gewährt wurde. Führt nämlich eine Steuermaßnahme zu einer (ungerechtfertigten) Verringerung der Steuerlasten eines Begünstigten, stellt diese Entlastung sowohl den durch die Maßnahme gewährten Vorteil als auch die Abweichung vom Referenzsystem dar.[703] Im vorliegenden Fall hat die Kommission eine Abweichung vom Referenzsystem darin gesehen, dass durch den Steuervorbescheid, der die Verrechnungspreise genehmigte, vom Fremdvergleichsgrundsatz abgewichen werde. Dabei rekurriert die Kommission auf die Rechtsprechung des EuGH. Danach ist eine Maßnahme selektiv, die eine Verringerung der Steuerbemessungsgrundlage bewirkt, wenn diese Verringerung

---

699 Beschluss der Kommission v. 21.10.2015, ABl. 2016 L 351/1 Rn. 198 f.

700 Zur Sanierungsklausel mit dem gleichen Ergebnis *Demleitner*, ISR 2016, 328, 332.

701 In diese Richtung geht auch die Argumentation der Kommission, Beschluss der Kommission v. 21.10.2015, ABl. 2016 L 351/1 Rn. 205 ff. Luxemburg vertrat die Ansicht, dass das Bezugssystem nur das System für die Besteuerung von Unternehmensgruppen sei. FFT vertrat eine noch engere Ansicht und sah das Bezugssystem nur in der relevanten Vorschrift Art. 164 Abs. 3 L.I.R.

702 Im Fall der deutschen Sanierungsklausel verfolgte die Kommission eher einem induktiven, engeren Ansatz bei der Ermittlung des Bezugssystems.

703 Beschluss der Kommission v. 21.10.2015, ABl. 2016 L 351/1 Rn. 218.

aus der Anwendung von Verrechnungspreisen resultiert, die nicht dem Fremdvergleichsgrundsatz entsprechen.[704]

Auch insoweit überzeugt die Auffassung der Kommission: Wird ein Unternehmen als Mitglied einer Unternehmensgruppe durch nicht marktübliche Verrechnungspreise geringer besteuert als vergleichbare unabhängige Unternehmen, die ihre Preise am Markt realisieren, liegt darin eine Abweichung vom System.

Fragwürdig erscheint aber die Ermittlung des Fremdvergleichs. Luxemburg hat den durchaus nachvollziehbaren Einwand geltend gemacht, dass die Kommission mit der Prüfung des Fremdvergleichsgrundsatzes an die Stelle der Luxemburger Behörden tritt, woraufhin die Kommission lediglich erwiderte, dass sie den Steuervorbescheid nicht mit dem im Luxemburger Recht verankerten Fremdvergleichsgrundsatz vergleicht, sondern mit den Verrechnungspreisleitlinien der OECD.[705] Damit trete die Kommission nicht an die Stelle der Luxemburger Steuerbehörden, sondern prüfe lediglich, ob ein selektiver Vorteil gewährt wurde, indem Luxemburg durch einen Steuervorbescheid Gewinnzuweisungen billigte, die von der Höhe der Gewinne abweichen, die unabhängige Unternehmen mit denselben Transaktionen zu versteuern hätten.[706] Die Kommission erkenne an, dass die Ermittlung von Verrechnungspreisen keine exakte Wissenschaft sei, jedoch sei auch nach Auffassung der OECD „eine angemessene Schätzung des Ergebnisses eines dem Fremdvergleichsgrundsatz entsprechenden Geschäftsvorfalls zu erhalten."[707] Nach Auffassung der Kommission ist es daher nicht zielführend, wenn der „approximative Charakter" der Verrechnungspreisermittlung genutzt werde, um von einem Konsens über angemessene Verrechnungspreismethoden abzuweichen. Diesen Konsens verkörpern die OECD-Leitlinien.[708]

Hier zeigt sich die Problematik der beihilferechtlichen Praxis der Kommission: Die Kommission verfolgt mit ihrer Beihilfepraxis nun offenkundig nicht nur wettbewerbsrechtliche Ziele, sondern vermischt das Beihilferecht nun mit den „BEPS"-Zielen. Es ist nachvollziehbar, dass die Kommission einen Vorteil zugunsten von Unternehmen erkennt, die mit ihren Verrechnungspreisen von

704 Beschluss der Kommission v. 21.10.2015, ABl. 2016 L 351/1 Rn. 221 mit Verweis auf die EuGH-Rechtsprechung.

705 Beschluss der Kommission v. 21.10.2015, ABl. 2016 L 351/1 Rn. 229 bis 231.

706 Beschluss der Kommission v. 21.10.2015, ABl. 2016 L 351/1 Rn. 229.

707 Beschluss der Kommission v. 21.10.2015, ABl. 2016 L 351/1 Rn. 230 mit Verweis auf Art. 1.13 der OECD-Verrechnungspreisleitlinien.

708 Beschluss der Kommission v. 21.10.2015, ABl. 2016 L 351/1 Rn. 230.

denjenigen abweichen, die marktüblich wären. Hat ein Mitgliedstaat einen anderen Fremdvergleichsgrundsatz im nationalen Recht verankert, stellt sich jedoch die Frage, ob die OECD-Leitlinien dennoch maßgebend im Rahmen der beihilferechtlichen Überprüfung sind, wenn der Referenzrahmen doch maximal das nationale Recht ist.[709]

Am Ende kommt die Kommission zu dem Schluss, dass die in dem Steuervorbescheid genehmigten Verrechnungspreise vom Fremdvergleichsgrundsatz abweichen und damit FFT nach dem allgemeinen Luxemburger Körperschaftsteuersystem weniger Steuern zahlen muss, als vergleichbare Unternehmen in Luxemburg, die keine Möglichkeit der Verrechnungspreisgestaltung haben.[710] Die Kommission ordnet daher entsprechend Art. 16 Abs. 1 BeihilfeVO die Rückforderung der rechtswidrigen Beihilfe an. Zwar beruft sich Luxemburg auf Vertrauensschutz, jedoch stellt die Kommission nochmals klar, dass Vertrauen nur dann geschützt ist, wenn dieses durch Handlungen der Kommission begründet wurde.[711]

#### (2) Beschluss der Kommission über die staatliche Beihilfe der Niederlande zugunsten von Starbucks

Am selben Tag hat die Kommission über eine Beihilfe entschieden, die die Niederlande dem Unternehmen Starbucks gewährt haben sollen.[712]

Auch in diesem Fall forderte die Kommission die niederländischen Behörden auf, Informationen über die geltende Praxis bei Vorbescheiden sowie die Vorbescheide zugunsten Starbucks zur Verfügung zu stellen. Die betroffenen Unternehmen waren die Starbucks Coffee EMEA BV (im Folgenden „Starbucks Coffee BV“) und die Starbucks Manufacturing EMEA BV (im Folgenden „SMBV“), welche zur Starbucks Corporation gehören. Nach Prüfung der zur Verfügung gestellten Informationen erließ die Kommission am 11. Juni 2014 einen Beschluss zur Eröffnung des förmlichen Prüfverfahrens nach Art. 108 Abs. 2 AEUV bezüglich der Vorbescheide, die 2008 zugunsten der SMBV ergangen sind. Bei diesen Vorbescheiden handelte es sich um Verrechnungspreisabsprachen (Advance Pricing Agreements, sog. APAs).[713] Grund für die Annahme einer Beihilfe war, dass die SMBV der Alki LP, einem anderen Unternehmen

709 Siehe zur Kritik bereits oben unter Zweiter Teil B. II. 2. a.
710 Beschluss der Kommission v. 21.10.2015, ABl. 2016 L 351/1 Rn. 339.
711 Beschluss der Kommission v. 21.10.2015, ABl. 2016 L 351/1 Rn. 356 ff.
712 Beschluss der Kommission v. 21.10.2015, ABl. 2017 L 83/38.
713 Beschluss der Kommission v. 21.10.2015, ABl. 2017 L 83/38 Rn. 1 ff., 9.

der Starbucks mit Sitz im Vereinigten Königreich, sehr hohe Lizenzgebühren für Know-How zahlte. Des Weiteren zahlte die SMBV der in der Schweiz ansässigen Starbucks Coffee Handel SARL überhöhte Preise für Kaffeebohnen. Durch diese in den Vorbescheiden genehmigten überhöhten Verrechnungspreise wurde die Steuerbemessungsgrundlage und damit die zu tragende Steuerlast in den Niederlanden gemindert.[714]

Die Kommission hat daher die genannten Vorbescheide einer beihilferechtlichen Prüfung unterzogen und die Voraussetzungen des Art. 107 Abs. 1 AEUV geprüft. Auch in diesem Beschluss liegt der Schwerpunkt der Prüfung auf dem Prüfungspunkt der Selektivität. Die anderen Voraussetzungen werden von der Kommission in wenigen Absätzen bejaht.[715]

Im ersten Prüfungspunkt der Selektivität hatte die Kommission den Referenzrahmen bzw. das Bezugssystem, an welchem eine mögliche Abweichung durch die Maßnahme gemessen wird, zu bestimmen. Auch in diesem Fall legt die Kommission als Bezugssystem das niederländische Körperschaftsteuersystem als Gesamtregelwerk fest, wonach alle in den Niederlanden steuerpflichtige Unternehmen ihre Gewinne der Körperschaftsteuer zu unterwerfen haben.[716] Die Gewinne als Steuerbemessungsgrundlage entsprechen regelmäßig den Buchgewinnen der Gewinn- und Verlustrechnungen der Unternehmen. Zur Ermittlung des Buchgewinns müssen integrierte Unternehmen, im Gegensatz zu nicht integrierten Unternehmen, mangels Aktivität am Markt die Preise für die konzerninternen Leistungen schätzen.[717] Eine Unterscheidung zwischen integrierten und nicht integrierten Unternehmen nimmt das niederländische Körperschaftsteuerrecht nicht vor. Nach Auffassung der Kommission befinden sich daher beide „Gruppen" in einer vergleichbaren Situation: Beide haben ihre Gewinne der niederländischen Körperschaftsteuer zu unterwerfen. Ziel der APAs zwischen den Niederlanden und Starbucks sei es, die Bemessungsgrundlage der SMBV für Zwecke der Körperschaftsteuer diesem System gemäß zu bestimmen. Daher stelle das allgemeine Körperschaftsteuersystem das Bezugssystem dar.[718]

---

714 Beschluss der Kommission v. 21.10.2015, ABl. 2017 L 83/38 Rn. 40 ff.

715 Beschluss der Kommission v. 21.10.2015, ABl. 2017 L 83/38 Rn. 223 bis 228.

716 Beschluss der Kommission v. 21.10.2015, ABl. 2017 L 83/38 Rn. 232.

717 Beschluss der Kommission v. 21.10.2015, ABl. 2017 L 83/38 Rn. 234 f.; Die Schätzung der Preise für konzerninterne Leistungen kommt im Ergebnis einer Schätzung der Einnahmen gleich.

718 Beschluss der Kommission v. 21.10.2015, ABl. 2017 L 83/38 Rn. 236.

Bei der Frage der Abweichung von diesem Bezugssystem durch die APAs prüft die Kommission, ob die in den APAs genehmigten Verrechnungspreismethoden dem Fremdvergleichsgrundsatz entsprechen. Die Kommission rekurriert in diesem Zusammenhang auf die Rechtsprechung des EuGH zu Koordinationszentren in Belgien.[719] Darin führte der EuGH aus: „Für die Prüfung, ob die Ermittlung des steuerpflichtigen Einkommens nach der Regelung für Koordinationszentren diesen einen Vorteil verschafft, ist [...] diese Regelung mit der sonst anwendbaren Regelung zu vergleichen, die auf der Differenz zwischen Erträgen und Kosten eines Unternehmens beruht, das sich in freiem Wettbewerb betätigt."[720] Damit habe der EuGH entschieden, dass ein selektiver Vorteil vorliegt, wenn eine steuerliche Maßnahme dazu führt, dass ein Konzernunternehmen mit Verrechnungspreisen arbeitet, die nicht marktüblich sind.[721] Dementsprechend prüft die Kommission ausführlich die Vereinbarkeit der in den Vorbescheiden akzeptierten Verrechnungspreise mit dem Fremdvergleichsgrundsatz der OECD.[722] Die Kommission kommt zu dem Ergebnis, dass die vereinbarten Verrechnungspreise nicht fremdüblich seien, sodass die Steuerbemessungsgrundlage und daher auch die Steuerlast in den Niederlanden zu niedrig im Vergleich zu nicht integrierten Unternehmen ausgefallen ist. Darin liege ein selektiver Vorteil zugunsten der SMBV.[723]

### (3) Beschluss der Kommission über die staatliche Beihilfe Irlands zugunsten von Apple

In einem Beschluss der Kommission vom 30. August 2016 hat die Kommission die Steuervorbescheide, die zugunsten von Apple erlassen wurden, als staatliche Beihilfen qualifiziert.[724] Die Kommission hatte zuvor mit Schreiben vom 12. Juni 2013 Irland um Auskünfte zu der in Irland üblichen Praxis bei Steuervorbescheiden, insbesondere der Steuervorbescheide, die zugunsten von Apple ergangen sind, ersucht. Nachdem Irland die entsprechenden Informationen der Kommission zur Verfügung gestellt hatte, hat die Kommission am 11. Juni 2014 das förmliche Prüfverfahren in Bezug auf die 1991 und 2007 von Irish Revenue zugunsten von Apple Sales International (im Folgenden „ASI") und Apple

---

719 EuGH v. 22.6.2006 – C-182/03 und C-217/03, ECLI: EU: C:2006:416.

720 EuGH v. 22.6.2006 – C-182/03 und C-217/03, ECLI: EU: C:2006:416 Rn. 96.

721 Beschluss der Kommission v. 21.10.2015, ABl. 2017 L 83/38 Rn. 260.

722 Beschluss der Kommission v. 21.10.2015, ABl. 2017 L 83/38 Rn. 286 ff.

723 Beschluss der Kommission v. 21.10.2015, ABl. 2017 L 83/38 Rn. 408.

724 Beschluss der Kommission v. 30.8.2016, ABl. 2017 L 187/1.

Organisation Europe (im Folgenden „AOE") erlassenen Steuervorbescheide eingeleitet[725], weil sie der Auffassung war, dass die genannten Vorbescheide eine staatliche Beihilfe im Sinne des Art. 107 Abs. 1 AEUV darstellen könnten.[726]

Mit den genannten Vorbescheiden hat Irland zunächst mit einem Vorbescheid aus dem Jahr 1991, der bis 2007 gültig war, und anschließend mit einem Vorbescheid von 2007 für die darauffolgenden Jahre Gewinnzuweisungsmethoden gebilligt, mit denen Apple seine Steuerbemessungsgrundlage für die irische Körperschaftsteuer ermitteln durfte.[727] In dem Vorbescheid aus dem Jahr 1991 zugunsten der ASI wurde vereinbart, dass der Nettogewinn der irischen Zweigniederlassung von ASI 12,5 % der Betriebsausgaben betragen soll.[728] Und es wurde vereinbart, dass der der AEO zugewiesene Nettogewinn 65 % der Betriebsaufwendungen bis zu einem jährlichen Betrag von 60 bis 70 Mio. USD beträgt sowie 20 % der Betriebsausgaben, die 60 bis 70 Mio. USD übersteigen.[729] Ab 2007 hat die irische Finanzbehörde in einem neuen Vorbescheid der ASI zugesichert, dass dessen Steuerbemessungsgrundlage 10–15 % der Betriebsaufwendungen zuzüglich 1–5 % des Umsatzes der Zweigniederlassung betragen soll.[730]

Die Prüfung der Kommission folgt wieder dem gewohnten Aufbau. Die Frage nach der mit staatlichen Mitteln finanzierten Maßnahme, die dem Staat zuzurechnen sein muss, beantwortet die Kommission kurz mit der Feststellung, dass die irischen Steuerbehörden dem Staat zuzurechnen sind und der (Steuer-)Einnahmeverlust des Staates ausreicht, um die Finanzierung aus staatlichen Mitteln zu bejahen.[731] Ferner werden auch die anderen Voraussetzungen von der Kommission in jeweils einem Absatz bejaht. Den Schwerpunkt der Prüfung bildet die Frage nach dem selektiven Vorteil und sie folgt dem gewohnten dreistufigen Aufbau. Das Bezugssystem bildet nach Auffassung der Kommission das irische

725 Siehe zur Einleitung des Prüfverfahrens gegen Apple ergänzend *Geberth/Brügelmann*, GmbHR 2016, R282, R284.

726 Beschluss der Kommission v. 30.8.2016, ABl. 2017 L 187/1 Rn. 1 f. und 9.

727 Beschluss der Kommission v. 30.8.2016, ABl. 2017 L 187/1 Rn. 39; Bemerkenswert ist, dass sowohl die ASI als auch die AOE zwar in Irland eingetragene Unternehmen, jedoch in keinem Staat steuerlich ansässig waren. Die Kommission bezeichnet die ASI und die AOE steuerlich als „staatenlos", Beschluss der Kommission v. 30.8.2016, ABl. 2017 L 187/1 Rn. 51.

728 Beschluss der Kommission v. 30.8.2016, ABl. 2017 L 187/1 Rn. 59 f.

729 Beschluss der Kommission v. 30.8.2016, ABl. 2017 L 187/1 Rn. 61.

730 Beschluss der Kommission v. 30.8.2016, ABl. 2017 L 187/1 Rn. 62.

731 Beschluss der Kommission v. 30.8.2016, ABl. 2017 L 187/1 Rn. 221.

Körperschaftsteuersystem, wonach Gewinne eines Unternehmens besteuert werden, unabhängig davon, wie diese erzielt werden.[732] Die Kommission legt im Weiteren eine Vergleichsgruppe fest: Nach Auffassung der Kommission bilden alle Unternehmen, die Einnahmen erzielen, eine Vergleichsgruppe, da diese Unternehmen der irischen Körperschaftsteuer von 12,5 % (bzw. 25 % für Nicht-Handelseinnahmen) unterliegen. Auch das irische Steuerrecht unterscheidet nicht zwischen integrierten und nicht-integrierten Unternehmen, sodass das Bezugssystem beide Gruppen umfasst.[733] Auch in diesem Fall bemühten sich der Mitgliedstaat (hier Irland) und das betroffene Unternehmen (hier Apple) darum, das Bezugssystem enger zu definieren, um eine Abweichung von diesem System durch die Maßnahme zu vermeiden.[734]

Zu Beginn der Prüfung der Abweichung vom allgemeinen Körperschaftsteuersystem durch die Steuervorbescheide äußert sich die Kommission noch allgemein dazu, wann durch Steuervorbescheide einem Begünstigten ein selektiver Vorteil gewährt werde. Grundsätzlich sei der Zweck solcher Vorbescheide darin zu sehen, im Voraus die Anwendung des allgemeinen Steuerrechts auf einen bestimmten Fall unter Berücksichtigung der Umstände des Einzelfalls festzulegen.[735] Wird jedoch durch einen Steuervorbescheid eine steuerliche Folge gebilligt, die sich nicht bei einer „normalen Anwendung des allgemeinen Steuersystems ergeben würde", kann dadurch ein selektiver Vorteil begründet werden, sofern der Adressat des Vorbescheids durch die unterschiedliche Behandlung finanziell entlastet oder bessergestellt wird.[736]

Begrüßenswert ist, dass die Kommission den Zweck der Vorbescheide anerkennt. Die Voraussetzungen unter denen solche Vorbescheide einen selektiven Vorteil darstellen, entsprechen dem bisher festgestellten.[737] Weicht ein Mitgliedstaat durch einen Vorbescheid vom allgemeinen Steuerrecht bzw. von der Normalbesteuerung zugunsten bestimmter Unternehmen ab, ist darin eine selektive Einzelmaßnahme zu sehen.

In den Vorbescheiden zugunsten von Apple werden Methoden zur Zuweisung der Gewinne der ASI und AOE gebilligt. Diese Art der Gewinnermittlung wirkt sich unmittelbar auf die Steuerbemessungsgrundlage der Unternehmen aus. Es war daher von der Kommission im Rahmen der Prüfung einer Abweichung vom

732 Beschluss der Kommission v. 30.8.2016, ABl. 2017 L 187/1 Rn. 228.
733 Beschluss der Kommission v. 30.8.2016, ABl. 2017 L 187/1 Rn. 228 und 229.
734 Beschluss der Kommission v. 30.8.2016, ABl. 2017 L 187/1 Rn. 231 ff.
735 Beschluss der Kommission v. 30.8.2016, ABl. 2017 L 187/1 Rn. 244.
736 Beschluss der Kommission v. 30.8.2016, ABl. 2017 L 187/1 Rn. 244.
737 Siehe bereits unter Zweiter Teil B. I. 4.

Bezugsystem zu untersuchen, ob diese Billigung der Gewinnermittlungsmethoden zu einer von der üblichen Besteuerung abweichenden, für Apple günstigeren Steuerlast führt. Auch in diesem Fall sieht die Kommission den Fremdvergleichsgrundsatz als Maßstab für Gewinnzuweisungen. Die Kommission betont jedoch ausdrücklich, dass weder die OECD-Leitlinien zur Gewinnzuweisung bzw. zu Verrechnungspreisen noch die Art. 7 und 9 des OECD-Musterabkommen bei der beihilferechtlichen Prüfung zur direkten Anwendung durch die Kommission kommen. Vielmehr wende die Kommission die Leitlinien der OECD zu Verrechnungspreisen bei der Prüfung des Steuervorbescheids mittelbar im Rahmen des Art. 107 Abs. 1 AEUV und des Fremdvergleichsgrundsatzes an.[738] Die Kommission führt weiter aus, dass der OECD-Rahmen zwar unverbindlich sei, jedoch eine nützliche Orientierung darstelle.[739] Weichen Unternehmen von diesen Leitlinien ab, sei dies ein Indiz, dass die verwendeten Gewinnzuweisungsmethoden nicht zu Ergebnisses führen, die im Einklang mit dem Fremdvergleichsgrundsatzes stünden. Die Anwendung des Fremdvergleichsgrundsatzes ergebe sich direkt aus Art. 107 Abs. 1 AEUV.[740] Nach Auffassung der Kommission hat der EuGH in seinem Urteil zu den belgischen Koordinationszentren[741] entschieden, dass in Fällen, in denen Verrechnungspreise angewandt werden, die nicht marktüblich sind, ein selektiver Vorteil vorliegt, wenn dadurch die steuerliche Bemessungsgrundlage herabgesetzt wird.[742]

Nach Prüfung der Gewinnzuweisungsmethoden kommt die Kommission schließlich zu dem Ergebnis, dass diese Methoden nicht dem Fremdvergleichsgrundsatz entsprechen und die Steuerlast von Apple ohne besondere Rechtfertigung niedriger ausfällt, als dies bei korrekter Anwendung des Fremdvergleichsgrundsatzes und Besteuerung nach dem allgemeinen Körperschaftsteuersystem der Fall gewesen wäre.[743]

Gegen die Rückforderung wendete Irland ein, die Kommission habe gegen den Grundsatz der Rechtssicherheit verstoßen, indem sie entgegen ihrer bisherigen Praxis ein anderes als das nationale Steuersystem als Bezugssystem festgelegt hat. Die Kommission hielt dem entgegen, dass in dem vorliegenden Fall die allgemeinen Vorschriften für die Besteuerung von Unternehmen in Irland das Bezugssystem bilden. Zwar hätten die Mitgliedstaaten die Steuersouveränität,

---

738 Beschluss der Kommission v. 30.8.2016, ABl. 2017 L 187/1 Rn. 255 ff.
739 Beschluss der Kommission v. 30.8.2016, ABl. 2017 L 187/1 Rn. 255 ff.
740 Beschluss der Kommission v. 30.8.2016, ABl. 2017 L 187/1 Rn. 255 ff.
741 EuGH v. 22.6.2006 – C-182/03 und C-217/03, ECLI: EU: C:2006:416.
742 Beschluss der Kommission v. 30.8.2016, ABl. 2017 L 187/1 Rn. 251.
743 Beschluss der Kommission v. 30.8.2016, ABl. 2017 L 187/1 Rn. 319 ff.

jedoch müssten diese bei der Ausgestaltung ihres Steuerrechts die Vorschriften des Beihilferechts beachten. Dazu gehört nach Auffassung des EuGH[744] und der Kommission, dass steuerliche Maßnahmen mit dem Beihilferecht nicht vereinbar sind, wenn diese „integrierten Unternehmen die Ermittlung der Gewinne in einer Weise ermöglicht, bei der der Gewinn von dem Gewinn abweicht, der gemäß den Bedingungen des freien Wettbewerbs berechnet würde“.[745]

#### (4) Beschluss der Kommission über die staatlichen Beihilfen von Luxemburg zugunsten Amazon

Die Kommission hat mit Schreiben vom 7. Oktober 2014 Luxemburg davon in Kenntnis gesetzt, dass ein förmliches Prüfverfahren nach Art. 108 Abs. 2 AEUV eingeleitet werde. Grund dafür war eine von Luxemburg genehmigte Verrechnungspreisvereinbarung von Amazon EU S.à.r.l. (nachfolgend „Amazon EU“).[746] Die Amazon EU ist eine Betriebsgesellschaft mit etwa 500 Mitarbeitern und für den Einzelhandel in ganz Europa zuständig.[747]

Am 4. Oktober 2017 folgte dann der Beschluss der Kommission, dass es sich bei den beanstandeten Maßnahmen um unzulässige Beihilfen im Sinne des Art. 107 Abs. 1 AEUV handelt.[748]

Die streitige Maßnahme betraf zwei Steuervorbescheide, die 2003 und 2011 von Luxemburg zugunsten von Amazon EU erlassen wurden. Darin wurden Verrechnungspreise für Lizenzgebühren genehmigt, die nicht dem Grundsatz des Fremdvergleichs entsprachen. Den Vorbescheiden entsprechend konnte Amazon an die ebenfalls in Luxemburg ansässige Amazon Europe Holding Technologies (nachfolgend „Amazon Europe“) Lizenzgebühren in entsprechender Höhe zahlen. Die Amazon Europe ist eine Kommanditgesellschaft nach luxemburgischen Recht und verfügte in Luxemburg weder über Personal noch über Geschäftsräume. Sie fungierte als Mittler zwischen der Betriebsgesellschaft Amazon EU und Amazon in den USA. In Luxemburg werden die Gewinne

---

744 Die Kommission verweist erneut auf die Rechtsprechung des EUGH zu belgischen Koordinationszentren: EuGH v. 22.6.2006 – C-182/03 und C-217/03, ECLI: EU: C:2006:416.

745 Beschluss der Kommission v. 30.8.2016, ABl. 2017 L 187/1 Rn. 441.

746 Siehe dazu die Aufforderung der Kommission zur Stellungnahme v. 6.2.2015, ABl. 2015 C44/13; der Beschluss der Kommission ist noch nicht veröffentlicht.

747 Pressemitteilung der Kommission v. 4.10.2007, http://europa.eu/rapid/press-release_IP-17-3701_de.htm.

748 Siehe zum Ganzen die Pressemitteilung der Kommission v. 4.10.2007, http://europa.eu/rapid/press-release_IP-17-3701_de.htm.

einer Kommanditgesellschaft (wie auch in Deutschland) nur auf Ebene der Gesellschafter besteuert. Da die Gesellschafter der Amazon Europe in den USA ansässig sind, waren die Gewinne der Amazon Europe in Luxemburg nicht zu besteuern.

Mit den betreffenden Steuerbescheiden hat Luxemburg Verrechnungspreise für Lizenzgebühren genehmigt, mit denen Amazon EU den Großteil ihres Gewinnes auf die Amazon Europe verschieben konnte.[749] Da letztere ihre Gewinne nicht in Luxemburg versteuert, wurden auf einen großen Teil der Gewinne in Luxemburg keine Steuer erhoben.[750]

Die Kommission kam zu dem Schluss, dass durch die Steuervorbescheide unangemessene Gewinnermittlungsmethoden genehmigt wurden. Die Höhe der Lizenzgebühren, die Amazon EU an Amazon Europe zahlte, war überdurchschnittlich hoch und entsprach nicht der marktüblichen Realität. Dadurch entstand Amazon EU nach Auffassung der Kommission in Luxemburg ein wirtschaftlicher Vorteil in Form einer Steuerentlastung.[751] Diesen Vorteil kann Amazon auch nicht bestreiten. Durch die Verlagerung der Besteuerungsgrundlagen in die USA fehlt es Luxemburg bereits an der für die Besteuerung notwendigen Bemessungsgrundlage.

Die Kommission geht in ihrer Pressemitteilung auch auf den Zweck der Beihilfekontrolle ein. Danach will die EU durch die Beihilfekontrolle erreichen, dass Mitgliedstaaten nicht bestimmte Unternehmen steuerlich bevorzugen. Transaktionen innerhalb eines Konzerns müssen im Einklang mit der wirtschaftlichen Realität erfolgen mit der Folge, dass bei Zahlungen zwischen Unternehmen eines Konzerns der Fremdvergleichsgrundsatz eingehalten werden müsse.[752]

Gegen den Beschluss hat Luxemburg am 14. Dezember 2017 vor dem EuG Klage eingereicht.[753] Luxemburg macht geltend, dass die von der Kommission vorgenommene Ermittlung der Verrechnungspreise nicht dem

749 Für die Amazon EU sind die Lizenzgebühren als Betriebsausgaben abziehbar und wirken sich damit gewinnmindernd aus. Korrespondierend dazu wirken sich die vereinnahmten Lizenzgebühren auf Seite der Amazon Europe als Betriebseinnahmen gewinnerhöhend aus.

750 Siehe zum Ganzen die Pressemitteilung der Kommission v. 4.10.2007, http://europa.eu/rapid/press-release_IP-17-3701_de.htm.

751 Pressemitteilung der Kommission v. 4.10.2007, http://europa.eu/rapid/press-release_IP-17-3701_de.htm.

752 Pressemitteilung der Kommission v. 4.10.2007, http://europa.eu/rapid/press-release_IP-17-3701_de.htm.

753 Anhängig beim EuG unter dem Aktenzeichen T- 816/17, ABl. 2018 C 72/18.

Fremdvergleichsgrundsatz entspreche. Die Kommission habe zudem Rechtsfehler begangen, weil diese keinen Bezugsrahmen für die Abweichung festgelegt habe. Des Weiteren machte Luxemburg geltend, dass die Kommission mit ihrem Beschluss gegen Art. 4 und 5 EUV verstoße und eine versteckte Steuerharmonisierung vornehme.[754]

### (5) Förmliches Prüfverfahren zur steuerlichen Behandlung von McDonald's in Luxemburg

Die Kommission hat zudem ein förmliches Prüfverfahren zu Steuervorbescheiden, die Luxemburg zugunsten von McDonald's erlassen hat, eingeleitet.[755] In den Vorbescheiden hat Luxemburg entschieden, dass die Gewinne von McDonald's nicht in Luxemburg, sondern in den USA steuerpflichtig seien. Dies galt jedoch nur, wenn McDonald's einen Nachweis erbringe, dass die Gewinne in den USA besteuert würden. Da die USA auf diese Gewinne jedoch auch mangels Steuerpflicht keine Steuern erhoben hat, konnte McDonald's den geforderten Nachweis einer Besteuerung in den USA nicht erbringen. Auf Drängen von McDonald's hat Luxemburg im Jahr 2009 erneut einen Steuervorbescheid erlassen, in dem beschieden wurde, dass ein solcher Nachweis der Besteuerung in den USA nicht mehr zu erbringen sei. Die Kommission prüft nun, ob die Steuerbefreiung eine unzulässige Beihilfe darstellt.[756]

### (6) Zwischenfazit zur Praxis der Kommission im Hinblick auf Tax Rulings

Zunächst ist festzuhalten, dass Tax Rulings nicht prima facie beihilferechtlich unzulässig sind. Die Gewährung von Rechtssicherheit begründet noch keinen Vorteil im Sinne des Beihilferechts.[757]

Die eingangs dargestellte Kritik[758] an den Kommissionsentscheidungen ist nachvollziehbar. Die Kommission hat als Referenzrahmen die OECD-Verrechnungspreisleitlinien für die Bestimmung der Marktüblichkeit im Rahmen des Fremdvergleichs als maßgeblich gesetzt. Diese Praxis der Kommission ist aber nicht zu beanstanden. Würden die genannten Mitgliedstaaten nicht die

754 Anhängig beim EuG unter dem Aktenzeichen T- 816/17, ABl. 2018 C 72/18 unter Klagegründe.

755 Bekanntmachung der Kommission v. 15.7.2016, ABl. 2016 C 258/11, sowie Pressemitteilung der Kommission v. 3.12.2015.

756 Siehe zum Ganzen: Pressemitteilung der Kommission v. 3.12.2015.

757 So auch *Blumenberg,* in: FS Endres, 17, 26.

758 Siehe beispielhaft auch *Linn,* IStR 2015, 114, 119.

Verrechnungspreise derart regeln, dass den genannten Unternehmen ein Vorteil entsteht, sondern andere Gewinnermittlungsvorschriften für multinationale Unternehmensgruppen zu deren Gunsten anpassen, würde darin auch eine Abweichung vom Regelsystem gesehen werden. Dementsprechend ist es sinnvoll, einen allgemein anerkannten Maßstab wie die OECD-Leitlinien für die Ermittlung von Preisen für gruppeninterne Transaktionen zu verwenden, um einen möglichen selektiven Vorteil zu ermitteln. Zwar könnte man dem entgegnen, dass dadurch dem einzelnen Mitgliedstaat ein Gewinnermittlungssystem aufgezwungen wird. Bei der Ermittlung von Marktpreisen geht es jedoch nicht um bestimmte Gewinnermittlungssysteme, sondern um die Schätzung von Einnahmen mit Hilfe von einheitlichen Vergleichsmaßstäben, die sich möglichst nah an den marktüblichen Bedingungen orientieren sollten. Marktübliche Preise sind eine Tatsachenfrage und nicht gesetzgeberischer Gestaltung unterworfen.

In dem Beihilfeverfahren zu den zugunsten von Apple ergangenen Steuervorbescheiden führt die Kommission ihre Auffassung hinsichtlich der Frage, wie sich der Fremdvergleichsgrundsatz auf die Beantwortung der Frage nach der Selektivität einer Maßnahme auswirkt, nochmals aus. Sie betont, dass sie nicht, wie bei dem Verfahren „Fiat“ vermutet, die OECD-Leitlinien zu Verrechnungspreisen als Bezugssystem wählt, sondern diese Leitlinien lediglich als Orientierungshilfe zur Ermittlung der Marktüblichkeit verwendet. Es ist nicht von der Hand zu weisen, dass Irland mit den Vorbescheiden zugunsten von Apple den Steuer-Standort „Irland“ attraktiver gestalten wollte. Das stellt ein Paradebeispiel für die Probleme der BEPS-Diskussionen dar. Damit sollte es für Irland nicht überraschend sein, dass versucht wird, diese Praktiken zu unterbinden. Gleichwohl stellt sich die Frage, ob die Kommission insoweit ihre Kompetenz überschritten hat. Der Einwand Irlands, dass die Kommission mit dieser Entscheidung gegen den Grundsatz der Rechtssicherheit verstoßen habe, scheint berechtigt. Dies trifft jedoch nur zu, wenn man in der Entscheidung der Kommission eine Abweichung zur bisherigen Entscheidungspraxis sieht. Zu diesem Ergebnis gelangt man nur, wenn man, wie Irland, der Auffassung ist, dass die Kommission mit dem Fremdvergleichsgrundsatz eine Art übernationales Bezugssystem über die jeweiligen nationalen Steuerordnungen legt. Dies ist nicht der Fall. Die Kommission legt den Maßstab am irischen Körperschaftsteuersystem an, wonach Gewinne von Unternehmen, unabhängig davon, ob es sich um integrierte oder nicht-integrierte Unternehmen handelt, der Körperschaftsteuer zu unterwerfen sind.

Der Fremdvergleichsgrundsatz ist lediglich ein Prinzip, nach dem die Steuerbemessungsgrundlage marktgerecht ermittelt werden kann, wenn keine Preise direkt am Markt realisiert werden. Es handelt sich dabei nicht um ein Oktroyieren einer übernationalen Steuerregelung, sondern lediglich um ein Mittel der korrekten Sachverhaltsermittlung im Wege der Schätzung, um das nationale Steuerrecht vergleichbar anwenden zu können. Damit ist diese Praxis nachvollziehbar. Es bleibt das Problem bestehen, dass es sich dabei um ein allgemein anerkanntes Prinzip und eben nicht um eine nationale Regelung handelt.[759] Der Kommission ist jedoch zugute zu halten, dass sie dieses Prinzip des Fremdvergleichs nicht ohne Zusammenhang zur nationalen Rechtsordnung anwendet, sondern aus dem jeweiligen Steuerrecht herleitet und das nationale Steuerrecht als Bezugssystem wählt.[760] In Fällen, in denen es im nationalen Steuerrecht keinerlei Anknüpfungspunkte für eine Geltung des Fremdvergleichsgrundsatzes gibt, ist es aber schwer vertretbar, diesen Grundsatz als Begründung für einen selektiven Vorteil zu nennen.[761] Wie bereits dargelegt, haben die betroffenen Mitgliedstaaten derartige Anknüpfungspunkte für den Fremdvergleichsgrundsatz zum Teil erst im Jahr 2014 (Luxemburg) und 2010 (Irland) gesetzlich geregelt.[762] In diesen Fällen hat die Kommission einen Standard in Form der OECD-Leitlinien für Verrechnungspreise den betroffenen Mitgliedstaaten aufgezwungen und in die jeweiligen Referenzrahmen diese Leitlinien hineininterpretiert. Der Verweis auf die Geltung des Fremdvergleichsgrundsatzes im Rahmen der Anwendung des Art. 107 Abs. 1 AEUV[763] ist im AEUV nicht angelegt.

Die Verfahren verdeutlichen zwar, dass die Skepsis der Kommission im Hinblick auf Einzelbeihilfen durch Rulings doch berechtigt ist. Fraglich ist jedoch, ob durch die Praxis der Kommission auch andere Vorbescheide, die eigentlich nicht der Steuerminimierung von Unternehmen dienen sollen, in den Fokus des Beihilferecht gelangen könnten. In der Gesamtschau lässt sich nicht der Eindruck vermeiden, dass die Kommission den Anwendungsbereich des Beihilferechts zu weit fasst. Die Subsumtion der genannten Fälle unter Art. 107 Abs. 1 AEUV mögen in großen Teilen zutreffend sein, jedoch wecken die Verfahren den Verdacht, dass die Kommission das Beihilferecht als Instrument zur Steuerharmonisierung nutzt.[764] Der Verweis auf die OECD-Leitlinien ist nur dann

759 So wohl auch *Werder/Dannecker*, BB 2015, 1687, 1693.

760 In diese Richtung geht auch *Blumenberg*, in: FS Endres, 17, 27.

761 Im Ergebnis wohl auch *Linn*, IStR 2015, 114, 119.

762 Siehe bereits oben unter Zweiter Teil B. II. 2. a.

763 Siehe dazu bereits oben unter Zweiter Teil B. II. 2. a. (3).

764 So auch Luxemburg in ihrer Klage gegen den Beschluss der Kommission in Sachen Amazon, siehe das anhängige Verfahren beim EUG unter dem Aktenzeichen T-816/17, ABl. 2018 C 72/18.

nachvollziehbar, wenn diese als Maßstab für einen im nationalen Recht verankerten Fremdvergleichsgrundsatz genutzt werden.

Hinsichtlich der Frage, inwiefern die deutschen Vorbescheide, allen voran die verbindliche Auskunft, von dieser Praxis betroffen sein könnten, lässt sich vorab festhalten, dass derartige Vereinbarungen über Gewinnzuweisungen dem deutschen Verfahrensrecht grundsätzlich fremd sind.

Es ist aber dennoch zu untersuchen, ob auch die deutsche Auskunftspraxis Gegenstand beihilferechtlicher Untersuchungen werden könnte.

### *b. Vergleichbarkeit mit der verbindlichen Auskunft nach § 89 Abs. 2 AO*

Die in den genannten Verfahren betroffenen Vorbescheide hatten vor allem Vereinbarungen zu Verrechnungspreisen und Gewinnzuweisungsmethoden zum Inhalt. Stehen die vereinbarten Verrechnungspreise im Widerspruch zu den marktüblichen Preisen und wirkt sich dies steuermindernd aus, liegt nach Auffassung der Kommission ein selektiver Vorteil vor. Diese Fälle dürften bei der deutschen verbindlichen Auskunft so nicht auftreten, da diese der Beantwortung von Rechtsfragen dient und die Frage der Verrechnungspreise eine Sachverhalts- bzw. Tatsachenfrage darstellt. Auch bei anderen deutschen Vorbescheiden, die Tatsachenfragen zum Inhalt haben, besteht die Gefahr, dass diese beihilferechtlich relevant sein können. Sowohl die tatsächliche Verständigung als auch die Zusage im Anschluss an eine Außenprüfung können selektive Vorteile gewähren, wenn durch diese die Steuerbemessungsgrundlage zu niedrig angesetzt wird.

Stehen verbindliche Auskünfte nicht im Ermessen der Verwaltung und stützt sich die Verwaltung bei der Auslegung des Rechts auf objektive Kriterien, sollten diese beihilferechtlich nicht zu beanstanden sein. Etwas anderes gilt jedoch, wenn verbindliche Auskünfte gegen geltende Steuervorschriften oder Verwaltungsanweisungen verstoßen.[765] Problematisch könnten verbindliche Auskünfte auch dann werden, wenn sie gegen die Rechtsprechung des BFH verstoßen und insbesondere in Fällen, in denen die Verwaltung die Nichtanwendung durch entsprechende Erlasse angeordnet hat. In solchen Fällen handelt die Verwaltung aufgrund eines Erlasses gegen die Rechtsprechung des BFH. Werden nun verbindliche Auskünfte zu Fragen erlassen, zu denen der BFH sich bereits geäußert hat, und handelt die Finanzverwaltung aufgrund eines Erlasses gegen diese Rechtsprechung, kann dieses Verwaltungshandeln im Zweifel rechtswidrig. Entsteht dem Steuerpflichtigen dadurch ein Vorteil, kann dieser selektiv im Sinne des Beihilferechts wirken. Ein Beispiel für eine derartige Praxis hätte der

765 So auch *Schnitger*, IStR 2017, 421, 423.

Sanierungserlass sein können[766]: Hätte die Finanzverwaltung die Nichtanwendung des Urteils des BFH[767] angeordnet, wären die darauffolgenden Verwaltungsakte und auch die verbindlichen Auskünfte weiterhin auf Grundlage des Sanierungserlasses[768] ergangen und damit rechtswidrig. Der Steuerpflichtige hätte dann einen wirtschaftlichen Vorteil in Form eines Steuererlasses erhalten. Da dieser Steuererlass gegen geltende Rechtsprechung verstoßen hätte, wäre in diesem Beispiel die Selektivität zu bejahen gewesen.[769]

Zwar liegt der Zweck der verbindlichen Auskunft darin, Rechtssicherheit zu schaffen und nicht darin, Steuerbegünstigungen zu gewähren oder Vereinbarungen über Steuerbelastungen zu treffen, wie es anscheinend in anderen Mitgliedstaaten Praxis ist. Jedoch sind auch bei der verbindlichen Auskunft Fälle denkbar, in denen diese selektiv wirken und unter Umständen beihilferechtlich problematisch sein könnten.[770] Interessant sind die genannten Verfahren insbesondere, weil die Kommission deutlich gemacht hat, dass Vorbescheide im Fokus der Beihilfeprüfung stehen. Die Kommission hat die Reichweite der Überprüfung von Einzelmaßnahmen im Steuerrecht ausgedehnt. Durch die Praxis der Kommission in den genannten Verfahren wurde das Bewusstsein geschaffen, dass Abweichungen vom geltenden Steuerrecht durch Vorbescheide oder Auskünfte selektiv wirken und daraus entstehende Vorteile zurückzugewähren sind. Daher besteht eine durchaus berechtigte Sorge, dass der Zweck solcher Vorbescheide, Rechtssicherheit zu schaffen, gefährdet sein könnte. Denn ein Berufen auf Vertrauensschutz wird in den meisten Fällen ins Leere laufen.[771] Es gilt daher zu analysieren, inwieweit nationale Vorbescheide, in Deutschland zuvörderst die verbindliche Auskunft, von der Praxis der Kommission betroffen sein können.

---

766 Siehe dazu noch unten unter Zweiter Teil B. 2. c. (3).

767 BFH v. 28.11.2016 – GrS 1/15, BStBl. II 2017, S. 393.

768 BMF-Schreiben v. 27.03.2003, BStBl. I 2003, S. 240, ergänzt durch das BMF-Schreiben v. 22.12.2009, BStBl. I 2010, S. 18.

769 Zu der Frage, ob der Sanierungserlass als solcher eine unzulässige Beihilfe darstellt, wird unten unter Zweiter Teil B. 2. c. (3) ausführlich Stellung genommen.

770 *Soltèsz*, EuZW 2015, 127, 130 ist der Auffassung, dass die deutschen Steuerpraktiken nicht im Fokus beihilferechtlicher Überprüfungen stehen, jedoch werden in der Literatur vielerorts Bedenken hinsichtlich der beihilferechtlichen Resistenz der deutschen verbindlichen Auskunft geäußert, so zum Beispiel *Schnitger*, IStR 2017, 421, 423; *Roser*, in: B/G AO, § 89 Rn. 71.1; *Werder/Dannecker*, BB 2015, 1687, 1693; *Lang*, IStR 2015, 369, 371 u.a.

771 Siehe dazu bereits unter Zweiter Teil B.I.3.

### c. *Beihilferechtliche Problemfelder der verbindlichen Auskunft*

Es sind mehrere Konstellationen denkbar, in denen eine verbindliche Auskunft eine mögliche unzulässige Einzelbeihilfe sein könnte. So ist zunächst der Fall zu nennen, in dem die Auskunft gegen geltendes Recht, Verwaltungsanweisung oder höchstrichterliche Rechtsprechung verstoßen. Hier stellt sich das Sonderproblem der Nichtanwendungserlasse.[772] Des Weiteren könnten bei der Sachverhaltserfassung Fehler auftreten, sodass der zugrunde gelegte Sachverhalt nicht mit dem realisierten übereinstimmt (z.B. dann, wenn die Finanzbehörde den realisierten Sachverhalt nicht überprüft). Zu guter Letzt könnte sich auch die Rechtslage (Verwaltungsanweisung, Rechtsprechung) zwischen Erteilung der verbindlichen Auskunft und Verwirklichung des Sachverhalts geändert haben.

Die Kommission kann zudem in dem Ermessensspielraum einer Finanzbehörde einen Anhaltspunkt für Selektivität sehen.[773] Wobei sich das Ermessen der Finanzbehörde bei der verbindlichen Auskunft auf das Entschließungsermessen beschränkt.[774]

Der Finanzbehörde steht zwar kein Beurteilungsspielraum zu[775], sie ist aber bei der Anwendung des Steuerrechts darauf angewiesen, unbestimmte Rechtsbegriffe auszulegen. Der Auslegung und Interpretation unbestimmter Rechtsbegriffe durch die jeweilige Finanzbehörde geschuldet sind auch mögliche regionale, von Behörde zu Behörde inhaltlich unterschiedlich erteilte Auskünfte. Darin kann unter Umständen ebenfalls auf eine selektive Abweichung zugunsten bestimmter Unternehmen geschlossen werden.

Hinsichtlich der übrigen Voraussetzungen für das Vorliegen einer Beihilfe kommt es zwar auf den Einzelfall an. Die Kommission hat diese in den genannten Verfahren zu anderen Tax Rulings regelmäßig in kurzen Absätzen bejaht. Auch bei der deutschen verbindlichen Auskunft würden diese Voraussetzungen vorliegen. Zunächst handelt es sich bei Steuern um finanzielle Mittel des Staates, die bei Verwaltungsakten zugunsten des Steuerpflichtigen bei diesem einen finanziellen Vorteil begründen. Je nach Fallkonstellation wird auch die Gefahr einer Auswirkung auf den innergemeinschaftlichen Handel und eine mögliche Wettbewerbswirkung gegeben sein. Wie dargestellt sind die Anforderungen für diese Voraussetzungen nicht sonderlich hoch.[776] Zu prüfen bleibt daher die

---

772 Siehe dazu bereits unter Zweiter Teil B.II.2.c.

773 Siehe dazu bereits unter Zweiter Teil B.I.2.d.

774 Siehe dazu bereits unter Erster Teil A.V.

775 Siehe dazu bereits oben unter Zweiter Teil A.III.

776 Siehe dazu bereits unter Zweiter Teil B.I.2.

Selektivität. Diese Voraussetzung bildet wie auch in den genannten Entscheidungen der Kommission den Schwerpunkt der Prüfung.

### (1) Selektivität aufgrund eines weiten Ermessensspielraums

Nach Auffassung der Kommission spricht ein weiter Ermessensspielraum der Verwaltung grundsätzlich für eine Selektivität.[777] Auch der EuGH hat in der Rechtssache P Oy die Auffassung vertreten, dass von einer Selektivität auszugehen ist, wenn die Behörden über ein weites Ermessen verfügen, dass es ihnen erlaubt, die Begünstigten und die Bedingungen der gewährten Maßnahme anhand systemfremder Kriterien zu bestimmen.[778] Mithin besteht bei Ermessensspielräumen der Verwaltung grundsätzlich die Gefahr, dass diese a priori selektiv im Sinne der Kommissionsauffassung und der europäischen Rechtsprechung sein könnten. Dies ist insoweit problematisch, als dass zunächst nicht nach der Art und den Gründen der Ermessensentscheidung differenziert wird und damit das Vorhandensein eines weiten Ermessensspielraums für das Vorliegen der Selektivität ausreichen soll.[779]

Bei der Erteilung einer verbindlichen Auskunft steht der Finanzbehörde zunächst ein Entschließungsermessen zu.[780] Damit könnte man annehmen, die jeweilige Finanzbehörde könne sich den Empfänger der verbindlichen Auskunft aussuchen und Unternehmen auch von der Inanspruchnahme der verbindlichen Auskunft ausschließen. Ein solches Entschließungsermessen kann dann beihilferechtlich problematisch werden und eine Selektivität vermuten lassen, wenn die Entscheidung nicht auf objektiven Kriterien beruht.[781] Die Erteilung einer verbindlichen Auskunft ist nach Auffassung der Finanzverwaltung nur unter bestimmten, im Anwendungserlass zur Abgabenordnung genannten Voraussetzungen möglich.[782] Liegen die Voraussetzungen für die Erteilung der verbindlichen Auskunft vor, reduziert sich das Entschließungsermessen auf Null.[783]

---

777 Bekanntmachung der Kommission v. 19.7.2016, ABl. 2016 C 262/28 Rn. 123; dazu bereits oben unter Zweiter Teil B.I.2.d.

778 EuGH v. 18.7.2013 – C-6/12, ECLI: EU: C:2013:525 Rn. 27.

779 *Grotherr*, EWS 2015, 67, 73.

780 Siehe dazu bereits oben unter Erster Teil A. V.

781 Siehe dazu bereits oben unter Erster Teil B. I. 2. d.; vgl. auch Mitteilung der Kommission v. 10.12.1998, ABl. 1998 C 384/3 Rn. 21; siehe auch *Blumenberg*, in: FS Endres, 17, 25.

782 Siehe oben unter Erster Teil A. V.; insbes. bei der Prüfung von Steuergestaltungen oder wenn lediglich die Erlangung eines Steuervorteils im Vordergrund steht.

783 Siehe oben unter Erster Teil A. V.

Dementsprechend ist grundsätzlich nach objektiven Kriterien antizipierbar, ob eine verbindliche Auskunft erteilt wird oder nicht.

Problematisch könnte jedoch sein, dass bei der Prüfung der Voraussetzungen für die Erteilung der verbindlichen Auskünfte mehrere unbestimmte Rechtsbegriffe, wie zum Beispiel das „besondere steuerliche Interesse“[784], auszulegen sind.[785] Weiterhin sind die Ausschlusskriterien der Finanzverwaltung, bei deren Vorliegen die Erteilung einer verbindlichen Auskunft zu versagen ist, zuweilen unbestimmt. Insbesondere die Frage, was steuerliche Gestaltungen sind oder wann ein Antrag auf die Erzielung eines Steuervorteils abzielt, liegen zumindest in Teilen im Interpretationsspielraum der Finanzverwaltung. Im Hinblick auf diese unbestimmten Anforderungen ist es zumindest nicht auszuschließen, dass die Finanzverwaltung ihr Entschließungsermessen unterschiedlich ausübt. Dies birgt zumindest die Gefahr einer Einordnung des Entschließungsermessens der Finanzbehörden durch die Kommission als selektiv.[786]

Wie bereits dargestellt, steht den Finanzbehörden hinsichtlich des Inhalts der verbindlichen Auskunft kein Auswahlermessen zu.[787] Jedoch kann bei der verbindlichen Auskunft der Interpretationsspielraum unterschiedlich ausfallen, wenn Finanzbehörden ähnlich gelagerte Sachverhalte unter den gleichen Vorschriften unterschiedlich subsumieren.[788] Fraglich ist, ob ein Interpretations- oder Auslegungsspielraum bei der Anwendung unbestimmter Rechtsbegriffe auch unter „Ermessensspielraum“ im Sinne der Kommission zu verstehen ist. Nach nationalem (Steuer-)Verfahrensrecht hat eine Behörde einen Ermessenspielraum, wenn sie unter mehreren, rechtlich zulässigen Entscheidungen die sachgerechte wählen darf.[789] Das Ermessen ist stets auf der Rechtsfolgenseite angesiedelt.[790] Der von der Kommission verwendete Begriff des „Ermessens“ weicht jedoch von dem Begriff des „Ermessens“ aus § 5 AO ab.[791] Ermessen im Sinne der Kommission liegt vor, „wenn eine Steuerverwaltung die Voraussetzungen für die Gewährung einer Steuervergünstigung je nach Merkmalen des ihr zur Prüfung vorgelegten Investitionsvorhabens unterschiedlich handhaben

784 Hierauf beziehend *Grotherr*, EWS 2015, 67, 75.
785 Siehe zum besonderen Interesse auch: *Rapp*, FR 2017, 520, 524 ff.
786 Im Ergebnis auch: *Grotherr*, EWS 2015, 67, 75.
787 Siehe oben unter Erster Teil A.V.; vgl. auch *Seer*, StbJB 2013, 557, 569; *Krumm*, DStR 2011, 2429, 2430 ff.
788 In diese Richtung geht auch *Grotherr*, EWS 2015, 67, 74.
789 *Koenig*, in: ders. AO, § 5 AO Rn. 4; *Gersch*, in: Klein AO, § 5 Rn. 3 AO.
790 *Koenig*, in: ders. AO, § 5 AO Rn. 4.
791 So auch *Grotherr*, EWS 2015, 67, 74.

kann."[792] Das „Ermessen" im Sinne der Bekanntmachung der Kommission scheint daher auch für Spielräume oder Freiheiten auf Tatbestandsebene zu verstehen zu sein.[793] Die Finanzbehörde hat bei der Erteilung der verbindlichen Auskunft nicht das Wahlrecht zwischen mehreren rechtlich vertretbaren Entscheidungen, sondern muss für den jeweiligen Steuerpflichtigen die nach ihrer Auffassung materiell-rechtlich richtige Beurteilung des zur Prüfung dargelegten Sachverhalts vornehmen.[794] Verbindliche Auskünfte werden vor allem bei geplanten Dispositionen gestellt, bei welchen die rechtliche Beurteilung schwierig und nicht eindeutig ist. Daher bestehen auch bei der Beurteilung der der verbindlichen Auskunft zugrundeliegenden Rechtsfragen Unsicherheiten hinsichtlich des Ergebnisses der Prüfung durch die Behörde. Bei der Anwendung der Steuergesetze auf den Einzelfall können sich mehrer vertretbare Lösungen finden, die sich z.B. durch unterschiedliche Auslegungen unbestimmter Rechtsbegriffe ergeben.[795] Daraus können sich mehrere rechtlich vertretbare Lösungsalternativen ergeben, wobei diese keine frei wählbaren Alternativen darstellen, sondern hinsichtlich des zu beurteilenden Einzelfalls zu würdigen sind.[796] Dennoch ist eine Abweichung vom Bezugssystem durch unterschiedliche Auslegung nicht ausgeschlossen.

Um eine Selektivität einer Vergünstigung durch eine verbindliche Auskunft aufgrund des Interpretations- oder Auslegungsspielraums vermeiden zu können, ist es daher wichtig, die verbindlichen Auskünfte mit einer ausführlichen Begründung zu versehen. Nur durch diese kann dargelegt werden, ob die Auskunft, wenn sie einen prima facie selektiven Vorteil gewährt, durch die Natur oder den inneren Aufbau des Systems gerechtfertigt ist.[797]

---

792 Bekanntmachung der Kommission v. 19.7.2016, ABl. 2016 C 262/37 Rn. 124.

793 Noch zum Entwurf der Bekanntmachung der Kommission v. 17.1.2014, aber mit dem gleichen Ergebnis: *Grotherr*, EWS 2015, 67, 74; der BFH ist der Auffassung, dass der Kommission die Unterscheidung zwischen Ermessen und Beurteilungsspielraum fremd ist, BFH v. 25.3.2015 – X R 23/13, BStBl. II 2015, S. 696 Rn. 87.

794 BFH v. 29.2.2012 – IX R 11/11 – BStBl. II 2012, 651 Rn. 16; FG Köln v. 6.3.2012 – 13 K 3006/11, EFG 2012, 1421 Rn. 47 ff.; siehe auch *Grotherr*, EWS 2015, 67, 74.

795 *Grotherr*, EWS 2015, 67, 74 f.

796 *Grotherr*, EWS 2015, 67, 75.

797 *Grotherr*, EWS 2015, 67, 75.

### (2) Unterschiedliche Auskunftspraxis der Finanzverwaltungen als Indiz für Selektivität?

Gemäß § 2 Abs. 1 StAuskV kann sich auf eine verbindliche Auskunft nur der Steuerpflichtige, der den Antrag gestellt hat, berufen. Die verbindliche Auskunft entfaltet mithin nur ihm gegenüber Bindungswirkung.[798]

Verbindliche Auskünfte entfalten folglich keine Präjudizwirkung zugunsten anderer Steuerpflichtiger. Andere Steuerpflichtige in ähnlicher Sach- oder Rechtslage haben lediglich die Möglichkeit, ebenfalls eine verbindliche Auskunft zu beantragen. Diese muss im Ergebnis aber nicht der Auskunft entsprechen, die gegebenenfalls andere Steuerpflichtige erhalten haben.[799] Dadurch besteht die Möglichkeit, Steuerpflichtige in vergleichbarer Lage unterschiedlich zu behandeln und durch verbindliche Auskünfte Vergünstigungen nur selektiv zu gewähren.[800]

Nach Auffassung der Verwaltung ist in Fällen von grundsätzlicher Bedeutung das Bundesministerium der Finanzen zu informieren.[801] Dies soll eine einheitliche Rechtsauslegung in diesen Fällen sicherstellen und widerstreitende Auskünfte vermeiden.[802] Daraus lässt sich schließen, dass auch die Verwaltung die Gefahr einer divergierenden Auskunftspraxis erkennt. Die obersten Landesfinanzbehörden haben zwar innerhalb eines Bundeslandes für eine einheitliche Rechtsanwendung zu sorgen. Ein Standortwettbewerb unter den Ländern und im Zweifel auch unter den einzelnen Finanzbehörden eines Landes ist aber nicht auszuschließen.[803]

Dies ist nicht nur ein Problem der Rechtsanwendungsgleichheit im nationalen Steuerrecht,[804] sondern auch der Selektivität im beihilferechtlichen Kontext. Denn im Zweifel besteht bei jeder Steuervergünstigung, die nur einzelnen Unternehmen zugutekommt, die Gefahr, dass diese als beihilferechtlich unzulässige Maßnahme charakterisiert wird.[805] Der Gesetzgeber ist mithin angehalten,

---

798 Siehe oben unter Erster Teil A. VI.

799 Siehe auch *Grotherr*, EWS 2015, 67, 76.

800 *Drüen* spricht im Zusammenhang mit verbindlichen Auskünften gar von einem „Nord-Süd-Gefälle", Protokoll zum Bochumer Steuerseminar für Praktiker und Doktoranden vom 9.7.2010, S. 5, abrufbar unter http://www.kompetenzzentrum-steuerrecht.de/v1/cms/upload/Protokolle_Bochumer_Steuerseminar/100_2010_07_09_Dren_Schneider_Seer_Regierungskoalition_und_Steuerreform.pdf.

801 OFD Frankfurt v. 12.12.2007 - S 0224 A - 3 - St 23 Tz. 3.2.

802 OFD Frankfurt v. 12.12.2007 - S 0224 A - 3 - St 23 Tz. 3.2 und 3.3.

803 So auch *Grotherr*, EWS 2015, 67, 77.

804 Siehe dazu ausführlich *Hey*, in: T/L, § 3 Rn. 110 ff.

805 *Linn*, IStR 2008, 607, 607,

für eine einheitliche Auskunftspraxis zu sorgen. Ein möglicher Lösungsansatz wäre eine Zentralisierung der Zuständigkeiten für verbindliche Auskünfte.[806]

Freilich ist diese Problematik nicht nur der verbindlichen Auskunft immanent, sondern überall dort anzutreffen, wo die Finanzverwaltung eine Steuerregelung auf den Einzelfall anwenden muss und dabei mehrere rechtmäßige Lösungen zur Verfügung hat. Auch Rechtsanwendungsfragen bei der Steuerveranlagung oder Außenprüfung können je nach zuständigem Finanzamt unterschiedlich beantwortet werden.[807] Die Finanzverwaltung reagiert darauf in vielen Fällen mit Erlassen und Richtlinien, um eine gleichmäßige Besteuerung zu gewährleisten. Gerade in schwierigen Fragen, die zudem noch nicht durch die Rechtsprechung geklärt sind, ist dieses Problem der Rechtsanwendungsgleichheit dennoch akut und bietet Potenzial für selektive Begünstigungen im Sinne des Beihilferechts.

#### (3) Selektivität rechtswidriger verbindlicher Auskünfte

Geht man davon aus, dass ein selektiver Vorteil prima facie dann vorliegt, wenn die nationalen Steuerverwaltungen zugunsten von bestimmten Unternehmen vom geltenden Steuerrecht abweichen, ergibt sich daraus unweigerlich die Frage, welche Folge dies für rechtswidriges Handeln der Finanzverwaltung hat. Die Finanzbehörden haben gemäß § 85 Satz 1 AO die Steuern nach Maßgabe der Gesetze gleichmäßig festzusetzen und zu erheben. Nach § 85 Satz 2 AO haben sie zudem sicherzustellen, dass Steuern nicht verkürzt, zu Unrecht erhoben oder Steuererstattungen und Steuervergütungen zu Unrecht gewährt oder versagt werden. Die deutschen Finanzbehörden sind damit verpflichtet, die Steuern rechtmäßig nach Maßgabe der Gesetze festzusetzen. Dementsprechend haben auch die erteilten verbindlichen Auskünfte inhaltlich den Steuergesetzen zu entsprechen. Trotz dieser Pflicht zu rechtmäßigem Handeln ist es unvermeidbar, dass den Behörden Fehler unterlaufen und sie Steuerbescheide erlassen und Auskünfte erteilt werden, die dem geltenden Recht widersprechen und damit rechtswidrig sind. Werden diese formell bestandskräftig, folgt aus dem Prinzip der Rechtssicherheit, dass auch rechtswidrige Verwaltungsakte nur unter besonderen Voraussetzungen geändert werden können.[808] Wird nun eine Auskunft erteilt, die dem geltenden Recht widerspricht und wird der betroffene

---

806 so auch *Grotherr*, EWS 2015, 67, 77.

807 Zur Rechtsanwendungsgleichheit umfassend *Eckhoff*, Rechtsanwendungsgleichheit im Steuerrecht, S. 285 ff.

808 Insbesondere unter den Voraussetzungen der §§ 129 ff. AO, §§ 164 f. AO, §§ 172 ff. AO.

Steuerpflichtige durch die Auskunft steuerlich besser gestellt als es das geltende Recht vorsieht, kann darin prima facie ein selektiver Vorteil im Sinne des Beihilferechts gesehen werden.

Zur Veranschaulichung soll das Beispiel des Sanierungserlasses dienen. Der Große Senat des Bundesfinanzhofs hat am 28. November 2016 beschlossen, dass der sog. Sanierungserlass[809] gegen den Grundsatz der Gesetzmäßigkeit der Verwaltung (Art. 20 Abs. 3 GG) verstößt.[810] Der Sanierungserlass regelte die Voraussetzungen, unter denen die Finanzverwaltung seit Streichung des § 3 Nr. 66 EStG Sanierungsgewinne, die beim Schuldner aufgrund von Forderungsverzichten der Gläubiger entstehen, aus Billigkeitsgründen nicht besteuerte.[811] Nach dem Urteil des Großen Senats wurde mit § 3a EstG[812] eine gesetzliche Regelung geschaffen, die die Nichtbesteuerung von Sanierungsgewinnen gesetzlich kodifizierte. Allerdings tritt diese Regelung erst an dem Tag in Kraft, an dem die Kommission durch Beschluss feststellt, dass die Regelung keine staatliche Beihilfe nach Art. 107 Abs. 1 AEUV darstellt, oder feststellt, dass die Regelung eine mit dem Binnenmarkt vereinbare Beihilfe darstellt.[813] Bereits der vorlegende zehnte Senat des BFH hat sich mit der Frage der beihilferechtlichen Würdigung des Sanierungserlasses beschäftigt.[814] Der zehnte Senat ist dabei zu dem Ergebnis gekommen, dass die Nichtbesteuerung von Sanierungsgewinnen zwar eine Abweichung vom Bezugssystem (dem deutschen Ertragssteuerrecht) darstellt, wonach Buchgewinne grundsätzlich zu besteuern sind, jedoch sei diese Abweichung nicht selektiv, da nicht bestimmte Unternehmen oder Unternehmenszweige betroffen seien, sondern die Regelung allen Unternehmen offenstehe.[815] Der Erlass der Steuern in Sanierungsfällen sei zwar eine Ermessensentscheidung,

809 BMF-Schreiben v. 27.03.2003, BStBl. I 2003, S. 240, ergänzt durch das BMF-Schreiben v. 22.12.2009, BStBl. I 2010, S. 18.

810 BFH v. 28.11.2016 - GrS 1/15, BStBl. II 2017, S. 393.

811 Siehe dazu unter anderem: *Blumenberg*, IFSt-Schrift Nr. 516, S. 41; *Geerling/Hartmann*, DStR 2017, 752, 753; *Wehner*, NZI 2012, 537, 537.

812 Eingeführt mit dem Gesetz gegen schädliche Steuerpraktiken im Zusammenhang mit Rechteüberlassungen vom 27.6.2017, BGBl. I 2017, 2074.

813 Siehe Art. 6 des Gesetzes gegen schädliche Steuerpraktiken im Zusammenhang mit Rechteüberlassungen vom 27.6.2017, BGBl. I 2017, 2074.

814 BFH v. 25.3.2015 - X R 23/13, BStBl. II 2015, S. 696 Rn. 75 ff.

815 BFH v. 25.3.2015 - X R 23/13, BStBl. II 2015, S. 696 Rn. 75 ff.; der zehnte Senat merkt an, dass die Kommission sich wohl mit dem Sanierungserlass beschäftigt und darin keine unzulässige Beihilfe erkannt habe. Diese Kommissionsentscheidung ist aber nicht veröffentlicht. Siehe dazu *Gragert*, NWB 2013, 2141, 2142, auf die der X. Senat rekurriert.

jedoch sei dieses Ermessen bei Vorliegen der in dem Sanierungserlass genannten Voraussetzungen auf Null reduziert.[816] Auch der Spielraum der Finanzverwaltung auf Tatbestandsseite führe zu keinem anderen Ergebnis, da dies durch die Rechtsprechung vollumfänglich überprüfbar sei.[817] Ferner sei die Abweichung auch systemimmanent und damit durch den Aufbau und die Natur des Systems gerechtfertigt. Der Sanierungserlass finde seine Begründung in den Grundprinzipien der deutschen Steuerrechtsordnung, da er eine Besteuerung nach der wirtschaftlichen Leistungsfähigkeit sicherstelle.[818] Mangels Entscheidungserheblichkeit hat sich der Große Senat zu der beihilferechtlichen Frage nicht geäußert.[819]

In der Literatur fällt die Beurteilung der beihilferechtlichen Prüfung des Sanierungserlasses auch im Hinblick auf die Neuregelung in § 3a EstG nicht so eindeutig aus wie im zehnten Senat.[820] Das Argument in der Entscheidung des zehnten Senats, wonach der Erlass nicht selektiv sei, weil er von allen Unternehmen unterschiedslos in Anspruch genommen werden kann, werde angesichts der Rechtsprechung des EuGH nicht ausreichen, um eine Selektivität dieser Maßnahme verneinen zu können.[821] Eine generelle Anwendbarkeit einer Regelung führt nach Auffassung des EuGH noch nicht dazu, dass diese nicht selektiv wirken kann.[822] *Blumenberg* führt aus, dass eingedenk der Rechtsprechung des EuG zur deutschen Sanierungsklausel in § 8c KStG[823] die Nichtbesteuerung von Sanierungsgewinnen eine Abweichung vom nationalen Bezugssystem der Besteuerung von anderen Betriebsvermögensmehrungen (auch in Form von Verzichtsgewinnen) darstellen könnte.[824] Nach der Auffassung von *Blumenberg*

---

816 BFH v. 25.3.2015 – X R 23/13, BStBl. II 2015, S. 696 Rn. 87; zur Auffassung der Kommission hinsichtlich der beihilferechtlichen Würdigung von Ermessensentscheidungen vgl. oben Zweiter Teil B. I. 4.

817 BFH v. 25.3.2015 – X R 23/13, BStBl. II 2015, S. 696 Rn. 87; die Kommission nimmt nach der hier vertretenen Auffassung keine Unterscheidung zwischen Ermessensspielraum auf Rechtsfolgenseite und Auslegungsspielraum auf Tatbestandsseite vor, siehe dazu oben unter Zweiter Teil B. II. 2. c. (1).

818 BFH v. 25.3.2015 – X R 23/13, BStBl. II 2015, S. 696 Rn. 88.

819 BFH v. 28.11.2016 – GrS 1/15, BStBl. II 2017, S. 393 Rn. 150.

820 Siehe unter anderem: *Blumenberg*, IfSt-Schrift Nr. 516, S. 45; *Ismer/Piotrowski*, DStR 2015, 1993, 1993; *Seer*, FR 2014, 721, 721 ff.

821 *Blumenberg*, IfSt-Schrift Nr. 516, S. 45.

822 EuGH v. 21.12.2016 – C-20/15 P, C-21/15 P, ECLI: EU: C:2016:981 Rn. 74; sowie ergänzend *Blumenberg*, IfSt-Schrift Nr. 516, S. 45.

823 EuG v. 4.2.2016 – T-287/11, ECLI: EU: T:2016:60.

824 *Blumenberg*, IfSt-Schrift Nr. 516, S. 45.

ergibt sich die Vereinbarkeit des Sanierungserlasses und damit auch des § 3a EStG aus der Anwendung des Private Investor Tests[825], da auch private Gläubiger in Sanierungsfällen auf Forderungen verzichten.[826] Diese Lösung erscheint sinnvoll, jedoch ist die Anwendung des Private Investor Tests bei originär hoheitlichen Tätigkeiten nicht unumstritten.[827] Ein weiterer Rechtfertigungsgrund könnte sich zudem aus der Grundwertung des deutschen Steuerrechts ergeben, dass Besteuerungseingriffe nicht so ausgestaltet sein dürfen, dass sie zur Aufgabe der steuerpflichtigen Tätigkeit zwingen (Erdrosselungssteuer).[828]

Für die verbindliche Auskunft stellt sich nun die Frage, welche Auswirkungen diese Diskussion auf bereits erteilte verbindliche Auskünfte hat. In Teilen der Literatur wird angenommen, dass verbindliche Auskünfte, die auf dem Sanierungserlass beruhen, weiterhin Bestand haben und bindend sind.[829] Aus den Ausführungen zur beihilferechtlichen Würdigung des Sanierungserlasses wird aber deutlich, dass die Nichtbesteuerung von Sanierungsgewinnen beihilferechtlich höchst umstritten und das Ergebnis der Prüfung des § 3a EStG durch die Kommission nicht vorhersehbar ist. Durch die Entscheidung des Großen Senats ist deutlich geworden, dass verbindliche Auskünfte, die aufgrund des Sanierungserlasses ergangen sind, ohne ausreichende gesetzliche Grundlage ergangen sind und damit rechtswidrig sind. Daher besteht die Möglichkeit, dass die Kommission diese Auskünfte als selektive Einzelmaßnahmen ansieht und eine Aufhebung fordert. Da der Sanierungserlass bisher nicht Gegenstand der Untersuchung der Kommission ist, bleibt zu hoffen, dass auch Verwaltungsakte, die darauf beruhen, nicht von der Kommission aufgegriffen werden.

Eine weitere relevante Frage ist derzeit in der Literatur noch unbeleuchtet. Fraglich ist, wie Fälle beihilferechtlich zu beurteilen sind, in denen der BFH die Rechtswidrigkeit gewisser Praktiken der Finanzverwaltung festgestellt hat und die Finanzverwaltung durch Nichtanwendungserlasse gehalten ist, diese Praxis dennoch weiter zu verfolgen. Handelt die Finanzverwaltung nun z.B. durch verbindliche Auskünfte auf Basis der Nichtanwendungserlasse zugunsten der Steuerpflichtigen, stellt sich auch hier die Frage nach der Selektivität. Folgt man

825 zum Private Investor Test siehe bereits Zweiter Teil B. I. 2. a.

826 *Blumenberg*, IfSt-Schrift Nr. 516, S. 45; a.A. wohl *Glatz*, IStR 2016, 447, 448.

827 Siehe dazu bereits Zweiter Teil B. I. 2. a.; ergänzend zum Sanierungserlass: *Wehner*, NZI 2012, 537, 539.

828 *Blumenberg*, IfSt-Schrift Nr. 516, S. 45; *Ismer/Piotrowski*, DStR 2015, 1993, 1997 ff.; *Seer*, FR 2014, 721, 730; in diese Richtung gehen auch *Geerling/Hartmann*, DStR 2017, 752, 756.

829 So wohl *Lautenbach/Roll/Völkner*, BB 2017, 643, 643 ff.

dem Prüfungsaufbau der Kommission und der europäischen Gerichte, wäre zunächst das jeweilige Steuersystem der Steuerart als Referenzsystem festzulegen (bspw. das Körperschaftsteuerrecht). Erteilt die Finanzverwaltung nun eine verbindliche Auskunft, die der Auffassung der Rechtsprechung widerspricht, auf Basis eines Nichtanwendungserlasses und entsteht dem Unternehmen dadurch ein steuerlicher Vorteil, könnte dies eine Abweichung vom Bezugssystem darstellen, da die Handlung der Finanzverwaltung der Rechtsprechung widerspricht.

Des Weiteren stellt sich eine ähnliche Frage in Fällen, in denen die Finanzverwaltung, anders als bei der Sanierungsklausel des § 8c KStG oder beim Sanierungserlass, unbeabsichtigt rechtswidrige Vorteile zugunsten steuerpflichtiger Unternehmen gewährt. Werden beispielsweise in verbindlichen Auskünften Befreiungstatbestände bejaht, obwohl diese nicht vorliegen, kann damit ebenfalls ein selektiver Vorteil gewährt werden.

Spätestens in diesen Fällen muss die Grenze des Beihilferechts gezogen werden. Würde in Fällen, in denen rechtswidrige verbindliche Auskünfte in irgendeiner Form Vorteile gewähren, bereits eine unzulässige Beihilfe angenommen werden, hätte dies zur Folge, dass diese faktisch nicht in Bestandskraft erwachsen könnten. Ein Berufen auf Vertrauensschutz und Rechtssicherheit gegenüber der Kommission ist, wie gezeigt, nur in den seltensten Fällen möglich.[830] Eine solche Praxis der Kommission ist jedoch nicht zu befürchten, da spätestens in Fällen unbeabsichtigter Begünstigungen durch Rechtsanwendungsfehler eine Rechtfertigung mit dem Argument der Systemimmanenz möglich sein sollte. Rechtsanwendungsfehler sind in der Praxis unvermeidbar. Um Rechtsfrieden zu gewährleisten, muss daher Bestandskraft und Vertrauensschutz als Teil der Rechtstaatlichkeit und insbesondere der Rechtssicherheit garantiert werden können. Diese Grundsätze sind auch Teil der Steuerrechtsordnung und im Verfahrensrecht verankert.[831] Daraus muss sich zumindest in den letztgenannten Fällen eine Rechtfertigung ergeben.[832] Die abstrakte Gefahr einer derart weitgehenden Ausweitung der Kommissionspraxis besteht jedoch und es kann nicht sicher vorhergesagt werden, ob die Kommission den genannten Rechtfertigungsgrund als solchen akzeptiert.

---

830 Zweiter Teil B. I. 3.

831 Siehe als Ausprägung u.A. die Korrekturvorschriften der AO, §§ 129 ff. AO, §§ 164 f. AO usw; siehe auch bereits oben Erster Teil D. I. und II.

832 In diese Richtung geht auch *Dannecker* bei den Berliner Steuergesprächen am 7.11.2016, siehe: *Rösler*, FR 2017, 186, 186.

Man kann der Kommission jedoch entgegenhalten, dass in solchen Fällen auch ein unionsrechtlicher Vertrauensschutz nicht möglich wäre. Wenn die Finanzverwaltung um die Rechtswidrigkeit ihrer Entscheidung nicht weiß, kann sie auch eine, den unionsrechtlichen Vertrauensschutz auslösende Notifizierung der vermeintlichen Beihilfe nicht durchführen. Sie weiß im Zeitpunkt der unbeabsichtigten Vorteilsgewährung nichts von der beihilferechtlichen Relevanz.

Die Finanzverwaltung steht selbst bei Erkennen der Rechtswidrigkeit im Nachhinein vor einem Dilemma. Sie kann die verbindliche Auskunft nach Bestandskraft nur unter besonderen Voraussetzungen zurücknehmen. Sie wäre aber gehalten, diesen vermeintlich selektiven Vorteil der Kommission aufgrund der Notifizierungspflicht anzuzeigen. Eine Option wäre, jede begünstigende verbindliche Auskunft, die die De-Minimis-Grenze übersteigt, der Kommission anzuzeigen. Dies würde einen nicht zu bewältigenden Verwaltungsaufwand verursachen und aufgrund der dann wohl langen Bearbeitungszeit die verbindliche Auskunft wertlos machen.

Eine weitere Option wäre, dass die Kommission auf die Beweggründe der vermeintlichen Beihilfegewährung abstellt, also eine Art subjektiven Tatbestand prüft. Ergibt sich aus der Begründung der verbindlichen Auskunft kein Anschein für eine gewollte Beihilfe in der Art, dass der Wettbewerb durch die Maßnahme verzerrt und nationale Unternehmen oder der Standort Deutschland durch die Maßnahme gefördert werden soll, ist der Anwendungsbereich des Beihilferechts nicht eröffnet. Es ist aber zu bezweifeln, dass die Kommission eine derartige Prüfung anstellt und diese Fälle aus dem Anwendungsbereich ausnimmt. Das Beihilferecht soll aus Sicht der Kommission jedwede auch mittelbare und unbeabsichtigte Wettbewerbsverfälschung verhindern. Dann ist die Kommission aber angehalten zumindest eine Abwägung zwischen dem Schutz des Binnenmarkts und Rechtsstaatlichkeit vorzunehmen. Eine grundsätzliche Unterordnung der nationalen Rechtsstaatlichkeitsprinzipien zugunsten eines freien Binnenmarktes untergräbt die nationale Rechtsstaatlichkeit. Die harte Durchsetzung des effet-utile-Grundsatzes sollte in Teilen nochmals überdacht und angepasst werden. Im Beihilferecht soll das heißen, dass der Vertrauensschutz nur dann durchbrochen werden kann, wenn es sich um eindeutige Beihilfen handelt und der Binnenmarkt im Rahmen einer umfassenden Abwägung Vorrang genießt.

### 3. *Zwischenergebnis: Kein Vertrauen auf verbindliche Auskünfte im Falle beihilferechtlicher Unzulässigkeiten*

Unabhängig davon, ob die verbindliche Auskunft die Anwendung einer beihilferechtlich unzulässigen Regelung gewährt oder, ob die verbindliche Auskunft selbst eine unzulässige (Einzel-)Beihilfe darstellt, besteht nicht die Möglichkeit, sich auf diese für die Veranlagung zu berufen.

Grundsätzlich wären die Mitgliedstaaten verpflichtet, auch verbindliche Auskünfte, die möglicherweise Einzelbeihilfen darstellen könnten, im Rahmen des Notifizierungsverfahrens zunächst der Kommission vorzulegen. Dadurch würde ein enormer Verwaltungsaufwand provoziert, da alle (begünstigenden) verbindlichen Auskünfte auf eine mögliche Selektivität hin untersucht werden müssten. Zudem wird es zumindest bei Einzelbeihilfen in der Praxis eher vorkommen, dass mögliche beihilferechtliche Probleme erst im Nachhinein auffallen[833], beispielsweise, wenn im Nachhinein die Rechtswidrigkeit einer verbindlichen Auskunft bekannt wird. Dann ist ein Notifizierungsverfahren nicht mehr möglich, da dieses vor Gewährung der Beihilfe hätte eingeleitet werden müssen.

Im Ergebnis ist festzuhalten, dass Tax-Rulings dann beanstandet werden, wenn diese vom geltenden Steuerrecht abweichen oder schon ohne rechtliche Grundlage erlassen werden. Grundsätzlich sollte zwar zunächst die Steuerregelung als solche und nicht ihre Anwendung im Einzelfall der beihilferechtlichen Prüfung unterfallen, jedoch zeigen die dargestellten Fallkonstellationen, dass durchaus die Möglichkeit besteht, dass verbindliche Auskünfte in einzelnen Fällen als beihilferechtlich unzulässige Maßnahmen eingeordnet werden können. Zu berücksichtigen ist aber, dass verbindliche Auskünfte grundsätzlich nicht erteilt werden, wenn dadurch die Erzielung eines Steuervorteils im Vordergrund steht.[834]

Wurden verbindliche Auskünfte auf Grundlage einer beihilferechtlich unzulässigen Norm getroffen, entfalten diese keine Vertrauensbasis für die zukünftige Veranlagung. Für diese Fälle ist der Zweck der verbindlichen Auskunft, Rechts- und Planungssicherheit zu schaffen, nicht zu erreichen. Es empfiehlt sich eine beihilferechtliche Sensibilität im Hinblick auf verbindliche Auskünfte als beihilferechtliche Einzelmaßnahmen. Weicht die verbindliche Auskunft vom geltenden Recht ab oder gewähren Auskünfte Vorteile, für die keine Rechtsgrundlage existiert, besteht die konkrete Gefahr einer beihilferechtlichen Unzulässigkeit. Sowohl die Steuerpflichtigen bzw. deren Berater als auch die Finanzbehörden sollten das Beihilferecht auch bei verbindlichen Auskünften nicht außer Acht lassen. Im Hinblick auf unbeabsichtigte Vorteile, die sich bspw. aus rechtswidrigen, begünstigenden Auskünften ergeben, sollte das Beihilferecht weiter interpretiert und eventuell durch ein subjektives Element (bspw. Vorsatz oder grobe

---

833 *Grotherr*, EWS 2015, 67, 73.

834 AEAO zu § 89 AO Tz. 3.5.4; so auch *Grotherr*, EWS 2015, 67, 69.

Fahrlässigkeit) ergänzt werden, um unbeabsichtigte rechtswidrige Auskünfte aus dem Anwendungsbereich des Beihilferechts auszunehmen.

Die Konstellationen haben im Ergebnis gemein, dass im Falle einer beihilferechtlichen Unzulässigkeit ein Vertrauen auf die erteilten verbindlichen Auskünfte nicht mehr möglich sein wird. Die verbindliche Auskunft verliert dann ihre Verbindlichkeit.

Die Mitgliedstaaten sind verpflichtet, etwaige Beihilfemaßnahmen einem Notifizierungsverfahren der Kommission zu unterwerfen. Dies ist aber nur dann möglich, wenn der Mitgliedstaat weiß, dass es sich um eine Beihilfe im Sinne des Art. 107 AEUV handeln könnte. In den Fällen, in denen der Mitgliedstaat vermeintliche Beihilfen z.B. aufgrund von Rechtsanwendungsfehlern gewährt, ist diesem die Beihilfequalität nicht bewusst. Für diese Fälle kann das Beihilferecht nicht funktionieren. Eine Abweichung vom Bezugssystem kann nur dann wettbewerbsrelevant sein und in den Zuständigkeitsbereich der Kommission fallen, wenn die Förderung bestimmter Unternehmen in der Maßnahme angelegt ist. Ein zu weiter Anwendungsbereich des Beihilferechts würde die nationale Verwaltungspraxis zu einer nicht realisierbaren (beihilferechtlichen) Überprüfung sämtlicher Handlungen zwingen. Daher sollten solche Fälle nicht vom Anwendungsbereich des Beihilferechts umfasst sein. Zweck des Beihilferechts soll nicht sein, die Steuerrechtsordnungen von sämtlichen Begünstigungen zu befreien und die Steuerrechtsordnungen der Mitgliedstaaten anzugleichen. Das Beihilferecht soll lediglich dem Zweck dienen, Vergünstigungen, die den innergemeinschaftlichen Wettbewerb gefährden, zu verhindern. Der Gedanke des Beihilferechts als Wettbewerbsrecht darf dabei nicht in den Hintergrund rücken.

Für die Praxis stellt sich natürlich die Frage, wie die Kommission überhaupt von nationalen Einzelbeihilfen erfahren soll. Die Verfahren rund um Apple, Amazon, Fiat etc. wurden der Kommission aufgrund von Presseberichten bekannt. Darin liegt sowohl ein Vorteil für die Begünstigten als auch ein Nachteil. Vorteilhaft ist, dass die Kommission im Zweifel die meisten Begünstigungen nicht erkennen, bzw. über diese nicht informiert wird. Nachteilig für die vermeintlich Begünstigten ist, dass diese selbst nicht wissen, wann die Kommission Einzelbeihilfen aufgreift. Im Hinblick auf Normen, die beihilferechtlich problematisch sein könnten, ist der deutsche Gesetzgeber schon sensibler geworden. Dies zeigt sich beispielsweise an der vorherigen Notifizierung des neuen § 3a EStG. Hinsichtlich Einzelbeihilfen und damit der Praxis der einzelnen Finanzbehörden ist noch keine Notifizierungspraxis ersichtlich. In diesem Zusammenhang ist auch nochmals auf den großen Verwaltungsaufwand hinzuweisen, den eine beihilferechtliche Überprüfung aller begünstigenden Maßnahmen verursachen würde.

Dieser Problematik des „Nicht-Erkennens" beihilferechtlich relevanter Einzelmaßnahmen könnte der automatische Informationsaustausch über Tax-Rulings entgegenwirken. Sowohl als Chance als auch als Risiko für die rechtliche Vorhersehbarkeit von Einzelbeihilfen im Steuerrecht können daher die nachfolgenden Lösungsansätze verstanden werden. Zum einen wurde ein europaweiter automatischer Informationsaustausch normiert, der Informationen auch zu Tax-Rulings transparenter machen soll. Zum anderen wurde die Idee einer anonymisierten Veröffentlichung von verbindlichen Auskünften geäußert. Beides würde die Transparenz erhöhen und die Vorhersehbarkeit staatlichen Handelns fördern. Zugleich besteht die Gefahr, dass die Kommission dadurch häufiger Beihilfeverfahren anstoßen wird und damit den Zweck der verbindlichen Auskünfte noch weiter unterminiert. Selbst wenn die verbindlichen Auskünfte keine Beihilfen darstellen, würden die Prüfverfahren lange Zeiten der Rechtsunsicherheit mit sich ziehen und damit die verbindliche Auskunft für den Steuerpflichtigen wertlos machen.

## C. Automatischer Informationsaustausch

Eine weitere Maßnahme zur Verhinderung schädlichen Steuerwettbewerbs ist der automatische Austausch von Informationen über Steuervorbescheide innerhalb der Europäischen Union.[835] Die Kommission hat im Rahmen ihres Maßnahmenpakets zur Steuertransparenz im Jahr 2015 eine Änderung der Richtlinie 2011/16/EU zur Erhöhung der Transparenz bei Erteilung von Steuervorbescheiden vorgeschlagen[836], woraufhin der Europäische Rat am 8. Dezember 2015 eine Änderung der EU-Amtshilferichtlinie beschlossen hat.[837] Grund dafür war unter anderem der BEPS-Aktionspunkt 5[838], der sich dem Thema der Transparenz im Steuerrecht widmet und unter anderem einen Austausch von Informationen zu Verrechnungspreisvereinbarungen und grenzüberschreitenden Steuervorbescheiden vorsieht.[839]

Der Informationsaustausch soll auf grenzüberschreitende steuerliche Vorbescheide und Vorabverständigungen über Verrechnungspreise zwischen

835 *Grotherr*, IStR 2015, 293, 295.

836 Zum Vorschlag der Kommission siehe im Detail: *Seer*, in: FS Gosch, 387, 387 ff.

837 Richtlinie (EU) 2015/2376 des Rates v. 8.12.2015 zur Änderung der Richtlinie 2011/16/EU bezüglich der Verpflichtung zum automatischen Austausch von Informationen im Bereich der Besteuerung, ABl. 2015 L 332/1.

838 Siehe dazu zusammenfassend: *Krauß*, IStR 2016, 59, 62 f.

839 BMF Merkblatt v. 17.8.2017 – IV B 6 – S 1320/16/10002:014 BStBl. I 2017, 1228, Rn. 3.

internationalen Unternehmen ausgeweitet und konkretisiert werden.[840] Bisher wurde der Informationsaustausch nur eingeschränkt praktiziert, da der Austausch von Informationen in weiten Teilen im Ermessen der Behörden stand und nicht verpflichtend war.[841]

Ziel der Richtlinie ist die Bekämpfung des schädlichen Steuerwettbewerbs.[842] Danach sind alle Tax Rulings zu übermitteln, die nach dem 31. Dezember 2016 erteilt, geändert oder erneuert werden. Unternehmen mit einem gruppenweiten Jahresnettoumsatz von weniger als 40 Mio. Euro können von der Regelung ausgenommen werden. Des Weiteren soll sich der automatische Informationsaustausch auf alle Vorbescheide und Vorabverständigungen erstrecken, die in einem Zeitraum, der fünf Jahre vor Geltungsbeginn der Richtlinie beginnt, erteilt, geändert oder erneuert wurden.[843] Die von einem Mitgliedstaat an die anderen Mitgliedstaaten zu übermittelnden Informationen enthalten unter anderem Angaben zur Person, eine Zusammenfassung des Inhalts, das Datum der Erteilung oder Änderung, Angaben zur Geltungsdauer des Rulings und Angaben zu den Beträgen der Transaktionen.[844] Der Kommission jedoch werden Informationen nur in anonymisierter Form, also ohne Angaben zum Adressaten oder des Inhalts des Vorbescheids, zur Verfügung gestellt.[845] Grund dafür ist unter anderem die Wahrung des Steuer- und Berufsgeheimnisses.[846] Würden diese Informationen auch übermittelt, wäre die Kommission in der Lage, die Vorbescheide auf ihre Vereinbarkeit mit dem Beihilferecht zu überprüfen.[847]

Deutschland hat die Richtlinie mit dem Gesetz zur Umsetzung der Änderungen der EU-Amtshilferichtlinie und von weiteren Maßnahmen gegen Gewinnkürzungen und -verlagerungen in das EU-Amtshilfegesetz (EUAHiG) umgesetzt.[848] Von dem Anwendungsbereich des Informationsaustauschs sind verbindliche Auskünfte nach § 89 Abs. 2 AO, verbindliche Zusagen nach § 204

840 Richtlinie (EU) 2015/2376, ABl. 2015 L 332/1 Rn. 6.
841 *Mückl/München*, BB 2015, 2775, 2776.
842 Richtlinie (EU) 2015/2376, ABl. 2015 L 332/1 Rn. 1.
843 Siehe Art. 8a Abs. 2 und 3 der Richtlinie 2011/1/ EU in der Fassung der Richtlinie (EU) 2015/2376, ABl. 2015 L 332/1.
844 Art. 8a Abs. 6 der Richtlinie 2011/1/ EU in der Fassung der Richtlinie (EU) 2015/2376, ABl. 2015 L 332/1.
845 Art. 8a Abs. 8 der Richtlinie 2011/1/ EU in der Fassung der Richtlinie (EU) 2015/2376, ABl. 2015 L 332/1.
846 *Mückl/München*, BB 2015, 2775, 2780.
847 *Blumenberg*, IfSt-Schrift Nr. 516, S. 58; siehe auch *Czakert*, IStR 2016, 985, 989.
848 BGBl. I 2016, 3000.

AO sowie Vorabzusagen zur Umsetzung von Vorabverständigungsverfahren im Sinne des § 178a AO umfasst.[849] Vorbescheide, die nicht Verrechnungspreise betreffen, fallen dann in den sachlichen Anwendungsbereich, wenn sie sich auf grenzüberschreitende Transaktionen oder auf die Frage nach dem Bestehen einer Betriebsstätte im Ausland beziehen und vor der Transaktion oder der Begründung der Betriebsstätte erteilt werden.[850]

Nach dem EUAHiG sollen Informationen zu grenzüberschreitenden Vorbescheiden und Vorabverständigungen zu Verrechnungspreisen zwischen den Mitgliedstaaten der EU[851] automatisch ausgetauscht werden. Betrifft der Steuervorbescheid (auch) steuerliche Angelegenheiten natürlicher Personen, werden diese Informationen nach Maßgabe des § 8 EUAHiG spontan ausgetauscht, da der persönliche Anwendungsbereich des automatischen Informationsaustauschs auf juristische Personen und Personengesellschaften beschränkt ist.[852]

Der automatische Informationsaustausch ist ein weiteres Mittel gegen Steuerbetrug und Steuervermeidung.[853] Deutschland hat den automatischen Informationsaustausch bereits in nationales Recht umgesetzt und macht damit einen großen Schritt in Richtung mehr Transparenz. Für den Zweck der verbindlichen Auskunft kann dies mehr Rechtssicherheit bedeuten, vor allem, weil durch die ausgetauschten Informationen die Transparenz gefördert und der Verdacht von unlauteren Absprachen zwischen Finanzverwaltung und Steuerpflichtigen von vornherein verhindert werden kann.[854] Zwar erhält die Kommission nur eingeschränkte Informationen und wird mit den ihr zur Verfügung stehenden Informationen die Vorbescheide nicht auf ihre Vereinbarkeit mit dem EU-Beihilferecht prüfen können. Die Zusammenarbeit zwischen den Mitgliedstaaten

849 *Blumenberg*, IfSt-Schrift Nr. 516, S. 58; *Blumenberg/Kring*, BB 2017, 151, 154; siehe auch BMF Merkblatt v. 17.8.2017 – IV B 6 – S 1320/16/10002:014, BStBl. I 2017, 1228, Rn. 14.

850 BMF Merkblatt v. 17.8.2017 – IV B 6 – S 1320/16/10002:014, BStBl. I 2017, 1228, Rn. 15 ff.

851 Außerhalb des Anwendungsbereichs des EUAHiG werden Informationen mit den übrigen OECD-, IF- und G20-Staaten nach Maßgabe der jeweils geltenden Vorschriften, insbes. der DBA ausgetauscht; siehe dazu BMF Merkblatt v. 17.8.2017 – IV B 6 – S 1320/16/10002:014, BStBl. I 2017, 1228 Rn. 9.

852 BMF Merkblatt v. 17.8.2017 – IV B 6 – S 1320/16/10002:014 BStBl. I 2017, 1228 Rn. 37 ff.

853 *Mückl/München*, BB 2015, 2775, 2775.

854 In diese Richtung geht auch *Czakert*, IStR 2016, 985, 991.

und das Vertrauen in die Vorbescheidpraxis der Mitgliedstaaten untereinander wird durch diese Art des Informationsaustauschs jedoch gestärkt.

## D. Mehr Rechtssicherheit durch eine Veröffentlichung der verbindlichen Auskünfte?

Die Kommission hat in ihrer Bekanntmachung zum Begriff der staatlichen Beihilfe vom 19.7.2016 angemerkt, dass die Schaffung von Rechtssicherheit und Vorhersehbarkeit durch Steuervorbescheide insbesondere dadurch gestärkt werden könne, dass die Vorbescheidpraxis der Steuerverwaltungen transparent gestaltet wird und die Vorbescheide womöglich veröffentlicht werden können.[855] Mangelnde Transparenz kann durchaus ein Umfeld begünstigen, in dem Absprachen getroffen werden, die von der Normalbesteuerung abweichen.[856] Die Veröffentlichung von Informationen über Rulings kann zur Rechtsfortbildung, Rechtssicherheit und zur Einheitlichkeit der Rechtsanwendung beitragen sowie unlauteren Steuerabsprachen entgegenwirken.[857]

Die Praxis in Deutschland ist derzeit eine andere. Zum einen unterscheidet sich die Auskunftspraxis von Bundesland zu Bundesland. Zum zweiten wissen die Antragsteller nicht, ob zu ihrer aufgeworfenen Frage bereits verbindliche Auskünfte ergangen und wie diese ausgefallen sind. Dies zeugt insgesamt von mangelnder Transparenz. Eine Veröffentlichung der Auskünfte würde auch eine a priori Prüfung auf mögliche beihilferechtliche Probleme vereinfachen, um eventuelle Notifizierungspflichten einzuhalten.

Wie bereits dargelegt, besteht die Möglichkeit, dass in der Auskunftspraxis unterschiedliche Finanzbehörden ähnlich gelagerte Fälle unterschiedlich beurteilen. Damit würden Steuerpflichtige in vergleichbarer Sach- und Rechtslage, die in unterschiedliche Zuständigkeitsbereiche fallen, bei der Gewährung steuerlicher Vorteile unterschiedlich behandelt. Dies fördert zumindest die Gefahr eines beihilferechtlichen selektiven Vorteils zugunsten einiger Unternehmen.[858] Diese abstrakte Gefahr könnte dadurch vermieden werden, dass die verbindlichen Auskünfte (anonymisiert) veröffentlicht werden. Dadurch könnte ein Anspruch auf Gleichbehandlung und Rechtsanwendungsgleichheit

---

855 Bekanntmachung der Kommission v. 19.7.2016, ABl. 2016 C 262/37 Rn. 169.

856 *Blumenberg*, FS Endres, 17, 26.

857 *Greil*, IStR 2017, 677, 680; siehe auch *Grotherr*, BB 2015, 471, 472 ff. mit dem Hinweis, dass einige andere Länder bereits seit längerem ihre Rulings anonymisiert veröffentlichen.

858 Siehe dazu bereits oben unter Zweiter Teil B. II. 2. c. (2).

im Auskunftsverfahren gewährleistet[859] und die Gefahr einer selektiven Abweichung vermieden werden.

Dabei gilt es, die Förderung der Rechtssicherheit und der Gleichheit im Besteuerungsverfahren durch transparentes Verwaltungshandeln mit dem Recht auf informationelle Selbstbestimmung und dem daraus folgenden Steuergeheimnis in Einklang zu bringen.[860] Als möglichen Lösungsansatz dieses Konflikts nennt beispielsweise *Grotherr* eine verpflichtende Zustimmung des Antragstellers. Der Steuerpflichtige soll danach schon in seinem Antrag der anonymisierten Veröffentlichung zustimmen. Eine solche Zustimmung als Antragsvoraussetzung könnte beispielsweise in der StAuskV geregelt werden.[861] Eine Veröffentlichung ohne Zustimmung wäre im Hinblick auf das Recht auf informationelle Selbstbestimmung aus Art. 2 Abs. 1 i.V.m. Art. 1 Abs. 1 GG gleichwohl möglich, jedoch müsste eine solche Regelung differenziert, d.h. vor allem ausreichend anonymisiert, ausgestaltet sein, um den verfassungsrechtlichen Anforderungen zu genügen.[862]

Man könnte dem entgegenhalten, dass ein Teil der Beraterschaft einer Veröffentlichung eher kritisch gegenüberstehen könnte, da, je nach Umfang der Veröffentlichung, besondere (Steuer-)Gestaltungsideen[863] der Öffentlichkeit und damit auch anderen Beratern zur Verfügung gestellt würden. Auch kann es nicht ausgeschlossen werden, dass trotz Anonymisierung aufgrund der Besonderheiten des Einzelfalles auf den Adressaten geschlossen werden kann. Beide Fragen hängen vom Umfang der Veröffentlichung ab. Werden Sachverhaltsangaben vollständig veröffentlicht und nur Namensangaben anonymisiert, kann es unter Umständen möglich sein, den Adressaten zu identifizieren, wohingegen dies bei einer Veröffentlichung lediglich der Rechtsauffassung der Finanzverwaltung nicht möglich sein sollte. Hier gilt es im Rahmen der Gesetzgebung einen verfassungsrechtlichen Ausgleich zu finden. Je weiter die Veröffentlichung geht, desto stärker wird der Eingriff in den Schutzbereich der informationellen Selbstbestimmung und desto höher werden die Anforderungen an eine verfassungsrechtliche Rechtfertigung sein.

Die Idee einer anonymen Veröffentlichung der verbindlichen Auskünfte ist aber insgesamt zu begrüßen. Der Steuerpflichtige hätte die Möglichkeit eines

859 *Grotherr*, EWS 2015, 67, 76; *ders.*, BB 2015, 471, 471.
860 *Grotherr*, BB 2015, 471, 471; siehe auch *Greil*, IStR 2017, 677, 679.
861 *Grotherr*, BB 2015, 471, 472 f.
862 *Grotherr*, BB 2015, 471, 473.
863 *Grotherr*, BB 2015: 471; 472 stellt die Frage in den Raum, ob Gestaltungsideen der Berater urheberrechtlich geschützt sein könnten und verneint dies.

Vergleichs seiner verbindlichen Auskunft mit den in ähnlichen gelagerten Fällen erteilten Auskünfte. Die Vorbescheidpraxis der Finanzverwaltung wäre zudem vorhersehbarer. Der Antragsteller könnte auf Basis der bereits veröffentlichten verbindlichen Auskünfte abschätzen, wie sein geplanter Sachverhalt steuerlich zu behandeln wäre. Auch im Hinblick auf das Beihilferecht wäre eine solche Praxis vorteilhaft. Eine weitgehende Transparenz der Vorbescheidpraxis kann von vornherein den Schein unlauterer Steuerabsprachen vermeiden.

In der gesetzlichen Ausgestaltung sollte die weitestgehende Wahrung des Steuergeheimnisses nach § 30 AO angestrebt werden. Verbindliche Auskünfte sollten zudem, trotz Veröffentlichung, auch weiterhin nur eine Bindung inter partes zur Folge haben. Präjudizielle Wirkungen anderer verbindlicher Auskünfte könnte zu Streitigkeiten über die Vergleichbarkeit von Einzelfällen führen.

# Dritter Teil: Zusammenfassung der Ergebnisse

Zweck der verbindlichen Auskunft nach § 89 Abs. 2 AO soll sein, Rechtssicherheit zu schaffen. Durch die verbindliche Auskunft kann der Steuerpflichtige die steuerlichen Folgen der von ihm geplanten Dispositionen in Erfahrung bringen. Er erhält sowohl ein hohes Maß an Planungssicherheit im Hinblick auf das zukünftige Verhalten der Finanzverwaltung als auch ein gewisses Maß an zusätzlichem Vertrauensschutz. Er kann darauf vertrauen, dass die verbindliche Auskunft die Finanzverwaltung inhaltlich bindet, sofern auch er sich inhaltlich an seine Sachverhaltsdarstellung hält. Dieses Mehr an Rechtssicherheit ist oft ausschlaggebend für das „Ob" der Disposition. Denn die Höhe der aus der Disposition folgenden Steuerlast kann entscheidend für die wirtschaftliche Sinnhaftigkeit des Vorhabens sein. Insbesondere in Umwandlungs- oder Nachfolgefällen kann das Vorliegen eines Steuerbefreiungstatbestands (z.B. ob eine Befreiung von der Erbschaftsteuer vorliegt) eine Gestaltung wirtschaftlich durchführbar machen. Dieses steuerliche Interesse muss der Steuerpflichtige in seinem Antrag auf verbindliche Auskunft auch darlegen.

Die verbindliche Auskunft hat auch ein kooperatives Element. Der Steuerpflichtige legt seine geplanten Sachverhalte der Finanzverwaltung detailliert offen und erhält dafür von der Behörde eine Antwort auf seine steuerlichen Frage im Hinblick auf diesen Sachverhalt. Der Steuerpflichtige erhält dadurch die für ihn wichtige Gewissheit über steuerliche Folgen und die Finanzverwaltung erfährt zu einem frühestmöglichen Zeitpunkt von seinen Gestaltungen.

Die verbindliche Auskunft ist somit, zumindest der Idee nach, ein sehr gutes Instrument zu Erlangung von Rechtssicherheit. Nun stehen aber der Erreichung des Zwecks einige Hürden entgegen. Zuvörderst ist auf nationaler Ebene die nur eingeschränkte gerichtliche Überprüfbarkeit zu nennen. Diese verstößt zwar nicht gegen Art. 19 Abs. 4 GG. Der endgültige Eingriff erfolgt nämlich nicht durch die verbindliche Auskunft, sondern erst später durch den Steuerbescheid im Rahmen des Festsetzungsverfahrens. Gegen diesen steht dem Steuerpflichtigen dann der Rechtsweg offen. Jedoch besteht durchaus die Möglichkeit, dass der Steuerpflichtige aufgrund einer negativen verbindlichen Auskunft von seinem Vorhaben Abstand nimmt. Das wiederum führt dazu, dass seine Frage nie abschließend von einem Gericht überprüft werden wird. Der Steuerpflichtige hat dadurch zwar an Rechtssicherheit im Sinne von Planungssicherheit gewonnen, weil er weiß, dass seine Rechtsauffassung nicht von der Finanzverwaltung geteilt wird. Ein volles Maß der gewünschten Planungssicherheit wird jedoch erst dann erreicht, wenn der Steuerpflichtige weiß, ob seine Auffassung rechtmäßig ist oder nicht. Diese Feststellung treffen die Finanzgerichte. Der Gesetzgeber ist daher angehalten, die verbindliche Auskunft in § 89 Abs. 2 AO so zu gestalten, dass diese verbindlicher wird und der Festsetzung gleichzusetzen ist. Nur so sind die Finanzgerichte gezwungen, negative Auskünfte einer uneingeschränkten Prüfung zu unterwerfen. Die verbindliche Auskunft nach § 89 Abs. 2 AO erreicht daher derzeit ihren Zweck, Planungssicherheit zu gewähren, aufgrund der eingeschränkten gerichtlichen Überprüfung de lege lata nur dann vollumfänglich, wenn die Auskunft positiv ausfällt.

Eine weitere Gefahr für die Erreichung des Zwecks der verbindlichen Auskunft stellt das Beihilferecht dar. Die dargestellten Verfahren der Kommission in Sachen Tax Rulings bzw. Vorbescheide sowie die Ausführungen der Kommission in ihrer Bekanntmachung zum Begriff der Beihilfe zeigen, dass diese Art des Verwaltungshandelns auf der Agenda der Kommission steht. Hauptprüfungspunkt für die Frage, ob eine Maßnahme eine unzulässige Beihilfe darstellt, ist die Selektivität. Es wurde aufgezeigt, dass die Frage, wann eine Maßnahme selektiv ist, nur schwer zu beantworten ist. An dem Verfahren zur Sanierungsklausel in § 8c KStG wurde gezeigt, dass die Feststellung des Bezugsrahmens bzw. des Referenzsystems als Maßstab für die Abweichung über das Vorliegen oder Nicht-Vorliegen der Selektivität entscheidet. Die Folgen der Feststellung der beihilferechtlichen Unzulässigkeit sind weitreichend und für die betroffenen Unternehmen verheerend. Die durch die Maßnahme erlangten Vorteile sind vollumfänglich zuzüglich Zinsen zurückzugewähren. Das Unternehmen kann sich nicht darauf berufen, dass es auf die Maßnahme vertraut hat, solange die Kommission nicht selbst ausschlaggebend für das Vertrauen war.

Die dargestellten Rulings zugunsten Apple, Fiat usw. hatten vorwiegend Verrechnungspreise zum Inhalt und sind als unlautere Steuerwettbewerbsmethoden zu qualifizieren. Solche Vereinbarungen sind dem deutschen Steuerrecht grundsätzlich fremd. Vor allem, weil die deutsche Finanzverwaltung an die Steuergesetze gebunden ist und es im deutschen Steuerrecht keine Vereinbarungen über die Höhe der Steuerlast geben darf. Jedoch hat die Finanzverwaltung über das Vorliegen von Steuerbegünstigungstatbeständen zu entscheiden. Ein solcher Interpretationsspielraum steht den Finanzbehörden auch bei der Erteilung von verbindlichen Auskünften zu. Dieser Spielraum kann faktisch zu unterschiedlichen Steuerbelastungen und damit zu Ungleichheiten in der Rechtsanwendung führen. Werden Unternehmen, die sich in einer ähnlichen Sach- und Rechtslage befinden, unterschiedlich behandelt, liegt prima facie eine Beihilfe vor, wenn es sich um Begünstigungen handelt. Derartige unterschiedliche Behandlungen können aus Rechtsanwendungsfehlern oder aus unterschiedlichen Rechtsauffassungen resultieren.

Im Bereich der verbindlichen Auskünfte gibt es zunächst zwei Konstellationen, in denen diese beihilferechtlich problematisch sein können. Zunächst ist der Fall zu nennen, in welchem die verbindliche Auskunft auf einer beihilferechtlich (vermeintlich) unzulässigen Norm beruht. In der zweiten Konstellation stellt die verbindliche Auskunft selbst eine unzulässige Beihilfe dar, entweder, weil sie wie im Beispiel des Sanierungserlasses, ohne rechtliche Grundlage erteilt wird oder, weil sie im Widerspruch zu geltendem Recht steht, mithin rechtswidrig ist.

In allen Konstellationen kann der Zweck der verbindlichen Auskunft nicht mehr erreicht werden. Der Empfänger kann auf diese nicht vertrauen. Weder Bestandskraft, Verjährung noch andere Ausformungen des Grundsatzes der Rechtssicherheit können einer beihilferechtlichen Rückforderung entgegengehalten werden. Auch im Hinblick auf die Vorhersehbarkeit, mithin die Planbarkeit staatlichen Handelns birgt die Praxis der Kommission Risiken für die deutsche verbindliche Auskunft. Hat ein Unternehmen einen Sachverhalt geplant, der beispielsweise unter § 6a GrEStG zu subsumieren ist und möchte es seine Rechtsauffassung vorab bestätigt wissen, ist dies mit der verbindlichen Auskunft grundsätzlich möglich. Eingedenk der beihilferechtlichen Zweifel an § 6a GrEStG bieten die verbindlichen Auskünfte, die diese Norm zum Inhalt haben, für den Steuerpflichtigen jedoch nicht die gewünschte Grundlage für Planungssicherheit. Die verbindliche Auskunft ist daher wertlos, wenn ihr beihilferechtliche Bedenken entgegenstehen. Selbst wenn die verbindlichen Auskünfte keine Beihilfen darstellen, würden die Prüfverfahren lange Zeiten der Rechtsunsicherheit mit sich ziehen. Damit würde die verbindliche Auskunft in der Praxis zu einem untauglichen Instrument zur Erlangung von Rechtssicherheit.

Ein Weg zu mehr Rechtssicherheit wäre mehr Transparenz. Der automatische Informationsaustausch ist der erste Schritt dorthin. Eine anonymisierte Veröffentlichung der verbindlichen Auskunft würde zu mehr Rechtssicherheit führen, da nicht nur die Mitgliedstaaten, sondern auch andere Unternehmen die verbindlichen Auskünfte einsehen könnten. Zudem kann mehr Transparenz den Eindruck unlauterer Praktiken verhindern.

Zusammenfassend lässt sich festhalten, dass der Zweck der verbindlichen Auskunft, Rechtssicherheit, insbesondere Planungssicherheit und Vertrauensschutz zu fördern, durch die derzeitige Praxis der nationalen Gerichte und durch das Damoklesschwert des Beihilferechts eingeschränkt wird. Der Gesetzgeber hat aber durchaus Möglichkeiten, die in dieser Arbeit untersuchten Gefahren einzudämmen oder gar gänzlich aus der Welt zu schaffen. Er könnte die verbindliche Auskunft als eine Art Vorbescheid regeln und damit einen Teil des Steuerfestsetzungsverfahren vorwegnehmen.

Im Hinblick auf die fehlende EU-Resistenz der verbindlichen Auskunft lässt sich keine nationale Lösung finden. In diesen Fällen können die Mitgliedstaaten der Kommission in zweifelhaften Verfahren nur argumentativ entgegentreten. Die Kommission ist aber gehalten, ihre Beihilfepraxis vorhersehbarer zu gestalten und einen verbindlichen Prüfungsrahmen aufzustellen. Sie sollte auch die Prüfung der Selektivität antizipierbar machen. Zu Guter Letzt wäre es wünschenswert, dass die Kommission sich den Zweck des Beihilferechts nochmal vor Augen führt und klar von den BEPS-Zielen und vermeintlicher Steuerharmonisierung abgrenzt.

# Literaturverzeichnis


*Bader, Johann/Ronellenfisch, Michael* (Hrsg.), Beck´scher Onlinekommentar VwVfG mit VwVG und VwZG, 38. Edition, München 2018.

*Bannes, Maximlian/Cloer, Adrian*, BEPS Aktionsplan 5: Wirksamere Bekämpfung schädlicher Steuerpraktiken unter Berücksichtung von Transparenz und Substanz, Betriebsberater 2016, 2013–2015.

*Bartosch, Andreas*, Nationale Steuersysteme im Fadenkreuz des EU-Beihilfenrechts – wer bestimmt künftig den Maßstab?, Betriebsberater 2017, 2199–2202.

*Bartosch, Andreas*, (Neu-)Entwicklungen in der materiellen Selektivität, Europäische Zeitschrift für Wirtschaftsrecht 2017, 756–761.

*Bartosch, Andreas*, Materielle Selektivität und Europäische Beihilfenkontrolle, Ein Diskussionsbeitrag zum derzeitigen Stand der Gemeinschaftsrechtsprechung, Europäische Zeitschrift für Wirtschaftsrecht 2010, 12–17.

*Bartosch, Andreas*, EU-Beihilfenrecht, Art. 106–109 AEUV, De-minimis-Verordnung, DAWI-Paket, Allgemeine Gruppenfreistellungsverordnung sowie Verfahrensverordnung, 2. Auflage, München 2016.

*Beermann, Albert/Gosch, Dietmar* (Hrsg.), Abgabenordnung, Finanzgerichtsordnung, Mit Nebengesetzen, EuGH-Verfahrensrecht, Bonn, Loseblatt, Stand: Januar 2018.

*Bergan, Maik/Martin, Sascha*, Rechtsschutz gegen eine Negativauskunft nach § 89 Abs. 2 AO – Zugleich Anmerkung zum Urteil v. des BFH v. 29. 2. 2012, IX R 11/11, Deutsches Steuerrecht 2012, 2164–2166.

*Beyer, Dirk*, Antrag auf verbindliche Auskunft, Das besondere Interesse i.S.d. § 89 Abs. 2 AO für eine verbindliche Auskunft und Gebührenpflicht bei rechtswidriger Nichterteilung, AO-Steuerberater 2010, 217–219.

*Birk, Dieter*, Gebühren für die Erteilung von verbindlichen Auskünften der Finanzverwaltung, Neue Juristische Wochenschrift 2007, 1325–1328.

*Birk, Dieter*, Die Finanzverwaltung als steuerlicher Berater – Die verbindliche Auskunft als kostenpflichtige Hilfestellung bei der Steuerplanung, in: Festschrift zum zehnjährigen Bestehen von P+P Pöllath + Partners, München 2008, S. 161–176.

*Birk, Dieter/Desens, Marc/Tappe, Henning*, Steuerrecht, 20. Aufl., Heidelberg 2017.

*Blömer, Wilhelm Marcus*, Zweifelsfragen im Zusammenhang mit der Gebührenpflicht verbindlicher Auskünfte nach § 89 Abs. 3 bis 5 AO, Deutsches Steuerrecht 2008, 1867–1869.

*Blumenberg, Jens*, Aktuelle Entwicklungen des EU-Beihilferechts im Bereich der deutschen Unternehmensbesteuerung, IFSt-Schrift Nr. 516, Berlin 2017.

*Blumenberg, Jens/Haisch, Martin L.*, Die unionsrechtliche Beihilfeproblematik der Sanierungsklausel nach § 8c Abs. 1a KStG, Finanzrundschau 2012, 12–21.

*Blumenberg, Jens/Kring, Wulf*, Europäisches Beihilferecht und Besteuerung, IFSt-Schrift Nr. 473, Berlin 2011.

*Blumenberg, Jens/Kring, Wulf*, Erste Umsetzung von BEPS in nationales Recht – Gesetz zur Umsetzung der Änderungen der EU-Amtshilferichtlinie und von weiteren Maßnahmen gegen Gewinnkürzungen und -verlagerungen verabschiedet, Betriebsberater 2017, 151–158

*Blumenberg, Jens*, Tax Rulings und unionsrechtliches Beihilfeverbot, in: Festschrift für Dieter Endres zum 60. Geburtstag, München 2016, S. 17–29.

*Blümich, Walter/Heuermann, Bernd* (Hrsg.), Einkommensteuergesetz, Körperschaftsteuergesetz, Gewerbesteuergesetz; Kommentar, Loseblatt, Stand: April 2017 (136. Erg.-Lfg.), München Stand: Januar 2018.

*Bode, Walter*, Steuerliche Begünstigungen als staatliche Beihlfe i.S.d. Art. 107 AEUV – Folgerungen für die Praxis der Fachgerichte, Finanzrundschau 2011, 1034–1043.

*Böttner, Robert*, 9. Speyrer Europarechtstage: Aktuelle Fragen des Europäischen Beihilferechts, Europäische Zeitschrift für Wirtschaftsrecht 2017, 877–878.

*Brandau, Janina/Neckenich, Lennart/Reich, Daniel/Reimer, Ekkehart*, Brennpunkt Beihilfenrecht: Das deutsche Steuerrecht auf dem Prüfstand, Betriebsberater 2017, 1175–1188.

*Breuninger, Gottfried*, Luxemburg-Leaks und Steuerstandort Deutschland, Der Betrieb 2015, M5.

*Bruns, Jan-Willem*, Die verbindliche Auskunft aus Perspektive der Finanzverwaltung – Zügige Bearbeitung und aktuelle Gebührenfragen, Deutsches Steuerrecht 2017, 2360–2368.

*Calliess, Christian/Ruffert, Matthias* (Hrsg.), EUV/AEUV, Das Verfassungsrecht der Europäischen Union mit Europäischer Grundrechtecharta, 5. Auflage, München 2016.

*Cordewener, Axel/Henze, Thomas*, EU-Beihilfeverbot und nationale Unternehmensbesteuerung, Finanzrundschau 2016, 756–760.

*Crezelius, Georg*, Aktuelle Steuerrechtsfragen in Krise und Insolvenz, Neue Zeitschrift für Insolvenz- und Sanierungsrecht 2018, 58–94

*Czakert, Ernst*, Der Informationsaustausch zu Tax Rulings, Internationales Steuerrecht 2016, 985–991.

*Demleitner, Andreas*, Deutsche Steuernormen im Fokus des europäischen Beihilferechts, Internationale Steuerrundschau 2015, 328–336.

*Dornheim, Bertram*, Gibt es einen Anspruch auf eine (bestimmte) verbindliche Auskunft?, Betriebsberater 2012, 2926–2929.

*Druen, Klaus-Dieter*, Kooperation im Besteuerungsverfahren, Finanzrundschau 2011, 101–113.

*Drüen, Klaus-Dieter*, Die Sanierungsklausel des § 8c als europarechtswidrige Beihilfe, Anmerkung zur Beihlfeentscheidung der EU-Kommission vom 26.1.2011, Deutsches Steuerrecht 2011, 289–293.

*Eckhoff, Rolf*, Vom konfrontativen zum kooperativen Steuerstaat, Steuern und Wirtschaft 1996, 107–122.

*Eckhoff, Rolf*, Rechtsanwendungsgleichheit im Steuerrecht, Die Verantwortung des Gesetzgebers für einen gleichmäßigen Vollzug des Einkommensteuerrechts, Köln 1999.

*Ehrmann, Oliver*, Beihilferechtliche Zulässigkeit des § 8c Abs. 1a KStG, Zur voraussichtlichen Europarechtswidrigkeit der Sanierungsklausel, Deutsches Steuerrecht 2011, 5–8.

*Eilers, Stephan/Nosthoff-Horstmann, Max*, Verbindliche Auskunft – Ein Werkstattbericht, Finanzrundschau 2017, 170–173.

*Eisendle, David*, Keine Verpflichtung der Kommission, eine Gruppe von Unternehmen mit eigenen Merkmalen zu bestimmen, um den selektiven Charakter einer Steuervergünstigung nachzuweisen; maßgaben ist allein der Umstand, dass durch die Maßnahme begünstigte Unternehmen gegenüber vergleichbaren Unternehmen in eine vorteilhaftere Lage versetzt werden – Anmerkung zum EUGH-Urteil v. vom 21.12.2016 – C-20/15 P und C-21/15 P – Kommission/World Duty Free Group und Kommission/Banco Santander und Santusa, Internationale Steuerrundschau 2017, 50–54.

*Englisch, Joachim*, Zur Bedeutung des gemeinschaftsrechtlichen Gleichheitssatzes im Recht der Gemeinschaftsbeihilfen, Europarecht 2009, 488–513.

*Epping, Volker/Hilgruber, Christian* (Hrsg.), Beck'scher Online-Kommentar Grundgesetz, 26. Edition, München 2015.

*Frase, Henning*, BFH: Kein Anspruch auf einen bestimmten rechtmäßigen Inhalt einer verbindlichen Auskunft – Die BFH-Entscheidung wird Sinn und Zweck der verbindlichen Auskunft möglicherweise nicht gerecht, Deutsches Steuerrecht 2012, 1969–1972.

*Frenz, Walter/Roth, David*, Steuer- und Abgabebefreiungen als Beihilfen, Deutsche Steuerzeitung 2006, 465–474.

*Geberth, Georg/Brügelmann, Ralph*, Rückforderung in Höhe von 13 Mrd. Euro „Steuerbeihilfen“ gegen Apple, GmbH-Rundschau 2016, R282–R284.

*Geerling, Tobias/Hartmann, Uwe*, Der BFH verwirft Sanierungserlass – Die Restrukturierung von Forderungen in der Unternehmenskrise – Lösungsansätze für die Praxis und Ausblick auf eine gesetzliche Neuregelung, Deutsches Steuerrecht 2017, 752–757.

*Giesberst, Ludger/Kleve, Guido*, „Private Investor Test" im EG-Beihilfenrecht – Das Ryanair-Urteil v. des EUG, Europäische Zeitschrift für Wirtschaftsrecht 2009, 287–289.

*Giesberst, Lukas/Streit, Thilo*, Anforderungen an den „Private Investor Test" im Beihilfenrecht, Europäische Zeitschrift für Wirtschaftsrecht 2009, 484–487.

*Glaser, Andreas*, Regionale Steuerautonomie im Fokus des EG-Beihilfenrechts, Europäische Zeitschrift für Wirtschaftsrecht 2009, 363–366.

*Glatz, Solvejg*, Zur Vereinbarkeit des Sanierungserlasses mit dem unionsrechtlichen Beihilferecht, Internationales Steuerrecht 2016, 447–456.

*Golombek, Stephan*, Zum Umfang der richterlichen Inhaltskontrolle einer verbindlichen Auskunft – ein Rettungsversuch, Betriebsberater 2015, 1946–1952.

*Grabitz, Eberhard/Hilf, Meinhard/Nettesheim, Martin* (Hrsg.), Das Recht der Europäischen Union, München, Loseblatt, Stand: Dezember 2017.

*Gragert, Katja*, Steuerliche Behandlung von Sanierungsgewinnen, Neue Wirtschaftsbriefe 2013, 2141–2146.

*Greil, Stefan*, Seminar D: Advanced Pricing Agreements and International Tax Impacts, Internationales Steuerrecht 2017, 677–680.

*Grotherr, Siegfried*, Verbindliche Auskunft und Auskunftsverfahren im Konflikt mit dem EU-Beihilfenrecht?, Europäisches Wirtschafts- und Steuerrecht 2015, 67–79.

*Grotherr, Siegfried*, Verpflichtender Informationsaustausch über verbindliche Auskünfte und APAs auf EU-Ebene ab dem 1.1.2016 geplant – Analyse des Vorschlags vom 18.3.2016 zur Änderung der EU-Amtshilferichtlinie, Internationales Steuerrecht 2015, 293–305.

*Grotherr, Siegfried*, Anonymisierte Veröffentlichung von verbindlichen Auskünften und elektronisches Auskunftsverfahren – Plädoyer für die Schaffung spezieller Verfahrensregelungen, Betriebsberater 2015, 471–484.

*Hackemann, Tim/Sydow, Sabine*, Richtungsentscheidung des EUGH in der Rs. C-6/12, P Oy für die Voraussetzungen der Einstufung der Sanierungsklausel als staatliche Beihilfe; Auswirkungen auf die suspendierte deutsche Sanierungsklausel des § 8c Abs. 1 a KStG, Internationales Steuerrecht 2013, 786–790.

*Hey, Johanna*, Steuerplanungssicherheit als Rechtsproblem, Köln 2002.

*Holtmann, Clemens*, Staatliche Beihilfen: EUG bestätigt Beihilfenqualität der Sanierungsklausel, Europäisches Wirtschafts- und Steuerrecht 2016, 61–69.

*Horst, Julian*, Die verbindliche Auskunft nach § 89 Abgabenordnung, Aachen 2010.

*Hübschmann, Walter/Hepp, Ernst/Spitaler, Armin/Söhn, Hartmut*, Abgabenordnung, Finanzgerichtsordnung, Köln Stand: Dezember 2017.

*Immenga, Ulrich/Mestmäcker, Ernst-Joachim/Körber, Thorsten*, Wettbewerbsrecht Band 3: Beihilfenrecht/Sonderbereiche, 5. Auflage, München 2016.

*Isensee, Josef/Kirchhof, Paul* (Hrsg.), Handbuch des Staatsrechts, Band III: Das Handeln des Staates, 2. Aufl., Heidelberg 1988.

*Ismer, Roland/Karch, Alexandra*, Das Referenzsystem bei der beihilferechtlichen Überprüfung nationaler Steuersysteme, Internationales Steuerrecht 2014, 130–136.

*Ismer, Roland/Piotrowski, Sophia*, Selektivität von Beihilfen: Dogmatische Grundfragen am Beispiel von IP-Boxen, Internationales Steuerrecht, 257–267.

*Jahndorf, Christian/Oellerich, Ingo*, Bestandskraft von Steuerbescheiden und rückwirkende Durchsetzung von Europarecht, Der Betrieb 2008, 2559–2681.

*Jakob, Wolfgang*, Abgabenordnung, Steuerverwaltungsverfahren und finanzgerichtliches Verfahren, 5. Aufl., München 2010.

*Jebens, Carsten-Thomas*, Planungssicherheit im Steuerrecht, Betriebsberater 1995, 1057–1061.

*Jehlin, Alexander/Schmidt, Stephan H.*, Tagungsbericht 15. Münchner Unternehmenssteuerforum, Deutsches Steuerrecht – Beih. 2015, 2–8.

*Jennert, Carsten*, Unternehmensbesteuerung im Lichte des EU-Beihilfenrechts, Europäisches Wirtschafts- und Steuerrecht 2011, 305–313.

*Jochimsen, Claus/Kleve, Guido*, Steuerpraktiken und das Verbot unzulässiger Beihlfen – merkliche Zuspitzung einer komplexen Fragestellung, Internationales Steuerrecht, 265–272.

*Joisten, Christian/Bergmann, Malte*, Wann darf das Finanzamt die Erteilung einer verbindlichen Auskunft ablehnen?, Finanzrundschau 2014, 923–930.

*Kirchhof, Ferdinand*, Die Methoden zur Sicherung des zukünftigen Verwaltungsverhaltens, in: Festschrift für Wolfgang Spindler zum 65. Geburtstag, Köln 2011, S. 463 - 471.

*Klein, Franz/Gersch, Eva-Maria/Jäger, Markus/Rätke, Bernd/Ratschow, Eckart/Rüsken, Reinhart/Werth, Franceska*, Abgabenordnung, Einschließlich Steuerstrafrecht, 13. Aufl. München 2016.

*Koenig, Ulrich/Fritsch, Rainer/Intemann, Jens/Wünsch, Doris/Zöllner, Guido* (Hrsg.), Abgabenordnung, §§ 1 bis 368 ; Kommentar, 3. Aufl., München 2014.

*Kopp, Ferdinand/Ramsauer, Ulrich/Tegethoff, Carsten/Wysk, Peter*, Verwaltungsverfahrensgesetz, 18. Aufl., München 2017.

*Kramer, Jörg*, APA – Vorabverständigungsverfahren und Vorabzusagen über Verrechnungspreise, Internationales Steuerrecht 2007, 174–177.

*Krauß, Sebastian*, EU-Beps – Aktionsplan für eine faire und effiziente Unternehmensbesteuerung in der EU, Internationales Steuerrecht 2016, 59–65.

*Krumm, Marcel*, Verbindliche Auskunft und gerichtliche Kontrolle – Zu den Voraussetzungen und Grenzen einer administrativen Letztentscheidungskompetenz bei verbindlichen Auskünften, Deutsches Steuerrecht 2011, 2429–2436.

*Lampe, Holger; Breuer, Clarissa; Hotze, Simon*, Erfahrungen mit § 3a EStG im Rahmen eines Insolvenzplanverfahrens unter Einholung einer verbindlichen Auskunft, Deutsches Steuerrecht 2018, 173–178.

*Lang, Michael*, Tax Rulings und Beihilferecht, Internationales Steuerrecht 2015, 369–372.

*Lindwurm, Christof*, Anmerkung zu: BFH v. 29.02.2012 IX R 11/11, Inhaltskontrolle einer verbindlichen Auskunft, AO-Steuerberater 2012, 228–229.

*Lindwurm, Christof*, Wie richtig muss eine verbindliche Auskunft sein? Die gerichtliche Inhaltskontrolle der verbindlichen Auskunft gem. § 89 Abs. 2 AO, AO-Steuerberater 2013, 54–61.

*Linn, Alexander*, Anwendung des Beihilfeverbots im Unternehmenssteuerrecht, Internationales Steuerrecht 2017, 601–607.

*Linn, Alexander*, Die Beihilfeverfahren in Sachen Amazon, Apple, Fiat und Starbucks – Eine neue Dimension der Selektivität?, Internationales Steuerrecht 2015, 114–120.

*Manssen, Gerrit*, Staatsrecht II, Grundrechte, 14. Auflage, München 2017.

*Marquart, Christian*, Die Möglichkeit der Verlustverrechnung als selektive Begünstigung sanierungsbedürftiger Unternehmen?, Wider der Beihilferechtswidrigkeit der Sanierungsklausel (§ 8c Abs. 1a KStG), Internationales Steuerrecht 2011, 445–451.

*Mennel, Annemarie/Förster, Jutta*, Steuern in Europa, Amerika und Asien, München, Stand: November 2016.

*Mückl, Norbert/München, Markus*, Automatischer Informationsaustausch über grenzüberschreitende Steuervorbescheide und Vorabverständigungsverfahren in der EU, Betriebsberater 2015, 2775–2782.

*Naumann*, Seminar J: „Tax Rulings" international, Internationales Steuerrecht 2011, 683 - 686.

*Offerhaus, Klaus*, Die tatsächliche Verständigung – Voraussetzung und Wirkung, Deutsches Steuerrecht 2001, 2093–2098.

*Rapp, Benjamin*, Zulässigkeit eines Antrags auf Erteilung einer verbindlichen Auskunft bei Auseinanderfallen von Handlungs- und Wirkungsebene, Finanzrundschau 2017, 520–525.

*Rösel, Frank*, Stellungnahme zum Thema „Verbindliche Auskunft" bei den Berliner Steuergesprächen am 7.11.2016, Finanzrundschau 2017, 186–188.

*Rosenberg, Malte*, Das beihilferechtliche Durchführungsverbot im Steuerverfahren, Konsequenzen für die Normanwendung durch die Finanzverwaltung, 1. Aufl., Baden-Baden 2014.

*Sachs, Michael* (Hrsg.), Grundgesetz, Kommentar, 7. Aufl., München 2014.

*Sachs, Michael/Schmitz, Heribert/Bonk, Heinz Joachim/Fellenberg, Frank/Hecker, Jan* (Hrsg.), Verwaltungsverfahrensgesetz, 9. Auflage, München 2018.

*Schacht, Klaus P./Steffens, Theresa*, Möglichkeiten zur Durchbrechung der Bestandskraft von Steuerbescheiden, Aufhebung bestandskräftiger Umsatzsteuerbescheide gegen Automatenaufsteller, zugleich eine Besprechung des EUGH-Urteil v.s vom 12.2.2008 - C-2/06-Willy Kempter KG/Hauptzollamt Hamburg-Jonas, Betriebsberater 2008, 1254–1261.

*Schaumburg, Harald/Englisch, Joachim* (Hrsg.), Europäisches Steuerrecht, 2. Auflage, Köln 2015.

*Schmidt, Ludwig*, Einkommensteuergesetz, 37. Auflage, München 2018.

*Schmidt, Walter*, „Vertrauensschutz" im öffentlichen Recht, Juristische Schulung 1973, 529–537.

*Schneider, Markus*; *Bärsch, Sven-Eric*, Die neue Fremdvergleichsordnung in den Niederlanden, Internationale Wirtschaftsbriefe 2014, 553 - 556.

*Schnitger, Arne*, Der Einfluss des Beihilferechts auf die direkten Steuern in Deutschland, Internationales Steuerrecht 2017, 421–436.

*Schnitger, Arne*, Staatliche Beihilfen - Anmerkung zum EUGH-Urteil v. vom 21.12.2016 - C-20/15 P und C-21/15 P - Kommission/World Duty Free Group und Kommission/Banco Santander und Santusa, Internationales Steuerrecht 2017, 77–86.

*Schwarz, Bernhard/Pahlke, Armin*, Kommentar zur Abgabenordnung/Finanzgerichtsordnung, Freiburg, Stand: September 2015.

*Seer, Roman*, Chancen und Risiken von verbindlichen Auskünften, Steuerberaterjahrbuch 2012/2013, 557–581.

*Seer, Roman*, Insolvenz, Sanierung und Ertragsteuer – verfassungs- und europarechtliche Überlegungen, Finanzrundschau 2014, 721–731.

*Seer, Roman*, Informationsaustausch innerhalb der EU über sog. Advance Tax Rulings/Advance Pricing Arrangement - zum Entwurf der EU-Kommission vom 18.3.2015, in: Festschrift für Dietmar Gosch, München 2016, S. 387 - 402.

*Seer, Roman*, Verbindliche Auskunft, Finanzrundschau 2017, 161–169.

*Seer, Roman*, Verständigungen in Steuerverfahren, Köln 1996.

*Seer, Roman/Hardeck, Inga*, Strukturelle Implementierung kooperativer Verfahrenselemente in das Unternehmenssteuerrecht, Steuern und Wirtschaft 2016, 366–384.

*Soltész, Ulrich*, Das neue europäische Beihilferecht, Neue Juristische Wochenschrift 2014, 3128–3132.

*Soltész, Ulrich*, Die Entwicklung des europäischen Beihilferechts in 2016, Europäische Zeitschrift für Wirtschaftsrecht 2017, 51–58.

*Spilker, Bettina*, Verfassungsrechtliche Anforderungen an eine gesetzliche Regelung der verbindlichen Auskunft, Steuern und Wirtschaft 2013, 19–27.

*Spindler, Wolfgang*, Der Nichtanwendungserlass im Steuerrecht, Deutsches Steuerrecht 2007, 1061–1066.

*Stein, Roland*, Regionale Steuersenkungen auf dem Prüfstand des Beihilferechts – das EuGH-Urteil v. Portugal/Kommission (Azoren), Europäisches Wirtschafts- und Steuerrecht 2006, 493–496.

*Streinz, Rudolf* (Hrsg.), EUV/AEUV, Vertrag über die Europäische Union und Vertrag über die Arbeitsweise der Europäischen Union Bd. 57, 2. Aufl., München, München 2012.

*Sutter, Franz Philipp*, EG-Beihlfenrecht: Zwei Grundsatzfragen zum Durchführungsverbot vor dem EUGH, Europäische Zeitschrift für Wirtschaftsrecht 2006, 321.

*Thiede, Jesko*, Das Beihilfeverfahren und die Recht und Pflichten der Beteiligten, Internationales Steuerrecht 2017, 51–56.

*Tipke, Klaus*, Bindung an Zusagen und Auskünfte, (Zum Thema des 44. Deutschen Juristentages), Steuern und Wirtschaft 1962, 697–716.

*Tipke, Klaus*, Die Steuerrechtsordnung, 2. Aufl., Köln 2000.

*Tipke, Klaus/Kruse, Heinrich Wilhelm*, Abgabenordnung, Finanzgerichtsordnung, Kommentar, Köln 2016.

*Tipke, Klaus/Lang, Joachim/Seer, Roman*, Steuerrecht, 22., völlig überarb. Aufl., Köln, Saarbrücken 2015.

*Wedelstädt v., Alexander*, Verbindliche Zusage im Anschluss an eine Außenprüfung – Ein solides Funament für wirtschaftliche Dispositionen?, AO-Steuerberater 2009, 15–19.

*Weerth, Jan* de, Bestandskraft von deutschen Steuerbescheiden und europäisches Gemeinschaftsrecht, Der Betrieb 2009, 2677–2681.

*Weerth, Jan* de, Keine Bestandskraft des Steuerbescheids bei Verstoß gegen das EU-Beihilferecht?, Zugleich Anmerkung zu FG Sachsen-Anhalt vom 20.12.2007, 1 K 290/01, DStRE 2009, 940, Internationales Steuerrecht 2010, 172–174.

*Wehner, Andre*, Der Sanierungserlass des BMF vom 27.3.2003 – Ein Verstoß gegen EU-Beihilferecht?, Neue Zeitschrift für Insolvenz- und Sanierungsrecht 2012, 537–540.

*Werder, Alexander / Dannecker, Achim*, Entwicklungen bei der verbindlichen Auskunft, Betriebsberater 2013, 284–289.

*Werder, Alexander / Dannecker, Achim*, Entwicklungen bei der verbindlichen Auskunft, Betriebsberater 2014, 926–932.

*Werder, Alexander / Dannecker, Achim*, Entwicklungen bei der verbindlichen Auskunft, Betriebsberater 2015, 1687–1694.

*Werder, Alexander / Dannecker, Achim*, Verfassungsmäßigkeit der Auskunftsgebühr, Betriebsberater 2011, 1447.

www.ingramcontent.com/pod-product-compliance
Ingram Content Group UK Ltd.
Pitfield, Milton Keynes, MK11 3LW, UK
UKHW021940290926
8980IPUK00016B/1721

9 783631 794807